医疗过错防范必读
——努力做一名更优秀的外科医生或医院管理者

Essentials for Medical Malpractice Prevention
— Trying to Be a Better Surgeon or Hospital Manager

主　编　汤文浩　黄英姿　石　欣　陈　辉
编　者　（按姓氏拼音排序）

曹欣华　东南大学附属中大医院普外科
陈　辉　东南大学附属中大医院医务处
陈卫东　东南大学附属中大医院普外科
范　新　东南大学附属中大医院普外科
胡浩霖　东南大学附属中大医院普外科
黄英姿　东南大学附属中大医院ICU
刘从兴　东南大学附属中大医院普外科
吕建鑫　东南大学附属中大医院普外科
钱　益　东南大学附属中大医院普外科
施鸿舟　东南大学附属中大医院普外科
石　欣　东南大学附属中大医院普外科
汤文浩　东南大学附属中大医院普外科
姚　钢　无锡市北大街社区卫生服务中心
尤承忠　东南大学附属中大医院普外科
张亚男　东南大学附属中大医院普外科

东南大学出版社
SOUTHEAST UNIVERSITY PRESS
·南京·

内 容 简 介

这是一本补救性参考书，为医院管理者、外科主任和那些受人尊敬的外科高年资医生而作，因为他们是外科医疗的决策者，是年轻医生眼中的楷模。当然，年轻医生读这本书也会从中获益，至少说明你在行医的早年就开始步入正道——关注病人安全。本书的撰写目的是让你成长为一名具有大爱之心的病人安全管理者或外科医生。全书分上、中、下三篇共23章。上篇包括何谓医疗过错，外科并发症、风险评估和医疗品质，"不允许事件"，认知错误，诊断错误，技术性过错，行为过错，医疗过错技术鉴定常识，社区医疗与初级卫生保健；中篇包括医生被上诉的原因与对策，营造病人安全文化，优质文档是医生手中的矛与盾，有效沟通的要诀与技巧，交接；病人安全的"潜在隐患"，重视知情同意的"过程"，第二意见在外科中的地位，外科并发症与死亡讨论会，《通用预案》的盲点与要点；下篇包括医疗过错诉讼的心理应对，收到法庭传票后，书面证词相关事宜，开庭倒计时，压轴大戏——庭审。

图书在版编目（CIP）数据

医疗过错防范必读：努力做一名更优秀的外科医生或医院管理者 / 汤文浩等主编. — 南京：东南大学出版社，2024.9

ISBN 978-7-5766-1341-4

Ⅰ. ①医… Ⅱ. ①汤… Ⅲ. ①医疗事故-处理-中国 Ⅳ. ①D922.16

中国国家版本馆 CIP 数据核字（2024）第 052051 号

责任编辑：戴坚敏　责任校对：张万莹　封面设计：顾晓阳　责任印制：周荣虎

医疗过错防范必读——努力做一名更优秀的外科医生或医院管理者
Yiliao Guocuo Fangfan Bidu：Nuli zuo Yiming Gengyouxiu de Waike Yisheng huo Yiyuan Guanlizhe

主　　编	汤文浩　黄英姿　石　欣　陈　辉
出版发行	东南大学出版社
出 版 人	白云飞
社　　址	南京市四牌楼2号　邮编：210096
网　　址	http://www.seupress.com
电子邮箱	press@seupress.com
经　　销	全国各地新华书店
印　　刷	广东虎彩云印刷有限公司
开　　本	700 mm×1000 mm　1/16
印　　张	16.5
字　　数	318千字
版 印 次	2024年9月第1版第1次印刷
书　　号	ISBN 978-7-5766-1341-4
定　　价	88.00元

本社图书若有印装质量问题，请直接与营销部调换。电话（传真）：025-83791830

前言

毋庸置疑，医生是这个世界上最受人尊敬、回报最丰厚、最利他的职业之一，尤其是外科医生。我们被允许在最私密的层面与素不相识的人见面互动，并在他们生命中最糟糕的时刻扶危济困。最终，我们搞清楚了这些病人自己都不了解的方方面面，并能够为这些人无力自助的方面提供帮助。我们有权将刀子插入人体做事，且完全合法。只要适应证明确且操作技能炉火纯青，我们的外科手术刀就能帮助最脆弱人群战胜急慢性病魔。反过来，我们得到的回报是病人对我们的知识、操作技能和胜任力的无限信任，相信我们能帮助他们康复、提高生活品质。事实上，大多数医生的内心都打有医学的烙印。与从事许多其他职业的人离开工作岗位后不同，医生永远是医生（在餐馆或飞机上接听电话的任何一位医生都知道医生的含义）。

遗憾的是，我们在恢复病人健康和提升病人生活品质方面的成功率并不尽如人意。虽然所有医生都用希波克拉底誓言（HippocratOath）宣誓"不给病人带来伤害"，但是，诊疗工作中，"好心"并不一定会有"好报"——病人被"误伤"的情况并不罕见。外科医生每天都必须面对远远超出纯技术范畴的挑战——最适当、及时的初始外科处置方式是观察（和/或非手术治疗）还是外科手术，在延迟手术所冒风险与做手术所冒风险之间做权衡。差之毫厘，谬以千里，最终结果关系到病人及其家庭的未来，因此说，"是开刀还是不开刀"是外科医生一辈子都需要面对的十字路口——成败在此一举。

人非圣贤，孰能无过。我们中的许多人都被起诉过，每一位被起诉过的医生都品尝过那种失落、沮丧和困惑之感。即使你的外科造诣已经登峰造极，是一位蜚声中外的外科圣手，也不可能永远正确，除非只玩嘴皮不拿刀。不过，耍嘴皮也有说漏嘴的时候。况且，诉讼如同闪电，令人猝不及防，根本无法被准确预测。正是在那一时刻，你希望有人能出手拉你一把，给你一些实用建议。

古为今用，洋为中用。它山之石，可以攻玉。尽管我国政府一直在推动患者安全管理，但是，笔者在细读了几本英美文献后发现，他人对患者安全管理方面不务空名的研究和关注，还是让我们颇感震惊、受益匪浅。说实话，我们这本书里的内容几乎都是"舶来品"。我们编写本书的宗旨就是为医疗安全提供一本全方位视角知识的书。希望这本书能在构建我国"患者安全文化"方面起到抛砖引玉的作用，推动"患者安全文化"的发展进程；帮助你成为一名更棒的临床医生，提升你的文档保存意识和沟通能力，降低你被起诉的概率；此外，当诉讼闪电来袭时，指导你该如何接招。

深夜的外科病房，无论你在南京，在伯尔尼，还是在慕尼黑，情况都一样。就腹部外科来讲，2023 年的情况与 1909 年 Kocher 教授荣获诺贝尔奖时的情况也没什么区别。病人躺在病床上，两手痛苦地捂着肚子，家属围着病人团团转。你走过去做自我介绍："您好！我是外科范医生。"所有的人都带着充满希冀的目光仰视着你，不过，还有对你的评估：外科医生终于来了，这位医生是能拯救我父亲的唯一一个人了，不过……他能做到吗？你走近病人，察言观色，握住他的手，询问病史……触摸他的腹部……我们相信你能胜任这项任务——仰仗着规范化培训的底气和多年的临床磨炼……况且，你还是我们这本书的读者。

汤文浩　黄英姿　石　欣　陈　辉
2024 年端午于南京丁家桥 87 号

目 录

上篇 基本知识

第一章 何谓医疗过错 …… 3
 第一节 衡量标准 …… 3
 第二节 医疗过错索赔诉讼需要满足四条标准 …… 4
 第三节 医疗事故鉴定是怎么回事？ …… 8
 第四节 法律诉讼有哪些其他替代解决方法？ …… 9
 第五节 本章小结 …… 10

第二章 外科并发症、风险评估与医疗品质 …… 11
 第一节 外科并发症 …… 11
 第二节 医生在并发症方面的义务 …… 13
 第三节 外科手术风险评估 …… 14
 第四节 外科医疗品质评估 …… 15
 第五节 本章小结 …… 17

第三章 "不允许事件" …… 18
 第一节 "不允许事件"的两种定义 …… 19
 第二节 国家品质论坛的"不允许事件" …… 24
 第三节 杜绝"不允许事件"的出路在于制度改革 …… 25
 第四节 案例分析 …… 29
 第五节 本章小结 …… 31

第四章 认知错误 …… 33
 第一节 人类思考问题的方式 …… 35
 第二节 医生思考问题的方式 …… 37

第三节　临床日常工作中的认知错误 ……………………………… 39
　　第四节　案例分析 …………………………………………………… 41
　　第五节　外科医生在决策困难时的招数 …………………………… 43
　　第六节　破局妙招 …………………………………………………… 45
　　第六节　本章小结 …………………………………………………… 47
第五章　诊断错误 ………………………………………………………… 49
　　第一节　追根溯源、亡羊补牢 ……………………………………… 51
　　第二节　破局妙招 …………………………………………………… 54
　　第三节　本章小结 …………………………………………………… 57
第六章　技术性过错 ……………………………………………………… 58
　　第一节　外科技术错误及其危害 …………………………………… 59
　　第二节　破局妙招 …………………………………………………… 63
　　第三节　本章小结 …………………………………………………… 64
第七章　行为过错 ………………………………………………………… 65
　　第一节　在医疗过错诉讼中行为过错频度高得令人咋舌 ………… 66
　　第二节　行为规范与执行力 ………………………………………… 69
　　第三节　破局妙招 …………………………………………………… 79
　　第四节　本章小结 …………………………………………………… 82
第八章　医疗过错技术鉴定常识 ………………………………………… 83
　　第一节　医疗过错鉴定的目标 ……………………………………… 83
　　第二节　医疗过错鉴定秉持的原则 ………………………………… 84
　　第三节　案例分析 …………………………………………………… 88
　　第四节　本章小结 …………………………………………………… 94
第九章　社区医疗与初级卫生保健 ……………………………………… 95
　　第一节　初级卫生保健的特点 ……………………………………… 96
　　第二节　不良事件的流行病学 ……………………………………… 97
　　第三节　常见错误类型 ……………………………………………… 98
　　第四节　案例分析 …………………………………………………… 99
　　第五节　安全步骤 …………………………………………………… 101
　　第六节　本章小结 …………………………………………………… 103

中篇　医疗过错的防范

第十章　医生被上诉的原因与对策 ····················· 107
　第一节　起诉与过错 ····························· 107
　第二节　为了让病人对医生有好感,医生可以做些什么? ········· 109
　第三节　本章小结 ······························ 112

第十一章　营造病人安全文化 ······················· 114
　第一节　医院是个充满风险的地方 ····················· 114
　第二节　监管与认证在美国 ························ 122
　第三节　破局妙招 ····························· 124
　第四节　本章小结 ····························· 133

第十二章　优质文档是医生手中的矛与盾 ················ 135
　第一节　文档贵在详细、真实 ······················ 135
　第二节　知情同意文档 ·························· 137
　第三节　被起诉之前,销毁你的日记 ··················· 138
　第四节　本章小结 ····························· 140

第十三章　有效沟通的要诀与技巧 ···················· 141
　第一节　美国的研究结果 ························· 141
　第二节　破局妙招 ····························· 142
　第三节　本章小结 ····························· 147

第十四章　交接:病人安全的"潜在隐患" ················ 149
　第一节　交接班研究现状 ························· 150
　第二节　破局妙招 ····························· 153
　第三节　本章小结 ····························· 155

第十五章　重视知情同意的"过程" ···················· 157
　第一节　生命伦理四原则 ························· 157
　第二节　法律对知情同意的要求 ····················· 158
　第三节　请勿信口雌黄! ························· 161
　第四节　知情同意举例 ·························· 163
　第五节　本章小结 ····························· 164

第十六章　第二意见在外科中的地位 ································ 166
- 第一节　病人什么时候会采取法律行动 ···················· 166
- 第二节　破局妙招 ·· 170
- 第三节　案例分析 ·· 174
- 第四节　本章小结 ·· 176

第十七章　外科并发症与死亡讨论会 ···································· 178
- 第一节　外科统计报表和并发症与死亡讨论会 ········ 178
- 第二节　当今 MMM 的复杂性 ·· 182
- 第三节　本章小结 ·· 184

第十八章　《通用预案》的盲点与要点 ································ 185
- 第一节　《通用预案》及其实施现状 ······························ 185
- 第二节　破局妙招 ·· 187
- 第三节　本章小结 ·· 190

下篇　医疗过错诉讼的应对

第十九章　医疗过错诉讼的心理应对 ···································· 193
- 第一节　历时漫长的法庭诉讼会带来巨大的情感失落 ·· 194
- 第二节　Kübler-Ross 悲伤五阶段模型 ·························· 194
- 第三节　Maslow 需求五层次模型 ·································· 197
- 第四节　对医生来说，财务安全和自尊是防御式医学的最大推手 ·· 198
- 第五节　本章小结 ·· 200

第二十章　收到法庭传票后 ·· 201
- 第一节　搞清楚医疗过错责任险相关条款 ·················· 201
- 第二节　要避免的一些事情 ·· 203
- 第三节　如何选择律师 ·· 205
- 第四节　本章小结 ·· 208

第二十一章　书面证词相关事宜 ·· 210
- 第一节　为书面证词做准备 ·· 210
- 第二节　书面证词环节的注意事项 ································ 212
- 第三节　本章小结 ·· 217

第二十二章　开庭倒计时 218
　第一节　重温、修改你的书面证词 218
　第二节　案件驳回动议 219
　第三节　本章小结 221
第二十三章　压轴大戏——庭审 222
　第一节　几点注意事项 222
　第二节　开庭陈述 223
　第三节　交叉质询环节 224
　第四节　在辩护完毕、判决之前 230
　第五节　法庭审议 230
　第六节　本章小结 232

附录 233
　附录一　医疗品质与病人安全大事记 233
　附录二　Codman 医生生平简介 237
　附录三　医疗过错法律诉讼的基本程序 240
　附录四　医疗过错诉讼应诉实用指南 244

索引 248

参考文献 253

上篇
基本知识

第一章 何谓医疗过错

> "高见"来自经验,经验来自判断失误。
>
> 人非圣贤,孰能无过。知错即改是天使,执迷不悟是恶魔。
>
> Thomas Jones
>
> 给病人造成伤害,甚至导致病人死亡,往往是多种因素共同作用的结果。但愿病人的医生没有参与其中。
>
> <div align="right">Arnold S. Relman,医学博士(1923—2014 年)
《新英格兰医学杂志》(<i>The New England Journal of Medicine</i>)荣誉编辑</div>

第一节 衡量标准

"医疗过错"(medical malpractice)一词对不同的人群来说其含义可能并不相同。美国医学会(American Medical Association,AMA)对医疗过错的定义是"医生未能行使同一医学专科医生在相同情况下会采用的注意度和技能"。

1. **病人的看法** 病人往往将不良结果与医方的过失混为一谈。不良结果并不意味着医生一定存在过失,不过这可能是医生被起诉的原因——运气不佳(并发症)加上医生的态度傲慢、出言不逊、性格高冷、难以接近,诉讼必然接踵而至。

2. **医生的看法** 医生(尤其是那些已经被起诉的医生)把大多数的过错看成预料之中的统计学上的现实世界。许多是制度层面的问题,而不是医生层面的问题。有些只是运气不佳。人无完人,医生也是人。但是,有些情况甚至连医生都会同意这属于医疗过错。

医疗过错的一个例子是,医生坚持处理一种不属于其专业范围的疾病,从而造成了损害。医疗过错的另一个显而易见的情况是，医生吸毒后或酒后依旧为病人提供医疗服务。仅仅为了赚钱而为病人实施不必做的手术是另一种显而易见的医疗过错行为例子。

3. 律师的看法　患方律师声称他们的做法是监管医疗系统并清除歹医的一种方式。但是，从统计数据来看，犯有"法律意义上的"医疗过错的医生是极少数的。根据美国国家执业医师数据库（National Practitioner Data Bank，NPDB）的数据，在1990年9月1日至2002年9月30日期间，只有5%的医生需要对54%的医疗过错赔偿诉讼负责。然而，在同一时期，NPDB发现，只有8%的医生有2次或2次以上的医疗过错赔偿诉讼，只有1.7%的医生有5次或更多次的医疗过错赔偿诉讼，受到州医疗委员会的纪律处分。

第二节　医疗过错索赔诉讼需要满足四条标准

显然，人们对何谓医疗过错存在不同的看法。但是，法律对赢得针对医生的诉讼所需的条件有明确的指导方针。如果满足这些条件，医生就要对其所作所为负责。

针对医生的索赔诉讼要取得成功需要满足四条标准：责任、过错、因果关系和损害。

（一）责任

1. 当事医生必须有处置该病人的义务　医生可能没有处置某个病人的义务的一个例子是"顺便咨询"。例如，一个医生在休息（非备班）期间，此时，医院里应付急诊的医生打电话来寻求咨询意见，在这种情况下，没有合法契约将这些非备班情况下的医生与该病人捆绑在一起。在医院备班列表上的医生有责任和义务处置前来急诊室寻医问药的病人，即使他们之前从未与该病人打过交道。

一旦建立了医患关系，当事医生的医学知识和技能就应该达到从事同一专业、具有合理胜任力医生所需的水准，并使用这些知识和技能。此外，当事医生还必须证明他们在实施医疗时所用的医学判断力达到了同一专业中一位具有胜任力的从业医生的判断力。这就是通常所说的达到了"标准注意"（Standard of Care，SOC）水准。

2. 避免遗弃病人之责任　如果医生不想为某位病人提供医疗服务了，就必须做出合理的安排，让另一位医生为病人继续提供医疗服务，否则，可能需要承担遗弃病人不管之责任。病人可以在任何时候以任何理由终止与医生的关系。医生则必须在告知具体理由并正式通知病人后,才能与病人解除医患关系,还需要给病人一个合理的时间段寻找下一位医生。

遗弃病人的其他例子还有:①在病人需要特殊专科医疗并且你无法提供时,未能将病人转给合适的医生、医院;②照看你床位上那些病人的护士从医院里给你打电话,你不接电话。

3. 最大限度地减小责任是避免诉讼的基石　医生增加责任的情况的例子不胜枚举,下文是几个值得重视的例子:

第一个例子涉及电话咨询。你是否有义务在电话里为一位你从未谋面的病人向另一位值班医生提供建议?如果你是备班,你就有义务在电话里提供建议,也应该为你的建议造成的不良结果分担责任。但是,如果你不是备班,有人打电话要求你提供咨询意见,你对这个病人就没有责任,你需要承担的责任就愈加有限。

第二个例子,如果一位出院病人从未按约定时间来你诊室复诊,你是否需要对该病人的病情恶化负责?遗憾的是,答案是肯定的。你可能要承担责任,况且任何不良事件的发生都可以用违反义务(未履职)来解释。有一种办法可以尽量减小这种责任:如果你是医生,你的病人在出院后没有按约定时间来复诊,你必须发送一个有证可循的信息(电话或信件)催促,指出"你最近没有按约定的时间来我诊室复诊。如果不做随访,你的病情可能会加重、恶化。如果你不马上重新与我预约复诊事宜,我将无法对你病情的进一步恶化负责"。然后,在病人的病历中记录有电话随访这件事。一旦你被起诉了,你可以拿出办公室的电话记录,证明打过电话这件事。

最后,在放射科报告发出前,通过影像存储与传输系统(Picture Archiving and Communication System,PACS)自己读片的医生显然觉得自己有资格在没有放射科医生监督的情况下读片,但情况果真如此吗?

有些自以为是的医生会说,就他们那"一亩三分地"来讲,他们的读片水平不逊于放射科医生。这或许没错。然而,大多数内科医生敢说他们有资格在胸部X线片上看出一个小点,并鉴别出这是正常斑纹抑或早癌吗?事实上,许多放射科医生都会错过这类细微征象。一位在X线片阅读方面接受过良好培训的内科医生能否做出这种鉴别?这当然是一个可供讨论的议题。毋庸置疑的是,许多内科医生被起诉的原因就是在肺癌的早期阶段漏诊。

(二) 过错

过错是指你的注意未达到与你同一专业的专业人士认可的临床规范要求,即

标准注意未达标。表达这一概念的另一种方式是**未履行义务**(**失职**)。这或许是极其主观的标准,因为标准注意并非总是清晰明了。在医学上,有一些事实和处置方法是人们普遍接受的。然而,医疗实践在不断发展和变化。对同一种疾病,不同专科可能会根据自己的偏好有不同的处理方式。

临床医生的主观判断,尽管回过头来看是错误的,但是,只要当事医生采用了最好的医学知识或判断力,通常不会被看作偏离标准注意。如何把这一事实细节传递给法庭是庭审过程中最具挑战性的方面之一。

法庭判断标准注意的方法是听取专家证词。同样,"专家"是一个定义不明确的术语。在江苏省,我们有一个由不同临床医学专业和法医专业(基本要求是副高职称,大多为正高职称)人士组成的专家库,专业确定方法通常是对应专业或相关专业的专家。例如,皮肤科医生不能就神经外科案例提供专家意见,除非病人还兼有皮肤病。

通常来讲,人们对"出纰漏"能够容忍,问题是,一旦"出纰漏",人们要求你能及时诊断、有效处理。

(三) 因果关系

这个定义在各地有细微差别,但这种差别很重要:①医方提供的医疗服务必须是造成病人损害的原因;②医方的医疗必须是造成病人损害的原因之一。对因果关系所下定义的清晰程度,决定了医疗过错诉讼中因果关系认定的难易程度。以"医方提供的医疗服务必须是造成病人损害的原因"为例,该定义意味着如果该损害有其他原因参与,医方的医疗过错就不是该损害的唯一原因,就不能把因果关系归咎于医方的医疗过错。但是,如果将这个定义扩大到"原因之一",只要医方的医疗过错在造成该损害方面起任何作用,那么因果关系认定就可能会与医方的过错医疗挂上钩。

医生存在过错,但是医方过错不是造成损害的原因,这种情况很多。例如,一位内科医生为一名因咳嗽前来就诊的病人做了一次X射线检查。医生在片子上没有发现问题,而片子实际上存在异常。1年后,该病人死于肺腺癌。此时,从先前的那张片子上可以看出,其肺腺癌当时已经转移,并且没有哪种办法能改变其结局。因此,尽管医生遗漏了肺腺癌的诊断,但医生的漏诊与病人死亡不存在因果关系。该病人在就医时,已经错过了救治时机,没有任何手段可以改变该病人的病情进展。

(四) 损害

损害问题稍简单些。此时,必须有一种可赔偿性损害(经济损害)。损害有两种类：经济损害和非经济损害。**经济损害**是金钱问题,如工资损失或医院账单。**非经济损害**包括疼痛和磨难等主观问题。

此外,对法庭认定的鲁莽或恶意行为,医疗过错案件可以有**惩罚性赔偿**,尽管十分罕见。

在许多情况下,医方存在过错和因果关系,但不存在损害。例如,医生开错了药物剂量,病人也服用了,但没有造成损害。

再举一个例子,一位右腰背部疼痛48小时伴发热和白细胞增高的病人在做了腹部CT平扫后被怀疑患阑尾炎。值班的外科吴医生不知道出于何种原因继续对该病人进行保守治疗。又过了24小时,病人才由刘医生收入病房,做了手术。手术证实为急性阑尾炎穿孔伴局限性腹膜炎。病人术后恢复顺利,术后5天出院。该病例表明吴医生存在延误治疗过错,但是,除了病人阑尾被切除外,没有造成更严重的后果(腹腔残余脓肿、弥漫性腹膜炎、感染性休克、阑尾残端漏)。阑尾切除是病人自身疾病所需。

另外,你可能还会遇到严重伤害但没有责任的案例。这种情况最常见于脑损伤婴儿。很多时候,婴儿有脑损伤,但这不是医生的过错。这些都是非常情绪化的案件,如果医方败诉,赔偿费会是天价。

在一场真实的诉讼中,医生告诉一名二胎孕妇在出现疼痛的最初迹象时就来医院就诊。然而,病人没有及时来医院,因为她要等大孩子的钟点工保姆来接手。当她最终到达医院时就分娩了,胎儿脐带脱垂(出现这种并发症是因为脐带在胎头或胎儿身体其他部位之前进入产道并受到压迫),导致缺氧,该婴儿随后出现了脑损伤。此时,无论医方如何努力,都无法避免这种悲剧的发生。导致该婴儿脑损伤的原因是就医拖延。因此,该案例不存在过错或因果关系,尽管损害巨大。

(五) 案例分析

案例1——在病情不清楚的情况下,不要随意下医嘱!

病情简介:女,59岁。因超重行腹腔镜胃转流术。术后第3日,病人出院回农村老家休养。术后第13日09:00病人出现吐血,打电话咨询主刀医生。主刀医生嘱病人立即来医院就诊,可以直接来病房。病人至当地汽车站等车时晕倒,意识不清,口鼻有大量血性液体。救护车至现场时病人已丧失意识,无自主呼吸,无自主心律。病人被急诊送至当地人民医院,抢救无效,13:05病人死亡。尸体解剖:胃网膜囊内见暗红色凝血块约600 mL。法医病理诊断:胃-小肠吻合口急慢性出血,继发性腹腔积血(小网膜孔),小肠末端及结肠、直肠肠腔内积血;失血性休克。

分析意见：在病人电话联系时，医方在无法对病人病情做出正确判断（出血量、面色、脉搏、呼吸、尿量、甚至血氧饱和度和血红蛋白水平）的情况下盲目嘱咐病人长途跋涉来院欠考虑，未指导其就近医治或乘坐救护车来医院。

案例2——请永远把错误犯在安全一侧！

病情简介：男，23岁，腹腔镜阑尾切除术后第1天，心率105次/min、面色苍白。血红蛋白从术前151 g/L降至血红蛋白92 g/L。腹部CT示肝脏周围和脾脏周围有血凝块。加快输液后心率降至92次/min。医生立即行腹腔镜再次探查，发现腹腔内有积血和血凝块约1 500 mL，未发现出血点。这种病人是否应该再次做腹腔镜探查？

分析意见：用"事后诸葛亮"的眼光看，由于再手术时腹腔出血已经停止，这个病人就可以不做腹腔镜探查。但是，在此之前，谁有把握？我认为，这种计划外再手术的医生应该表扬，因为他把错误犯在了安全一侧！

第三节　医疗事故鉴定是怎么回事？

诉讼并不是病人可以用来表达对医疗不满的唯一方式，病人还可以向医方所在省市的医疗行政管理部门投诉。法律诉讼败诉是赔钱的问题，可能会使你毛骨悚然。然而，事故投诉更可怕，因为它可能会直接影响医师资格证。虽然任何人都可以投诉，但是，投诉的通常都是病人本人或其家人。事故投诉可以与法律诉讼同步进行，也可以在与医生调解无果或在医生败诉之后进行。一般来讲，医疗行政管理部门会评估医方是否存在不专业行为、是否存在在酒精或药物作用下工作的行为。

虽然对病人态度粗鲁可能是不专业的，但大多数医疗行政管理部门并不认为这种行为应该受到惩罚。

此外，医疗行政管理部门可以在没有接到实际投诉的情况下对医方进行调查。美国许多州都有一种制度，在出现一宗大额赔偿调解或败诉事件时，或者一名医生在短时间内有多起调解或败诉（如3年内5起调解事件）事件时，会把这位当事医生列入重点关注对象。

收到关于你的医疗事故投诉后，医疗行政管理部门会给你发一封信，详细说明病人对你投诉的性质，而你需要写一封书面解释。如果你的书面解释被接受了，这次投诉就了却了。不过，在大多数情况下，你的书面解释很难被接受。医疗行政管理部门会要求举行一场专家听证会。没有法官,没有陪审团,你可以聘请律师代表你,不过,我还是建议你亲自参加,因为你是当事人兼专家。

第四节 法律诉讼有哪些其他替代解决方法?

由于保费飞涨和入保限制导致了当前的医疗责任危机,美国各州都颁布了各种形式的侵权改革措施。其中,许多措施包括争议的替代解决(Alternative Dispute Resolution,ADR)方法,从而使得一些法律诉讼可以通过非法律途径解决。这些替代解决方法的范围从自愿选择到强制选择,从具有约束力的结果到不具约束力的结果,从对个人和职业生活没有多少影响的方法到那些比较公开的和比较有侵扰性的方法。主要的 ADR 方法有四种:协商、调解、仲裁和庭审医疗损害专家鉴定意见。我国目前常用的 ADR 方法是协商和调解两种方法。

1. **协商** 这是最常用的替代性争议解决方法,协商的定义是当事双方或多方本着诚意共同协商的过程,目的是解决共同关心的问题。协商的主要优点之一是其协议往往比其他方法达成的协议有更大的韧性。此外,协商参与者对协商过程有比较大的控制权。当协商参与者是相关方的代理人、有足够的可以做出让步的情感距离时,协商往往比较容易取得成功。然而,在医疗过错案件中,仅仅通过协商可能很难取得有利于问题成功解决、不偏不倚的冷静分析意见。

2. **调解** 调解是通过中立的第三方来促成的一种协商过程,是双方直接协商的一种延伸。调解人无权将解决方案强加给当事各方,其调解结果也不具有约束力,因为调解人只是协商的促成者。在病人与医生希望保持关系或因沟通不畅导致纠纷的医疗过错案件中,这种方法可能会有效。与诉讼相比,调解有许多优点,包括成本低、争议各方对调解过程有比较多的控制权以及调解程序比较机密。病人希望把调解当作一个论坛,可以在调解中表达自己的关切,可能导致医方对过错的承认——往往只是简单的道歉。反之,调解也存在一些缺点,例如调解是自愿的、没有可以强行裁决的法官,只有在争议各方都同意的情况下调解人才拥有尽可能多的权力。

3. **仲裁** 这种替代解决方法是指当双方同意将其争议提交给仲裁小组或仲裁员、由他们召集听证会的情况。在听证会上,各方呈现证据,然后由总裁小组确定责任或做出裁决决定。虽然仲裁结果具有约束力,但是有时可以对结果不服提出上诉。仲裁可以是私下盟约,也可以是司法授权的。与陪审团庭审相比,仲裁过程通常比较快、仲裁比较私密，成本比较低。此外，一名驾轻就熟的仲裁员可能会对复杂的医学术语了如指掌。与一个由外行人组成的对所涉问题不真正了解的陪审团相比，熟悉这些术语可以使争议解决过程更公平。

4. 庭审前医疗损害专家鉴定意见　这种替代解决方法是专门为医疗过错案件开发的。在我国，许多省都有创建庭审前医疗损害专家鉴定意见的做法。该小组的任务是在提起诉讼之前，对医疗过错索赔案进行审核，并就该索赔案给出不具约束力的咨询意见。筛查小组成员的构成因省而异，可以全部是相关专科医生，可以全部是法医，也可以由相关专科医生与法医混合组成，法官和非专业人士也可以参与。不过，最合适的组成方式是专科医生与法医混合构成。然而，由于该解决方案不具有约束力，原告仍然可以在决定出台后提起诉讼，这实际上推迟了索赔案件的最终解决时间。

第五节　本章小结

SOC是指在相同情景下、同一医学专科、另一位理性（reasonable）医生的所作所为。如果当事医生所采用的注意度和技能未能达到同一医学专科其他医生在相同情况下会采用的注意度和技能——不达标，就被认为存在医疗过错。SOC要求的是本专业普通从业者所处的水平，强调的是平常人用平常心做平常事，不谋求高标准。

针对医生的索赔诉讼要取得成功需要同时满足四条标准：责任、过错、因果关系和损害。

尽管美国许多州都有各种类型的ADR途径，不过，所有的赔付款都会上报至NPDB。医生每到一所医院找工作或更新权限时，医院都会咨询NPDB，NPDB的不良记录会对医生的工作前景造成不利影响。此外，如前文所述，NPDB的不良记录也会触发当事医生所在州的医师资格委员会对该医生开启一次审查。因此，大多数医生宁愿走胜算率比较高但劳筋骨苦心智的庭审之路，也不愿意走ADR这条风险比较大的路。

（黄英姿）

第二章

外科并发症、风险评估与医疗品质

> 人只要做事就会犯错。
>
> Johann Wolfgang Goethe
>
> 一个人做一件好事并不难,难的是一辈子做好事,不做坏事。
>
> 毛泽东

第一节 外科并发症

何谓并发症? 任何不该发生的事(不良事件)发生在了你的病人身上就是并发症,包括任何偏差(依据我们积累的经验,与我们预期的、顺利手术的术中和术后过程相左)。只要是"出问题"都属于并发症!

外科并发症的界定是一项颇具挑战性的任务。许多外科医生认为,界定并发症的一种合适手段是外科医生的直觉,它强调了用外科医生的直觉进行风险评估的合理性。然而,在许多情况下,外科医生的直觉并不可靠,因为它缺乏客观标准,并且在很大程度上依赖临床医生的个人经验。对**外科并发症**(surgical complication)的一种比较成熟的定义是"由手术导致的直接结果并且对病人造成了伤害,这种结果是我们不希望看到的一种意外。如果手术像合理预期的那样顺利,这种结果通常不会发生"。然而,手术与并发症之间的直接因果关系有时很难判断。这种不确定性带来了外科并发症的漏报风险,也带来了严重后果。此外,应将**外科后遗症**(surgical sequelae)、**未治愈**(failure to care)与并发症区分开来。**外科后遗症**是指外科手术本身固有的必然出现的情况,例如切口瘢痕形成、全甲状腺切除后需要用甲状腺素替代治疗、截肢后的残疾。手术后病情依旧的状况不应被视为并发症，而应被视为**未治愈**，例如，腹股沟疝术后早期复发或恶性肿瘤未完全切除都属于**不良结果**，应该归类为"未治愈"，而非并发症。

外科并发症可以分为可预见性和不可预见性，进一步又可以分为**可预防性（可避免性）**与**不可预防性（不可避免性）**。

以**局部麻醉下的乳房纤维瘤切除**为例。你预计：病人术后马上就能起立，自己上厕所，0.5～1小时就能去搭乘公共交通工具；2天后就不再需要口服止痛剂而照常上班；一周后，切口完全愈合，没有出血或感染。上述诸项中任何一项出现偏差（偏离你的预计），如切口皮肤瘀斑（像"紫圆茄"）就是并发症。甚至切口两侧皮肤缝合缘轻微错落也属于并发症。"轻微并发症连病人自己都会觉得无所谓，就像发生在其他人身上一样！"

上述定义不仅灵敏，而且适用范围广。如果我们采用这个定义严格、客观地进行检查，仔细地将这些并发症罗列起来，你会发现外科并发症的发生率高得惊人——几乎每例手术都有并发症。因为外科手术需要做切开、烧灼、牵拉、分离、缝合、结扎或钉合，需要改变正常生理状态（即使时间短暂），外科医生和他们的病人就需要为这些有创操作付出代价或经历痛苦。

多少年来，外科学者一直致力于创建详尽的**外科并发症分类体系**。其中最受推崇是瑞士苏黎世大学 Pierre Clavien 教授提出的分类体系（表 2-1）。其他分类体系或许用起来更简便，但是落实到某个病人就不具实用价值，只能作为学术或研究的工具使用，提升所报结果的一致性，以便于进行比较和分析；此外，在科室统计报表中也可能有一定价值。但是，你我既不是"大牌"研究员，也非科技统计大师，我们需要的是脚踏实地、更有意义、更实际的分类方法。

表 2-1 Clavien-Dindo 外科并发症分类

类别	定 义
I	任何偏差正常术后恢复过程的情况，但不需要使用药物，也不需要手术、内镜或放射介入处理。允许的治疗措施有止吐药、解热药、镇痛剂、利尿药、电解质和理疗。伤口感染在床边敞开者也属于此类
II	需要药物治疗（不包括 I 级并发症允许应用的药物）。输血和全肠外营养也属于此类
III	需要手术、内镜或放射介入处理：
III-a	不需要全身麻醉

续表 2-1

类别	定义
Ⅲ-b	需要全身麻醉
Ⅳ	危及生命需要入重症加强医护病房（Intensive Care Unit，ICU）的并发症（包括中枢神经系统并发症）：
Ⅳ-a	单个器官功能障碍（包括透析）
Ⅳ-b	多器官功能障碍
Ⅴ	病人死亡
后缀"d"	如果病人带着并发症出院，就应该在相应并发症的类别后加一个"d"（"disability"的缩略词）。该后缀提示需要通过随访来对该并发症做全面评估

第二节 医生在并发症方面的义务

没有并发症哪来死亡。医生在并发症等不良事件方面的义务包括：预见义务、告知义务、避免义务和救治义务。

1. **预见和告知义务** 在我看来，知情同意书签署程序应该由主刀医生亲自在宽松的氛围下、从容不迫地与病人及其家人讨论手术适应证、替代选项、得益、预期术后经过和潜在并发症（参见第十五章第二节）。应事无巨细地解释每件事，按需要反复多次解释，采用在场人员都能听懂的语言和术语。书籍、图片，甚至网络上的视频片段都是你的教具，其实，一支笔、一张纸和几幅简笔画看上去反而不太会使病人及其家人感到恐惧和紧张。关键是如实告知：绝对不能低估所涉及的风险，又不能夸大其词，目的是让病人及其家人对坏结果的出现有思想准备。

2. **避免义务** 并发症分为"不可预防性"（如无菌腹腔手术后的肠粘连、直肠癌低位保肛手术后的"低位前切除综合征"）和"可预防性"（如喉返神经损伤、吻合口漏、切口感染）。医方对常见的可预防性并发症应该采取力所能及的预防措施，并在手术记录中仔细记载。不记载，就缺乏"预防"之证据，就容易被界定为医疗过错。举例如下：

甲状腺手术："在甲状腺下极显露喉返神经（1.2 mm 粗细，神经外膜表面特有的光泽和滋养血管）并追踪至其入喉处从而确认喉返神经；4 枚甲状旁腺显露了 3 枚（具体位置以及血供情况，甚至术中显色法的使用）。"结直肠吻合手术："用剪刀剪开脂肪垂的方法判断吻合口血供,用漏气试验判断吻合口的密封性,检查吻合口没有张力,从而确保吻合口品质。"

3. **早期发现义务** 术后需要针对预见到的并发症进行追踪观察(如胃手术后的十二指肠残端漏)。对病程中出现的不符合病情自然转归的临床表现(如发热、腹痛)要尽到标准注意义务。

4. **正确处理义务** 并发症发生后医方应该采用合适的措施积极治疗。例如,对胃手术后的十二指肠残端漏的标准处置措施应该是再次剖腹做十二指肠置管引流,而非经皮穿刺引流。

第三节 外科手术风险评估

对并发症发生率和死亡率的评估很难反映团队的外科业绩,因为各外科团队收治的病人人群中其术前风险可能存在很大差异。例如,有的团队大量收治外院转诊来的复杂病例或Ⅳ类手术,手术风险自然大增。为了做有效比较,就需要在对外科结果的报告方式达成共识的基础上,对这种案例组合进行适当调整。此外,品质控制还必须考虑到术后并发症的严重程度,因为**导致病人住院时间长、医疗费用高和不满意的往往是严重并发症**。

病人发生术后并发症的风险可以采用主观方法进行评估,例如:用美国麻醉师协会(American Society of Anesthesiologists, ASA)提出的分类法表示,或者借助画线法(Visual Analogue Scale, VAS),或者采用客观评分系统。ASA 分类法的缺点是没有考虑择期手术病人手术术式的固有风险,因为病人的风险状况与所采用的术式有很大关系。例如,同为 ASAⅠ类,胆囊切除病人与胃切除病人的术后并发症风险显然不可相提并论。VAS 的风险评分系统能纠正 ASA 评分系统的局限性。但是,VAS 的风险评分系统也有一些缺点。首先,直观风险评估依赖的是限于经验的直觉,对经验不足的外科医生来说不是良好的风险预测指标。其次,存在夸大风险的可能性。

在外科,人们用风险评分法以一种标准化方式估计具体病人的术后并发症风险,或者估计某一选定病人群体的术后并发症风险。在过去几年中,已经有数个风险评分系统用于外科。这些评分系统分为三大类:首先,是**一般手术风险评分系统**,例如死亡率与并发症发生率的生理和手术创伤严重程度评分(Physiological and Operative Severity Score for the enUmeration of Mortality and Morbidity,

POSSUM)。其次,是一些涵盖特定并发症发生率的评分系统,例如描述心脏并发症的 Goldman 指数和 Detsky 指数。最后,是一些与特定疾病有关的评分系统,例如急性生理学和慢性健康评估Ⅱ评分(Acute Physiology And Chronic Health Evaluation II score, APACHE Ⅱ评分)、用于急性胰腺炎的 Ranson 标准。尽管我们有这些评分系统,但是,外科业绩评估通常都不用这些评分系统,其原因是此类评分系统的复杂性或者其对特定病人群体的特异性妨碍了此类系统在临床上的广泛使用。

在外科得到广泛认可的风险评分系统屈指可数,最受推崇的莫过于 POSSUM。虽然 POSSUM 已经在外科各亚专科得到了验证,并且被证明是一种外科品质控制的有用工具,但是 POSSUM 也存在一些固有缺陷。其一,它需要有胸片、心电图以及血液检查等术前检查项目才能对病人的手术风险实施评估。并非所有手术、所有病人都需要在术前做这些检查项目。其二,POSSUM 并非单单依靠术前参数。这是一个可以讨论的问题,因为手术风险还受手术本身品质的影响。因而,在术前阶段对病人手术风险的识别对病人签署手术知情同意书和考虑替代治疗方案至关重要。其三,POSSUM 已经成功用于预测手术死亡率。然而,大多数外科手术术后很少出现死亡,因此或许很难将术后死亡作为一种外科品质评估指标用于普通外科业绩评估。其四,PDCA[①] 循环首字母记忆法有利于环境的持续改进,使得新流程容易实施。在企业界和科学界,这一理念已经牢固确立,其优势在于简单易行。

第四节 外科医疗品质评估

术后并发症发生率一直是衡量外科品质最常用的指标。然而,外科并发症的定义仍然缺乏标准化,妨碍了对外科业绩和外科品质的评估。

---

① PDCA 这 4 个字母分别代表 4 个环节:Plan(计划——制订目标和计划)、Do(执行——展开任务、组织实施)、Check(检查——检查过程中的关键节点和最终结果)、Act(处理——处理检查结果,肯定成功的经验,纳入标准流程;总结失败的教训,引起重视;对于没有解决的问题,提交到下一次 PDCA 循环中去解决)。PDCA 模型是美国品质管理专家 Walter A. Shewhart 提出的,后来因为另一位美国品质管理专家 William Edwards Deming 的宣传推广而得到普及,所以又叫戴明环。PDCA 只会教你实现目标,不会教你调整目标;只会告诉你怎么把事情做好,不会告诉你是不是该做别的事情。引自:https://www.jianshu.com/p/ce9b3c987992

如前文所述，品质评估主要依赖临床数据库。然而，临床数据库的可靠性存在很大疑问。为了评估住院医师对术后并发症跟踪的可靠性，Clavien设计了一项研究，请一名经过专门培训的研究型护士来审核临床结局数据库的可靠性。该研究分为两个阶段，每个阶段为期3个月。在第一阶段，这名经过专门培训的研究型护士（没有参与病人的初级医疗过程）秘密对住院医师录入的所有结果数据进行审核。所有并发症均根据Clavien-Dindo分类进行记录和分类，所有合并症都用Charlson风险指数进行分级。评估录入数据与审核数据之间的不一致性。

第一阶段共纳入305例病人，第二阶段共纳入447例病人。从手术种类、年龄、性别、ASA、体重指数和住院时间方面来看，两个阶段的研究人群具备同质性。在第一阶段，共发生了206例并发症，其中80%的并发症未录入数据库。Ⅰ类并发症（无须进一步治疗）有94%未录入，Ⅱ类并发症（需要药物治疗）54%未录入，Ⅲ类并发症（需要手术、内镜或放射介入）71%未录入。Ⅳ类并发症（需要重症医疗；$n=1$）和Ⅴ类并发症（病人死亡，$n=1$）均未录入。

在将第一阶段的审核数据公布后进行第二阶段研究。在第二阶段，共发生了347例并发症。令人惊讶的是，录入品质没有显著提高。其中，79%的并发症依旧未得到评估或未得到正确评估；89%的Ⅰ类并发症、59%的Ⅱ类并发症、47%的Ⅲ类并发症和25%的Ⅳ类并发症未录入或未正确录入。所有Ⅴ类并发症都有录入。从临床相关并发症（Ⅱ类及Ⅱ类以上）来看，第二阶段略有改善，未录入率为52%，而第一阶段为61%。不过，两个阶段的差异无统计学意义。

这项研究表明，住院医师的数据收集不符合质控要求。令人惊讶的是，尽管进行了宣教，尽管披露了审核结果，数据收集的可靠性还是没有提高。这种严重漏报并发症的原因是多方面的。其一，结果数据的录入非常耗时，因此住院医师或许会不予理会。每周工作时间的限制也可能严重妨碍可靠的数据收集：工作时间的限制造成了许多医疗转手[①]，容易发生信息丢失。其二，缺乏激励措施也可能是住院医师数据收集不充分的原因；数据收集完整者没有奖赏，数据收集不全者也不会受惩罚。大多数医疗保健系统的付款人不会为数据收集的额外工作量付费。其三，一般来说，外科医生更愿意把精力放在外科手术操作这个他们心中的核心事业方面，而不是行政事务，这可能是数据品质不佳的根源。

---

① 医疗转手（handoff of care, care transition, care transfer）又称医疗交接，如值班交接、病人转科、病人转院、病人出院等。

第五节 本章小结

近年来，人们在外科医疗品质评估和改进方面发表了大量论文。然而，日常外科行医因为这些文章发生变化了吗？所有这些努力对医疗品质评估的方式和医疗品质有大幅度提升吗？讲一句实话：其答案一定是"没有"。原因是，人们在如何对混杂病例进行数据调整、如何定义外科结局和外科并发症方面至今未达成共识。Clavien-Dindo 并发症分类已经越来越多地被许多外科专业接受，但是，大多数医院对这些外科结果数据甚至没有常规记录。即使这些数据有记录，其数据也是依赖自我上报，而自我上报的数据其可靠性非常值得怀疑。再说了，我们还缺乏妨碍外科结果数据解读的基本标准检查程序。所以，我们不得不说一句实话：**外科品质评估仍然是一个未得到重视的课题，因为我们在这方面花费的人力物力还不够。**临床医生应该向企业界人士学习，学习他们数十年来广泛实施品质改进计划，不断改进工艺制程、提升产品品质。我们必须对品质下定义，必须用全方位的标准方法来衡量品质。否则，其他人（如保险公司、医院管理人员或政客）就会捷足先登，他们会对我们指手画脚，提出这样或那样的定义和规则来要求我们。作为外科医生，提升医疗品质是我们的一个使命，让这一使命变为现实是我们不可推卸的责任。

（黄英姿）

第三章 "不允许事件"

> 使病人陷入困境的往往是第二次失误——对第一次失误的错误应对。
>
> Clifford K. Meador
>
> 所有医院都要就医疗成功率对公众负责……如果医学界不采取主动行动，非专业的外行人士就会取而代之。
>
> 1918年美国外科医师学会（American College of Surgeons，ACS）成立时使命宣言中的措辞

过去，人们一直把外科医疗中的过错看作人为过错的同义词。在传统观点里，医疗过错是指医疗保健提供者选择了不恰当的诊疗方法，或者手术方式选择正确但实施存在过错。近年来，人们将医疗过错归因于沟通、认知和情感方面的过错。外科过错在临床上层见叠出，导致了大量不良外科结果。

许多人依旧质疑，医疗服务领域的差错率是否真的高到需要我们兴师动众对该问题投入如此大的关注度。医疗保健业的错误通常不会像一架大型喷气式飞机坠毁那样在各大媒体占据头条位置。许多医疗过错不是被拦下来，就是在严重程度上微不足道，其实，大多数医疗过错造成的伤害很小，甚至未造成伤害。例如，医疗过错的主要原因之一是用药错误，在住院病人中其发生率为2%~14%，这些错误很少会造成伤害，但具有造成伤害的可能性。医疗过错的实际情况是：医疗过错的发生率相对较低，但是，在中国这个人口大国，有成千上万家医疗保健点，医疗过错每小时、每天都会在成百上千位病人身上发生。除了人们观察到的这种现象外，医疗保健提供者在对待自己的人为错误方面也存在难度，因为**这笔赌注涉及的不是医生本人，而是另一个人的生命**，并且错误识别和错误预防这种冲突变得越加明显。

第一节 "不允许事件"的两种定义

"不允许事件"(never event)这个词最早由美国国家品质论坛(National Quality Forum, NQF)前首席执行官 Ken Kizer 医生在 2001 年创造。Kizer 医生起初将这些事件称为"不良事件",后来称其为"不允许事件"。人们对"不允许事件"的定义还存在不同意见。美国两家相互独立的权威实体对这个词的使用背景迥异。

1. 美国国家品质论坛(National Quality Forum, NQF)的"不允许事件" NQF 对"不允许事件"的定义是医疗保健领域中严重应报告事件(Serious Reportable Event, SRE)。在 2011 年版的 7 大类 29 种事件列表中,第一类的 5 种都是外科手术相关事件(表 3-1)。这 5 种事件都属于不可容忍或绝对不允许发生的过错,但是,不允许事件不等于可预防性事件,所列出的 29 种事件并非都属于可预防性事件。本章的重点是介绍 NQF 认定的一些与外科手术相关的"不允许事件"。

表 3-1 2011 年版 NQF 认定的"不允许事件"

事件种类	附加说明
1. 五大"不允许"外科事件	
1A. 手术部位错误(又称错误部位手术)	是指做手术的躯体部位与该病人的书面知情同意书记载的部位不一致 不包括因手术过程中出现的紧急情况和/或因病人的紧急情况无法获得知情同意
1B. 手术病人错误(又称错误病人手术)	是指做手术的病人与该病人的书面知情同意书记载的病人不一致
1C. 手术术式错误(又称错误术式手术)	是指为一个病人所做的手术术式与该病人的书面知情同意书记载的术式不一致 不包括因手术过程中出现的紧急情况和/或因病人的紧急情况无法获得知情同意 这里的外科手术包括内窥镜检查和其他有创操作
1D. 在手术或其他操作后无意中将异物留在病人体内	不包括作为计划内干预性操作的一部分有意植入体内的物体,以及手术前就故意准备留在病人体内的物体

续表 3-1

事件种类	附加说明
1E. ASA Ⅰ 类病人的术中或术后立即死亡	包括在实施麻醉的情况下死亡的所有 ASA Ⅰ 类病人(计划内外科操作可能已经进行,也可能还未进行)。术后即刻是指在诱导麻醉(如果外科手术还未完毕)、外科手术或其他有创操作完成后 24 小时内
2. 产品或设备事件	
2A. 病人的死亡或严重残疾与使用医疗机构提供的被污染的药物、设备或生物制剂相关	包括药物、设备或生物制剂中通常可检测到的污染物,无论污染源和/或产品如何
2B. 病人的死亡或严重残疾与病人医疗中一种设备的使用超出预定功能相关	包括(但不限于)导管、引流管和其他专用管道、输液泵和呼吸机
2C. 病人的死亡或严重残疾与在医疗机构接受医疗时发生的血管内空气栓塞相关	不包括与已知血管内空气栓塞高风险的神经外科手术相关性死亡
3. 病人保护事件	
3A. 在无民事行为能力的人(病人、婴儿等,任何年龄)出院时,没有将这类人交给合法授权人员	
3B. 病人的死亡或严重残疾与病人出走(失踪)超过 4 小时相关	不包括有民事胜任力的成年人出走(失踪)事件
3C. 在医疗机构接受医疗服务期间,病人自杀或自杀未遂导致严重残疾	是指在入院后由病人举止导致的事件 不包括因病人自伤事件收住入院造成的死亡
4. 医疗管理事件	
4A. 病人的死亡或严重残疾与用药错误相关(包括:错误药品、错误剂量、错误病人、错误时间、错误速率、错误制备或错误给药途径)	不包括对药物选择和剂量选择在临床判断上的合理差异
4B. 病人死亡或严重残疾与血液制品的不安全使用有关	
4C. 在医疗机构接受医疗期间,低风险妊娠孕产妇出现与分娩相关的死亡或严重残疾	包括在分娩后 42 天内发生的事件 不包括因肺栓塞、羊水栓塞、妊娠急性脂肪肝或心肌病所致的死亡

续表 3-1

事件种类	附加说明
4D. 与低风险妊娠分娩相关的新生儿的死亡或严重残疾	
4E. 人工授精中精子供体错误或卵子错误	
4F. 在医疗机构接受医疗服务期间,病人的死亡或严重残疾与跌倒相关	
4G. 入院后获得的 3 期压疮、4 期压疮或无法分期的压疮	如果在入院时发现有 2 期压疮,从 2 期进展至 3 期的压疮则不包括在内
4H. 病人死亡或严重残疾与生物标本丢失无法挽回有关	
4I. 病人死亡或严重残疾是没有追踪实验室结果、病理结果或放射科结果所致,或没有就这些结果进行沟通所致	
5. 环境事件	
5A. 在医疗机构内,在为病人实施治疗的过程中,病人或员工的死亡或严重残疾与电击相关	不包括计划内治疗(如电抗休克)的电击事件
5B. 指定用于为病人输送氧气或其他气体的管线没有气体、含有错误气体或被有毒物质污染等事件	
5C. 在医疗机构内,在为病人实施治疗的过程中,病人或员工的死亡或严重残疾与烧伤相关,不管起火原因是什么	
5D. 在医疗机构接受医疗服务期间,病人的死亡或严重残疾与使用约束装置或床栏有关	
6. 放射学事件	
6A. 病人或员工的死亡或严重残疾与把金属物带入 MRI(磁共振成像)区域有关	

续表 3-1

事件种类	附加说明
7. 刑事犯罪事件	
7A. 冒充医生、护士、药剂师或其他持证的医疗保健提供者为病人下医嘱或提供医疗的个人	
7B. 对任何年龄的病人实施绑架	
7C. 在医疗机构内或场所对病人或员工实施性侵犯	
7D. 病人或员工因在医疗机构内或场地发生的人身攻击（殴打）而死亡或严重受伤	

引自：National Quality Forum(NQF). Serious reportable events in healthcare-2011 update：A consensus report[R/OL]. https://doh.wa.gov/sites/default/files/legacy/Documents/2900//NQF2011Update.pdf.

此外，联合委员会(Joint Commission，JC)制定了另一份与"不允许事件"相似的"'先兆'事件"(sentinel events)列表（表 3-2）。在联合委员会认证核查期间，要求对"先兆"事件做汇报。

表 3-2 联合委员会认定的"先兆"事件

联合委员会认定的两大类"先兆"事件
1. 出现了下列任何一种病人安全事件，且该事件与病人疾病的自然病程或基础疾病基本无关： • 意外死亡 • 永久性伤害 • 严重暂时性伤害
2. 下列任何一项事件都属于先兆事件： • 任何接受护理、治疗或服务的个人在全天候有人值守的情况下或在出院后（包括从医院急诊科出院）72 小时内自杀 • 足月婴儿意外死亡 • 婴儿出院时搞错了家庭 • 对接受护理、治疗或服务的任何病人实施绑架 • 任何在全天候有人值守的情况下（包括急诊科）的病人出走（未经授权离开）导致病人死亡、永久性伤害或严重的暂时伤害 • 因输入血型严重不符的血液或血液制品（ABO，Rh，其他血型）出现溶血性输血反应，导致病人严重暂时性伤害、永久性伤害或死亡

续表 3-2

联合委员会认定的两大类"先兆"事件
2. 下列任何一项事件都属于先兆事件：

- 外科和非外科有创操作用于错误病人、错误部位或错误术式
- 在外科手术或其他操作后意外将异物留在病人体内
- 重度新生儿高胆红素血症[胆红素>513 μmol/L(30 mg/dl)]
- 长时间透视,单个透视野的累积剂量>1 500 rad,或放射治疗部位错误,或放射治疗剂量高出计划的 25%
- 在病人的直接医疗期间,由医院操作和使用的设备引起的火灾、火焰或意外烟雾。认定"先兆"事件的前提条件是设备必须在事件发生时正在使用(工作人员不需要在场)
- 任何产时(与分娩过程有关)的孕产妇死亡
- 孕产妇出现了严重并发症(与病人疾病的自然病程或基础疾病基本无关),导致永久性伤害或严重暂时性伤害
- 跌倒导致以下任何一种情况:骨折(需要手术、石膏固定或牵引处理)、神经系统(例如,颅骨骨折、硬膜下出血或颅内出血)或内伤(例如,肋骨骨折、肝脏细小撕裂伤)需要会诊/处理或安慰治疗;凝血功能障碍的病人因跌倒需要输用血液制品;因跌倒受伤(不是因为生理事件导致跌倒)发生死亡或永久性损害

引自:https://www.jointcommission.org/-/media/tjc/documents/resources/patient-safety-topics/sentinel-event/camh_24_se_all_current.pdf.

2. 美国医疗保险与医疗补助服务中心(Center for Medicare and Medicaid Services,CMS)的"不允许事件" CMS对"不允许事件"的定义是医保基金不予支付的、严重的医院内获得性疾病(non reimbursable serious hospital-acquired conditions)。CMS的"不允许事件"疾病列表包括全膝关节或全髋关节置换术后的深静脉血栓形成(Deep-Vein Thrombosis,DVT)、骨科手术后的手术部位感染以及医院内获得性感染。这些事件发生后会对医院的财务状况产生影响。

根据上述这两种不同定义列出两张列表可能会在公众中造成混淆,将来,病人可能会对CMS列出的"不允许事件"(例如全膝关节置换术后的DVT)提出赔偿申请。其实,这些事件往往是不可预防性事件。虽然有些外科并发症确实是因为计划不周、粗心大意或医疗专业人员注意力不集中,但是,就感染和血栓栓塞性疾病等并发症来讲,即使外科和医疗专业人员采取了所有预防措施来避免这些并发症,这些并发症依旧可能发生。提高CMS"不允许事件"的可辩护性策略包括:

- 提供原有基础病(压疮、静脉血栓栓塞高风险病人、感染)的治疗前记录或院前记录。
- 搞清楚NQF与CMS对"不允许事件"定义的差别,使用清晰的语言,以免人们对"不允许事件"的理解大相径庭,防止医疗过错的索赔。
- 创建一个基于医院的由各学科人员组成的工作组,包括规培学生。在医疗机构中实施

制度性普适性病人安全管理,对现行的制度加以改进,目的是提升病人安全和医疗品质,以改进旨在保障病人安全的当前制度。
- 改进医疗护理路径,预防医院获得性感染。
- 让病人参与到自己的医疗计划制订中来,鼓励病人一旦对自己的医疗或临床决策产生关切时"大声说出来"。

第二节 国家品质论坛的"不允许事件"

(一)手术侧/部位错误、手术术式错误或手术病人错误

尽管手术安全核查表在全球实施已经逾20年,但是,手术部位错误的"梦魇"远未终结。这种"不允许事件"远远不限于个别"蹩脚"的医院或个别"差劲"的外科医生。使用系统核查表、通用预案或"暂停确认"可减少手术部位错误的发生概率,然而,妨碍这些规章制度实施的障碍依旧存在。从病人具备手术适应证开始至皮肤切开前有许多步骤要走,这些步骤的任何一步出错都可能导致手术部位错误,诸如医生申请手术时将术式填错、知情同意书错误、放射科报告的患病部位有误、外科医生与病人沟通不到位、护理人员交接班问题、主刀医生在多个手术间穿梭做手术的时间压力、在等候区对病人的标记不正确、未正确执行"暂停确认"制度等。即使是最棒的外科医生,也可能因认知、管理或程序错误而发生手术部位错误。至关重要的是,要设置多个核查关卡或"制度",找出医疗这条"链"上的每个薄弱环节。

(二)无意中将异物留在病人体内

据估计,在美国,无意中将异物留在病人体内的发生率约为1∶5 500。将异物留在病人体内的已知危险因素包括同时实施多台大手术、多个手术团队在同一个病人身上做手术以及纱球、缝针点数错误。人们采用外科物品点数(清点)方法来降低异物留在病人体内的发生率。然而,据报道,物品遗漏点数的发生率在总手术数中高达12.8%。如果怀疑有异物留在病人体内,人们会采用术中影像检查来寻找,但是,术中影像检查只能检测到约2/3的遗留异物。由于外科物品点数工作容易出现人为错误,如今,人们正在采用不透X射线材料对手术物品进行设计,以便术中能通过X射线检查或使用射频识别系统寻找,目标是提升病人安全性,减少人们对繁杂耗时的点数工作的绝对依赖。在由护士、外科医生和医院管理人员组成的多学科团队的常规参与下,异物留在病人体内的发生率已经有所下降。

（三）用药错误

总的看来，用药错误属于频发事件，每年大约有150万美国人受用药错误影响。英国一项研究回顾了688份病历，发现近50%存在用药错误。尽管人们一直在努力降低用药错误的发生率，但是，药品不良事件（Adverse Drug Event，ADE）仍然让社会付出了代价，给病人造成了伤害。在外科医疗中实行多学科团队制度（有临床药师参与其中），以及采用医生计算机医嘱输入系统（Computerized Physician Order Entry System，CPOE）一直被公认为是一种减少ADE的策略，然而，外科用药错误依旧存在。一项调查表明，在160名受调查的医疗保健专业人员中只有50%的人认为CPOE降低了用药错误发生率。将临床药师纳入多学科团队有利于减少用药错误，不过，许多医生，尤其是外科医生，很少愿意听从临床药师的建议。一项研究表明，在急诊室临床药师提出的301项建议中，被医生采纳的只有不足60%，其中外科医生愿意采纳临床药师建议的（51%）可能性显著低于内科医生（69%）。为了减少用药错误的发生率，至关重要的一点或许是要有一支包括临床药师在内的多学科人员组成的团队，要有一套方便用户使用的计算机医嘱输入系统，并且要求外科医生愿意听取团队成员对用药医嘱的建议。

第三节 杜绝"不允许事件"的出路在于制度改革

人们往往会把责任归咎于制度中的个别组成部分，可预防性死亡研究理念也会因此受到纠缠，无论是个别外科医生、手术团队还是护理团队。如今人们倾向于把所有过错都看作制度设计问题，而非个人责任和个人错误。1999年，美国医学研究所（Institute of Medicine，IOM）在《人非圣贤，孰能无过——构建更安全的医疗保健体系》（To Err is Human — Building a Safer Health System）报告中有一段话强调了这一变化，该报告的主要结论之一是，大多数医疗过错不是某个人的粗心大意或特定群体的行为所致——不是一粒"老鼠屎"的问题。更常见的情况是，错误是由制度缺陷、流程缺陷和条件缺陷所致，这些缺陷使得人们容易犯错、未能对错误的发生采取预防措施。为了在病人安全这个词典中强调这一变化，美国外科医师学会创伤委员会（American College of Surgeons Committee on Trauma，ACS COT）对可预防性死亡颁布了新定义（表3-3）。新定义强调了制度在并发症和错误原因中的作用，并强调了制度是改进机会所在。

表 3-3　美国外科医师学会创伤委员会对"可预防性死亡"的定义

旧版	新版（2011 年）
可预防性	有改进机会的意外死亡
不可预防性	没有改进机会的死亡
或许可预防性	有改进机会的意料中死亡

1991 年，在 Codman 为医疗品质奋斗近 100 年后，Lucian L. Leape 在《新英格兰医学杂志》(New England Journal of Medicine)上发表了他的标志性大作，题为《住院病人的不良事件特征——哈佛医学实践研究结果》(The Nature of Adverse Events in Hospitalized Patients — Results of the Harvard Medical Practice Study)。这篇论文，加上 Leape 医生的工作，使得一种理念逐渐酝酿形成——与其说是个别医生需要对病人医疗中出现的不良结果（过错、并发症）负责，不如说是医疗保健传递系统本身的设计不善需要对几乎所有出现的问题负责，是这些设计不善导致了医疗过错、医疗品质低劣和不安全。Leape 是美国健康医疗品质委员会(Committee on Quality of Health Care in America)的成员之一。1994 年，他与人合写了一份题为《医疗过错》(Error in Medicine)的报告，他也是 1999 年发表的《人非圣贤，孰能无过——构建更安全的医疗保健体系》以及 2001 年《跨越品质鸿沟——二十一世纪的新型医疗保健体系》(Crossing the Quality Chasm — A New Health System for the 21st Century)这两份报告的共同作者之一，这两篇报告均由美国国家科学院出版社(National Academy Press)出版。许多人把 Leape 视为现代病人安全运动之父。

1960 年代关于可预防性创伤死亡的具有里程碑意义的系列研究可能最能代表从制度入手减少死亡率的早期努力。1955 年，当时的大学外科医生协会主席(President of the Society of University Surgeons)Robert Zollinger 撰写了《机动车撞伤后的"可预防性"死亡》一文。1985 年，Donald Trunkey 回顾了 30 年来的 29 篇文献，对可预防性创伤死亡进行了总结，文章在《美国医学会杂志》(The Journal of the American Medical Association，JAMA)上发表，他认为，这些研究的精髓是，创伤病人可预防性死亡的主要原因是未能对腹部钝性伤做充分评估、正确治疗拖延以及医疗管理中存在严重错误。在当时，美国可预防性死亡率接近 70%，据观察，在创伤中心和有创伤体系的市县，伤员的结局要好得多。

首先，可预防性死亡方面的研究在界定医疗品质能否提升方面的作用有限，不能替代持续的品质改进；在分析错误的根本原因方面也不特别有效，根本无法评估并发症发生率,也无法评估病人量对结局影响的大小。其次,可预防性死亡研究很难判断治疗的复杂性,例如液体复苏对呼吸功能的影响、输血时机对创伤凝血功能障碍逆转的影响。再者,可预防性死亡研究也无法应对与医疗相关的、存在大量争议的过错,例如预防深静脉血栓形成在肺栓塞预防中的地位。最后,医疗标准是随着时间动态变化的,死亡的可预防性就成了一个不断变化的目标。因此,从本质上讲,可预防性死亡研究只能用来确定显而易见的死亡。

医疗保健提供者在处理人为错误方面遇到的困难是巨大的。医疗文化要求行医成为无错误的工作之一。人们认为错误不可接受,很不明智的是,他们把医生看作万无一失的"圣人"或"活神仙"。从而引出医疗过错诉讼问题:"没有疏忽怎么会有过错?"最后,医生和所有医疗保健提供者对病人有一种与生俱来的责任感,因此,要对发生的所有错误负责。面对这种绝对正确之要求,一桩"错误"发生后,就会出现试图掩盖错误以及转移或分担责任的情况。医生的成长需要接受医学院和住院医师培训教育,目的就是尽可能争取在疾病诊疗过程中达到无差错和十全十美的境界。在这种氛围下,一旦发生错误,人们就会认为你不够细心、不够勤快或知识储备不足。

然后出现了悖论——一方面要求无差错和十全十美;另一方面是人非圣贤,孰能无过。我们怎样才能对错误进行分析并从错误中吸取教训,消除无差错信念,摆脱对愧疚和批评的担忧、对病人反应的恐惧以及对诉讼的害怕呢?外科并发症与死亡讨论会(Morbidity and Mortality Meeting,MMM)是外科医生设法纠正这一悖论的一种方式,参见第十七章。

遗憾的是,20世纪下半叶和21世纪初的技术爆炸、不同药物和手术方式的唾手可得、医疗保健提供者的高度专业化、医疗保健系统的整体复杂性,加上越来越多的医疗保健提供者参与病人医疗,使得这种单枪匹马式的"老鼠屎"识别方法注定失败。有太多的医疗保健提供者在医疗保健系统中来来往往,太多的病人在日益复杂的医疗保健系统中穿梭移动,他们都寄希望于该解决方案能起效。

> 大多数"可避免的"外科悲剧不是因为某一环节出错——"是我这一环节出了医疗过错。"大多数"可避免的"外科悲剧是由一连串的荒谬的"细小"缺陷所致:迟疑、慌乱、愚昧、好大喜功、粗心大意、自负、傲慢和糊涂。这些细小的缺陷在共同为病人的"棺椁"钉钉子。当这些细小缺陷聚在一起时,它们会私下低语道:"是我们共同出了医疗过错。"
>
> Moshe Schein

据粗略估计,外科医生每做 200 台手术就会出一次差错,因此,Per-Olof Nyström 医生说"外科是法治社会最具风险的活动"。每桩错误都有可能导致病人死亡或残疾(图 3-1)。在美国波士顿布莱根妇女医院(Brigham and Women's Hospital)行医的普通外科医生 Atul Gawande 写过两本畅销书,重点论述外科并发症的实质,以及在一种不完美的科学①中设法做完美之事的重要性。在 21 世纪,人们不再把并发症或不良结果称为"过错",而称为"不良事件"。医疗品质改进和保障病人安全的任务与其说是为了识别错误或责任方,不如说是为了防止错误发生。要做到这一点,需要得到广泛的利益相关者和医疗保健提供者的响应和支持。然而,为了完成这项任务,需要就哪些干预措施可能有效并统一和全面上报达成一致意见,不仅要报告已经发生的不良事件,还要报告潜在的可预防性错误。

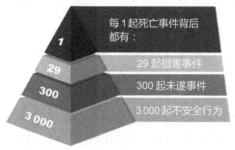

图 3-1　Heinrich 事故金字塔模型

James Reason 把错误的预防分为两种不同条件,他将这两种条件分别称为隐性条件(latent condition)和显性条件(active condition)。隐性条件是指领导的组织因素、管理中的不安全监督和完成不安全举止的条件,这些都是故障发生的前提条件。显性条件是指实施不安全举止。只有当所有这些因素汇聚在同一条直线上时(图 3-2),错误或伤害才会在病人身上发生。然而,一旦有所麻痹大意,随时都可能出现防御缺陷或防御故障。换句话说,在医疗上每时每刻都存在高风险情况,高风险行为加上预防机制不善就会导致错误或不良事件的发生。

---

　① 数学、物理、化学都可以用数字来表达,而且往往只有一个正确答案,因此,都是完美的单科学。人体是非常复杂的多学科大综合(物理、化学、情感、宗教),还无法完全用数字来表述,往往有多个正确答案可供选择,因此,在很大程度上只能看作"art",不是完美的"science"。人体的很多奥秘还有待人们去探索,况且,许多我们自以为已经清楚的东西也很有可能是错误的。

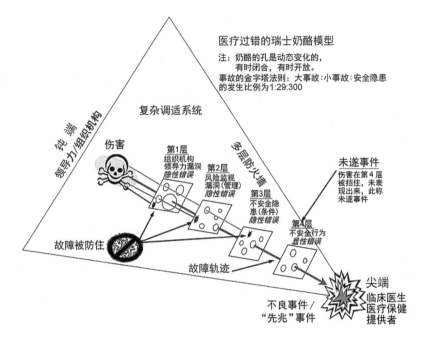

图 3-2 故障发生的前提是多种缺陷在同一条直线上汇聚——Reason 的瑞士奶酪模型

第四节 案例分析

案例 1

病情简介:女性,63 岁。因"自觉颈部受压感 2 年余,加重 1 周"入住甲医院甲状腺外科。外院诊断为"双侧甲状腺结节",嘱观察。查体:颈前左侧甲状腺可触及一枚鸡蛋大小的结节,质硬,与周围组织界限欠清、随吞咽动作上下移动,无触痛,周围淋巴结可触及多个肿大。甲状腺超声:"……右侧叶内见大小约 9 mm×4 mm 混合回声,边界欠清,以实性为主,形态规则,形态呈椭圆形,纵/横<1,CDFI 示见血流信号。左侧叶内见大小约 37 mm×24 mm 实质性回声,形态规则,边界尚清,形态呈椭圆形,纵/横<1,CDFI 示见环状血流信号。双侧颈部探及多个淋巴结回声,大者:右侧 5 mm×3 mm,左侧 7 mm×4 mm。超声印象:甲状腺双侧叶结节拟 TI-RADS 3 级。请结合临床,双侧颈部淋巴结可见"。当日在超声局麻下行双侧

甲状腺结节微波消融治疗(双侧甲状腺穿刺细胞涂片送病理)。术后步行至病房，发音正常。2小时后病人起床小便出现头晕、呼吸困难、急促，立即抢救，SpO_2逐渐下降至测不出。医院夜间无气管插管条件。救护车转至乙医院。乙医院见颈部肿胀明显，行气管插管，颈部超声排除血肿，住院24天出院。出院诊断：急性左心衰竭；应激性心肌病；冠状动脉粥样硬化性心脏病；心源性休克；缺血缺氧性脑病；肺部感染；甲状腺肿块术后；高血压病；2型糖尿病；甲状腺功能亢进症。出院后喉镜检查双侧声带活动正常。

分析意见：这属于一桩典型的ASA I类病人术后早期死亡"未遂事件"。专家组分析认为：①术前预估不足。3 cm的结节采用微波消融需要延长时间才能达到目的，热损伤会带来局部组织水肿；微波消融罕有造成出血，术后即刻病人在行走情况下没有呼吸困难，推测窒息的原因以局部组织水肿压迫气道可能性为大。②应急胜任力缺陷。甲医院在夜间没有气管插管等抢救措施，值班的男科医生和年轻护士都束手无策，缺乏呼吸窘迫方面的抢救知识和技术以及相应培训，延长了病人大脑缺血缺氧性脑病时间。

案例 2

病情简介：女性，30岁，4月12日因"上腹痛伴呕吐10余天，肛门停止排便8天"入院。4月13日胸腹部CT提示十二指肠升段及空肠上段肠扭转。当日在全身麻醉下行腹腔镜下肠粘连松解+肠扭转复位(术中诊断：十二指肠肠粘连伴肠扭转)。4月15日T 36.8℃，P 110次/min，BP 105/68 mmHg。腹部膨隆，压痛广泛。腹部CT："……腹盆腔积液……"。4月17日复查CT：腹腔多发游离气体较昨日增多……腹盆腔大量积液。腹腔穿刺抽出褐色浑浊类陈旧血性液体1 000 mL后病人腹胀明显缓解。心率160次/min，血压115/72 mmHg，考虑容量不足，加强扩容。4月18日P 161次/min，BP 133/64 mmHg，考虑肠穿孔感染性休克。当日请外院专家在全身麻醉下行十二指肠部分切除+十二指肠空肠端侧吻合+十二指肠造瘘+腹腔灌洗引流术(术中诊断：先天性肠旋转不良，十二指肠扭转伴穿孔，十二指肠淤积综合征，弥漫性腹膜炎，感染性休克)。术后病人心率快、血压低。转入ICU进行补充凝血因子、扩容(羟乙基淀粉扩容)、去甲肾上腺素维持血压、抗感染、抗凝、营养支持等对症治疗。4月20日P 110次/min，24小时腹腔引出淡血性液3 870 mL。腹部增强CT提示门静脉及肠系膜静脉血栓形成。4月22日转至某肠外科中心。CTA：……肠系膜上动脉远段及其分支闭塞……。4月23日在静吸复合麻醉下手术，术中见切口下大量积脓，十二指肠降段可见十二指肠空肠端侧吻合口，吻合口以远全部小肠至升结肠中段肠管黑色无血供、肠壁水肿无弹性、血管无搏动。行全小肠及部分结肠切除＋腹腔冲洗引流＋十二指肠插管造瘘术。术后3年病人因全小肠切除后短肠综合征、长期营养不良、腹腔感染、多脏器功能障碍死亡。

分析意见：该病例是一种在成年病人中比较罕见的中肠旋转不良所致肠梗阻。从表面（显性条件）看，问题是4月13日和4月18日两次手术中外科医生临床经验不足或小儿外科知识匮乏所致的医疗过错事件。深入思考，其实，这个病例还存在一系列的领导和管理缺陷（隐性条件）——4月13日手术中诊断不明（手术医生根本没有见过这种畸形）、肠梗阻无法完全解除的情况下贸然结束手术，没有提请全科讨论或请外院专家台上会诊（制度制定或制度执行缺陷），在场的手术组人员也未提出异议（医院和科室缺乏良好的病人安全氛围）；4月18日手术中既然已经诊断"先天性肠旋转不良"，但是没有按照该疾病的标准术式（Ladd手术）进行操作，也未请小儿外科医生或有经验的医生台上会诊，客观上对肠绞窄采取了消极的放任策略。在两次手术后都未立即将病人转给其他有经验的医院或请外院会诊。

此外，当今21世纪的做法是对错误采用制度预防，这需要制定一份全院性的"手术台上诊断不明病人的上报制度和会诊管理策略"。然而，这需要投入大量人力物力来跟踪问题，观察政策的有效性，并随着时间的推移对政策进行改进。

第五节 本章小结

总之，即使是最高端的医疗保健体系，也会出现可预防性死亡和可预防性过错。美国国家品质论坛（National Quality Forum，NQF）和美国医疗保险与医疗补助服务中心（Center for Medicare and Medicaid Services，CMS）对"不允许事件"的定义存在差别。不同的定义会给公众带来迷惑。

NQF对"不允许事件"的定义，其目的是保障病人安全，包括手术侧或手术部位错误、手术术式错误、手术病人错误、无意中将异物留在病人体内、ASA I病人术中或术后即刻死亡，以及用药错误等事件，这类事件依旧是我们挥之不去的噩梦。

CMS的定义和分型的出发点是以金钱为目的，包括静脉血栓栓塞性疾病或感染，这类事件可能难以预防，一旦发生可能会影响某些医疗机构的财务生存力，从而给医疗机构和外科医生带来压力。这要求外科医生对择期手术病人进行仔细筛查，对肥胖病人、糖尿病控制不满意的病人以及口腔卫生差的病人（对于骨科和心血管等留置假体的病人来讲）严格把握手术适应证。

"不允许事件"和"医保基金不予支付的不良事件"的理念都属于"消极行为"。取而代之，我们应该将注意力放在正面行为方面，引入"常规事件"这一理念。

"常规事件"包括：

- 重视医生之间医疗信息传递的品质。
- 重视医疗保健提供者之间以及医疗保健提供者与病人之间的沟通技巧和专业精神。
- 重视病人身份识别和外科手术中的暂停确认规则。
- 如实向病人及其家属披露并发症，不遮三瞒四。
- 尽早让病人的家人参与到决策和治疗计划制订中来——共同决策。
- 对病历和病程做全面清晰的记录。

病人安全文化是一条人们期盼已久、势不可挡的历史潮流，医疗保健提供者必须成为当前医疗保健改革的弄潮儿，成为推动病人安全文化普遍实施中的一分子。病人安全文化重视的是"过程"，需要医生用积极的心态、积极的行为和奖励制度来推动，让"常规事件"标准化、可验证。

（黄英姿）

第四章 认知错误

> 医学上唯一有价值的教科书是病人。
>
> William Osler
>
> 有知识的人不实践,等于一只蜜蜂不酿蜜。
>
> 医生依赖本能思维,本能思维会导致判断错误和决策错误。元认知①有助于我们了解和解决医学中可预防性认知错误的根源。

在医疗过错的分类中,"未能正确诊断"一直都是位于"榜首"的医疗过错(表4-1、表4-2)。

表4-1 2022年度美国常见医疗过错类型在赔付款中所占百分比

常见医疗过错类型	解释	在赔付款中所占百分比/%
未能正确诊断	诊断错误、诊断延迟	32
手术过错	异物留在体内、开错病人、开错部位	23
治疗过错	提供的处置选项不符合标准医疗	20

---

① "元认知"(metacognition)又称反省认知,是一个心理学名词。单看定义有点空洞,通俗一点讲,元认知就是对个人认知活动的自我意识和自我调节。它能帮助个体在学习(并非狭义的课堂学习,而是广义的生活中一切学习活动)过程中对自身认知过程的认识并随之做出的一系列监控和调节活动。例如,当你阅读一篇英文文章时,你的认知可能仅仅指"对这篇文章生词的理解、对文章大意的理解、对中心思想的概括"等等这些表层意义,而元认知则代表你对自己单词量水平的了解、对自己阅读技能和水平的认识、对阅读目的的掌握等,由此来确定个体的阅读活动是否达到了预期标准。如果没有达到,则会采取一系列调控策略,比如改变学习计划等。
引自:https://www.zhihu.com/question/51281601

续表 4-1

常见医疗过错类型	解释	在赔付款中所占百分比/%
新生儿产伤		12
麻醉过错		4
用药过错	开错药名、开错剂量	3
其他		6

引自:2022 MEDICAL MALPRACTICE PAYOUT ANALYSIS Presented by Diederich Healthcare [R/OL]. https://www.diederichhealthcare.com/wordpress_content/uploads/2022/05/2022-medical-malpractice-payout-analysis.pdf.

表 4-2　2022 年度美国几种严重损害类型在赔付款中所占百分比

结果的严重程度	在赔付款中所占百分比/%	平均每例赔付额/美元
死亡	32	395 509
严重永久性损伤	18	452 281
重度永久性损伤	19	627 308
高位截瘫、脑损害或需要终生护理	11	939 475
轻度永久性损伤	8	236 524
重度暂时性损伤	7	227 009
其他	5	

引自:2022 MEDICAL MALPRACTICE PAYOUT ANALYSIS Presented by Diederich Healthcare [R/OL]. https://www.diederichhealthcare.com/wordpress_content/uploads/2022/05/2022-medical-malpractice-payout-analysis.pdf.

在 1999 年,美国医学研究所的《人非圣贤,孰能无过——构建更安全的医疗保健体系》报告中,每年有 44 000~98 000 人因医源性损伤和医源性过错死亡。这个数字超过美国每年因车祸死亡的人数。剖析研究表明,行医中的错误率为 15%。临床医学的每个专业都会发生诊断错误。其中,放射学、病理学和皮肤病学这些依赖视觉判断的学科诊断错误率不足 5%;其他大多数学科都需要从病人那里采集病史,并且需要在全部数据获得之前推断出诊断,诊断错误率自然更高,为 10%~15%。在过去 20 年中,公众对病人安全方面的要求激增。会面磋商、安全核查表以及对报告制度的关注都成了我们关注医疗安全的一部分。"立竿见影"的典型例子是通过术前"暂停确认"制度的实施来杜绝外科手术侧错误。另一个例子是在病历归档时,病历中有前列腺特异性抗原水平升高或乳房 X 射线检查异常,但是,主管医生没有注意到这些异常。迄今为止，诊断错误或认知错误是人们不太关注的一个领域，这个领域有可能成为提升病人安全的"宝葫芦"或"天上掉下的馅饼"。

Groopman 认为："研究表明，技术错误在诊断错误和治疗错误中只占一小部分。大多数错误都是思维错误。"Graber 等人将认知错误分为如下几类：①知识不足；②数据收集错误（如由于未做体格检查漏诊了乳腺癌）；③信息处理错误（如因 X 线片读片错误漏诊了肺癌）；④思维错误。本章的任务是讨论思维错误——认知问题。

第一节 人类思考问题的方式

人类思考和决策方式的本质是什么？这是一个令人着迷的问题，人们对这个问题的了解尚处于发展之中。早在柏拉图（Plato）时期，人们认为心灵由两个部分组成：理性推理部分和原始欲望情感部分。柏拉图描述过这样一幅画面：一位车夫赶着一辆两匹马的马车，一匹是百依百顺的乖马，另一匹是桀骜不驯的烈马。车夫最终控制住了这辆车。从这种观点来看，我们都是野生动物，具有可以被我们大脑管控的理由和合理性。这种壮观画面已经根植于我们的文化之中。

如今的计算机时代又出现了一幅新画面——我们的大脑犹如一台计算机，大脑是硬件，学习是软件。这种认知心理学理念误导了我们，因为它没有考虑到感觉和本能的重要性。在所有这些画面中，感觉推理与本能推理之间存在着冲突，最终，需要由理性部分来管控思维和决策。

1970 年代，在耶路撒冷希伯来大学（Hebrew University）工作的两位心理学家 Daniel Kahneman 和 Amos Tversky 彻底改变了人们之前对大脑功能的理解。Kahneman 最终因这项工作获得了诺贝尔奖。他们介绍了决策的两种模式，这两种模式协同工作就是所谓的决策双过程（dual process）理论[①]。

第一种模式，1 型决策过程，涉及模式识别，起源于大脑深部富含多巴胺的神经元。大脑的这一部分是一个本能区域，通过生活经验、知觉、情感和感觉的整合，

---

① 认知学里有一个著名的"双过程"（dual process，dual system）模型理论。该理论认为人的认知分为两个过程：1 型决策过程是基于直觉的、不假思索的本能思维，其运作依赖于经验和关联；2 型决策过程则是人类特有的逻辑假设演绎推理，它需要利用工作记忆（working memory）中的知识进行缓慢但可靠的逻辑推理，2 型决策过程是显性的，需要意识控制，是人类高级智能的体现。

最后得出一个直观的结论。它毫不费力,然后,通过关联做出决策。它是原始的决策器官,在人类之前的脊椎动物中就存在。日常生活中充满了这样的反应。我们购买的汽车颜色、我们订购的晚餐,甚至我们与之结婚的人通常都是直觉的决策。司机在危急情况下做出的决策是基于经验和实践的结果。体育赛事充满了相同的本能反应。试想八个级别的世界拳王 Manny Pacquiao(曼尼·帕奎奥)在与墨西哥拳坛三剑客之一的 Juan Manuel Marquez(胡安·曼努埃尔·马奎兹)的 4 番战中,在第 6 回合压哨前 2 秒钟遭受的那记迎击直拳,与帕奎奥在第 2 回合击倒 Ricky Hatton(里奇·哈顿)的那记左勾拳是何等的异曲同工之妙。再想想乒乓球名将许昕多次使用的令人叫绝的背后接球。这些技能都属于 1 型决策。1 型决策过程是自发的、快速的,受以往经验的影响,可以描述为"随心所欲"。帮助 1 型决策过程高效起作用的方法是使用试探法。1 型决策过程是一种简单的刻板反应,人们快速处理问题、仓促判断,甚至对复杂问题做决定,依仗的都是 1 型决策过程。1 型决策过程为我们提供了很多帮助,1 型决策过程的问题在于可能会导致认知偏差,这会在下文讨论。模式识别是 1 型决策过程思维的另一种形式。人们往往能讲出一辆汽车的品牌和型号,或一条狗的品种,但说不出做这种识别依据的是什么特征。

另一个诊断推理系统当然是 2 型决策过程,是进化上最先进的系统和分析方式,只有人类才有。2 型决策过程缓慢而有序,依赖理性推理以及对抽象概念的想象能力。2 型决策过程做判断需要时间,允许你分析各种原因、琢磨证据、权衡其获益和风险。人们将 2 型决策过程描述为寻求真理、注重智性诚实(intellectual honesty)。在处理复杂问题和挑战性问题时,最好使用 2 型决策过程。当你听到"18 乘 24"这个问题时或者当你准备缴纳所得税时,你的大脑就是在做 2 型决策过程。2 型决策过程是智人的标志,也是在进化过程中人类与其他生物分道扬镳的标志。

通常情况下,人类是通过 1 型决策过程做决策,必要时会启动 2 型决策过程,但是真正启动 2 型决策过程的情况很少。Kahneman 说:"我们所拥有的是一种讲故事的系统,故事的连贯性决定了我们对故事的采信程度。这种前后的连贯性是联想性的、情感性的,涉及的是具体事件。1 型决策过程根本无视证据的质和量,它更多的是关心故事的连贯性,而非故事背后的证据。"

还是让我们来看看世人皆知的"哈德逊(Hudson)河奇迹"吧。2009 年 1 月 15 日,Sully Sullenberger 机长正驾驶着一架 A320 空中客车从纽约飞往北卡罗来纳州夏洛特。这架飞机离开纽约时撞上了密集鸟群,两个引擎都失去了动力。在如此严重的灾难性发动机故障中,还没有一架商用客机能成功地幸存下来。Sullenberger 机长与空中交通管制部门商量了几种选项,他们认为飞机已经飞离太远,无法返回机场。尽管从来没有人成功地将一架商用飞机降落在水面上,但是,Sullenberger 选择在哈德逊河上降落。他以滑翔方式将这架 80 吨重的喷气式飞机降落在哈德逊河的河面上,没有人员伤亡。是他大脑的哪个部分参与了这项决策?他的好友说"我清楚地了解到,当飞机在曼哈顿上空盘旋的那短暂而紧张的时刻中,帮助成功的并不只有他在丰富飞行经验中练就的高超技术。在那个时候,发挥作用的还有他的成长经历、他的家庭关系、他的正直感,以及他遭受过的挫折。1549 次航班并不只是从 LaGuardia 机场飞到哈德逊河的 5 分钟航程那么简单,是 Sullenberger 的整个人生引导着他化险为夷,将飞机安全降落在哈德逊河上"。Sullenberger 8 岁时收到的圣诞礼物是一个飞机模型,他一生热爱滑翔,学习认真刻苦、做事全神贯注、一丝不苟、条理分明而且理智,讲话措辞谨慎。诚然,在对这架喷气式飞机做滑翔的决策方面涉及一些理性的 2 型决策过程。接下来就需要依仗他多年的滑翔经验和本能了。在接受新闻主播 Katie Couric 采访时,Sullenberger 说:"这个问题或许可以这样看,42 年来,我一直不停地在经验、教育和培训这家银行里做少量定期存款。1 月 15 日,存款足够了,我才可以做一次大笔提款。"这是 1 型决策过程在起作用!

第二节 医生思考问题的方式

疾病的诊断需要联合使用临床医生的经验、知识和洞察力。**批判性思维**在疾病诊断中处于核心位置,批判性思维要求我们收集信息、花时间和精力去解决问题,然后得出合理结论。上述认知心理学的进展为我们理解决策以及诊断疾病提供了一个理论框架。

在我们的医学生涯中,我们每天都在做的许多诊断或治疗决策都是本能的,都是由 1 型决策过程做出的。在住院医师培训的早期,我们学习的是教科书。这些教科书综合了各种疾病的诊断线索——症状和体征。随着我们经验的积累,这些教科书就成了一条彩色领带,它由我们见过的病人、我们读过的文章和我们听过的故事编织而成。我们往往只要抓住 2~3 个特征就能道出这条领带的主人。这也称为**薄片撷取思维**。右下腹疼痛+年轻男性+WBC 计数 $14 \times 10^9 /L$=急性阑尾炎。腰背痛+肉眼血尿+老妪=什么病?临床医生通常不会做撒网式的检查,而是顺藤摸瓜,只要做一次尿常规、摄一张尿路 X 线片,就可以着手治疗其疼痛了。这些通常被称为**直观判断**或**思维捷径**。这种思维方式所采用的是快捷、直观的经验法则,是令人拍案叫绝的高明诊断之根基所在。或许这位下腹痛病人来自中东,有反复发作史。你曾见过一例家族性地中海热病人,这类病人看上去都大同小异。你把切下的阑尾标本送给病理科,并在申请单上注明"烦请寻找血管炎证据"。

此时,我想起了我的一位同事,他为一位急性阑尾炎伴低钾血症的病人下了 Gitelman 综合征之诊断。当我问他:"你是怎么会想到这种病的?"他轻松地答道:"这个病人看上去就像我当实习医生时见到过的一位 Gitelman 综合征病人,其临床特点是低钾性代谢性碱中毒,伴低钙血症和低镁血症。"这就是**模式识别**(pattern recognition)在起作用。薄片撷取、模式识别和直观判断往往都很简单,它有助于我们应付半天看 30 个病人那种繁忙场面,并且依旧履行有爱心、有胜任力的外科工作。例如:"一名学生在足球比赛中腹部被踢了一脚,腹痛剧烈。由于腹痛严重,无法做满意的腹部体检,不过,这可能是空腔脏器破裂。还是拍摄一张直立位腹部平片吧。""阑尾切除术后病人腹部出了一个皮疹请你看一下。""我不是内科医生,不过,在我看来,这可以肯定是带状疱疹。"直观判断可能存在缺陷,并导致认知错误,因为直观判断是在没有得到丰富的所有数据的情况下快速做出的。

2 型决策过程是诊断学中大家习惯使用的系统分析法。经验丰富的医生在遇到复杂的或百思不得其解的疾病时会使用这种方法。2 型决策过程是根据我们自己的知识面提出全面的鉴别诊断列表。这种分析风格的科学术语是**"假设演绎"**(hypothetico-deductive)法,这种思维发生在额叶前部皮层、额叶皮层和大脑的记忆区域。2 型决策过程属于理性决策,达到了最佳、深思熟虑、精细周密的境界,是合格医生的标志。会诊的理由往往是"请您看看病房里的这个病人。我不明白是什么病。病人腹痛,CT 未能做出诊断。我在鉴别诊断中有没有漏了?"这需要罗列一张详尽的鉴别诊断清单,将病人的所有不适主诉和受累器官以及重要的鉴别诊断考量一并纳入。这位专家会不断考虑并完善新的诊断思路。这种情况下的重点是做进一步检查。肝脏大吗? 脾脏大吗? 有结节吗? 有血管杂音吗? 每一种发现都会生成一种新的假设,改变鉴别诊断思路,引导你申请新的检查项目。如果病人肝脏大,那么肝功能和肝炎方面的检查结果如何? 如果肝功能正常,是否存在血管病?"那位 ICU 病人可能是 Budd-Chiari 综合征,再做一次超声检查吧。"这就是一种所谓的假设演绎法。2 型决策过程比 1 型花费时间,需要高度的认知意识和科学严谨性。它可能会带来更多的诊断性检查,但是,当诊断不能确定时,这种分析方法是最可靠的。两种决策过程之间的关系会随着医生临床经验的积累而发生变化。一位三年级的医学生面对一位因腹痛入院的病人时,他们的病史采集和体检可能需要花费两个小时,由于他们没有可以依赖的临床经验,因此,他们需要做一次尽可能全面的鉴别诊断——2型决策过程。随着临床经验的逐步积累,他们就能逐渐依赖1型决策过程。最终,可能完全依赖1型决策过程。

在我们每天的临床工作中,临床医生的决策在这两种过程之间来回切换。高效的临床工作需要大量使用1型决策过程,偶尔需要使用2型决策过程。

第三节 临床日常工作中的认知错误

我们已经认识到医疗过错的原因属于人类的一种认知问题。认知错误属于思维过程错误,它会导致诊断错误或计划错误。已经确定并影响医生临床思维的认知偏倚多达数十种,认知错误的原因来自这样或那样的认知偏倚(表4-3)。对这些偏倚的识别为医生创建了一个思维错误分类框架。与手术过错(如手术部位错误)不同,认知错误颇为复杂,很难通过根本原因分析法厘清。无论是对犯错的医生来说,还是对事后评估过错的人来说,认知过错往往并非一目了然。Groopman说:"尽管直观判断是审慎医疗决策的根基所在,但是,直观判断会出现致命错误。当事医生必须意识到他正在使用的是哪种直观判断,以及他自己的内在感受对直观判断的影响。"

表4-3 常见认知偏倚举例

认知偏倚	说明
知识储备偏倚	医生倾向于对容易想到的疾病下诊断,拟定的诊断是一些头脑中"油然而生"的疾病
确认偏倚	一味追求寻求确认证据而不是质疑最初的假设
框架偏倚	医生的诊断受到问题或病人的临床表现方式误导或影响
归因偏倚	由观察到的某些行为做出的解读性判断,忽略了不典型表现的可能性
"得意"偏倚	发现了一项异常结果,就停止了对一个问题做进一步检查探索
"后见之明"偏倚	对结果的了解会影响对实际发生事情是否符合事实的评判
权威偏倚	不折不扣地接受一位受人崇敬的同行做出的诊断
阴阳偏倚	当病人的检查已经显示阴性阳性时,就不应该做重复检查
锚定偏倚	思维捷径——尽管在诊断过程的后期出现了相互矛盾的信息,医生倾向于采纳他们最初的假设,不考虑多种可能性,而是抓住一种可能性不放——确定已经把锚抛到了他希望抛的地方
过早定论	在早期就做出诊断,不注意做进一步检查(这些检查有可能导致一种替代诊断)

知识储备偏倚是指很容易联想到一种疾病——医生下诊断时容易借助最近遇到过的一些疾病。一个例子是对一位最近做过胆囊切除术的病人出现D-二聚体增高做出下深静脉血栓形成（Deep Vein Thrombosis，DVT）之诊断，因为在几个月前的一次值班期间，你遇到过一例相同并发症的病人。另一个例子是，在流感高发季节为一位病人下流感之诊断，结果漏诊了病人的肺栓塞。

确认偏倚是指你"看到的仅仅是你期望看到的那些地理标志，而那些能告诉你其实你还处于茫茫大海之上的地理标志被你忽略了。你对这些标志的错误解读'确认了'你错误地认为你已经到达了目的地"。人类倾向于寻找确认证据，而不是寻找其他可以反驳该诊断的证据。在上述流感案例中，你可能会将体温锁定为感染证据，对胸部X线片正常视而不见。在麻醉界，一种情况是重复测量动脉压、变换袖带尺寸，想方设法获取令人放心的读数，而不是承认低血压这一事实。

框架偏倚见于医生受问题或病人的呈现方式影响，或者存在被误导的情况。在你申请会诊时，就可能出现框架偏倚："麻烦你看一下急诊室里的那位醉汉，能排除急腹症吗？"这种会诊有可能导致医生的评估不全面。当你请会诊的病人有难度时，就可能出现框架偏倚。与"这个手术的治愈率为10%"的表述相比，"这个手术的失败率为90%"的框架表述会导致病人不太愿意选择这种手术。

归因偏倚是一种依据某些观察到的行为做出的解释性判断。当一个以躯体不适为主诉的药物成瘾病人来就医时，就可能会出现归因偏倚。主诊医生可能会受自己的情绪偏倚影响，把病人的躯体不适归因于戒断综合征，遗漏了感染之诊断。情绪可以通过多种方式影响人们的推断方式。脑杏仁核控制着深层情绪反应，它直接与额叶皮层的决策区域合作。许多偏倚都与人的情绪状态有关。

"得意"偏倚是指主诊医生发现了一项指标异常后就如获至宝，从而停止对问题做进一步追究。Crosskerry提出了这样一个教学问题："最常漏诊的骨折是哪种骨折？"答案当然是"合并存在的他处骨折"。每年都有几起骨折被骨科医生或急诊科医生漏诊，原因就是他们在发现一处骨折后未能进一步检查他处是否存在骨折。

"后见之明"偏倚是指在知道结果后影响了人们对实际事件发生情况的真实性评估。在非正式场合，这种情况又称为"事后诸葛亮"。人们可能会高估自己在当时情况下的所作所为、自己的知识面和自己的想法。否则，当他们出席并发症与死亡讨论会并在会上遭受批评时，他们可能会感到无地自容。

权威偏倚是对一位受人尊敬的资深同事所做出的诊断不假思索地全盘接受。也许这位病人的腹痛已经在这所大学医院做过全面检查。在这种情况下，临床医生可能会认为进一步的评估不会有任何获益。权威偏倚与**阴阳偏倚**也存在千丝万缕的联系,既然"病人的检查结果已经确定是阴性或阳性,就不必再复查了"。

最后,是所有偏倚中最常见、最麻烦的两种偏倚——**锚定偏倚以及锚定偏倚的"同胞兄弟"过早定论**。锚定是"一种思维捷径,是指一个人在未考虑到多种可能性的基础上,迅速坚决地抓住一种可能性,认定他的锚已经扔到了正确位置"。过早定论是指你在早期就接受一种诊断,没有注意做进一步核查,以便发现一些替代诊断。例如,骨科医生看到一名全膝关节置换术后病人下肢肿胀,认为这是这种病人术后的常见情况,漏诊了DVT之诊断。事实上该病人正在接受抗凝治疗,这一混杂问题导致该病人的DVT未能得到及时诊断。关于抗凝的数据清晰表明,即使按照规范行事,在骨科手术后抗凝情况下也会发生DVT。再举一个肾绞痛的例子,病人辗转不安、表情痛苦,与你不久前遇到的3位肾绞痛病人别无二致,结果,你漏诊了撕裂至肾动脉的主动脉夹层。这些都属于对第一印象的锚定或过早定论——1型决策过程思维的致命伤。对整天忙碌的临床医生来讲,直观判断对他们的帮助太大了,而且这是一种能应付临床工作的经济思维方式;但是,对第一印象的锚定会导致漏诊,这是在认知方面走捷径需要付出的代价。

第四节 案例分析

案例1

病情简介:男性,34岁,"从行驶中的货车上摔下5小时腹部疼痛2小时"19:00入院。入院查体:T 36.7℃,P 98次/min,R 25/min,BP 110/80 mmHg。右上腹部压痛明显,腹腔穿刺抽出不凝血。胸腹部立位片:右第7、8肋骨骨折,膈下无游离气体。腹部超声:肝破裂。腹部CT平扫:肝内血肿约10 cm直径,腹腔内有少量积血,考虑为肝包膜下血肿。给予输液观察保守治疗。翌日01:00 P 129次/min,BP 90/70 mmHg。医嘱备血(去血站取血),准备手术。06:00~12:00在全身麻醉下手术,术中见膈顶部肝破裂,术中出血约3 000 mL,血压骤然下降,压迫止血,同时手术台上请外院两位专家会诊,切除右肝后叶止血。关腹前腹内无活动性出血。在麻醉苏醒室见病人腹腔引流管中有400 mL鲜红色血性液流出,两位会诊专家认为病人存在凝血功能障碍,嘱输新鲜血。病人苏醒后回病房,腹腔引流管中仍有鲜红色血性液流出,病人烦躁,在输血输液情况下血压继续下降。20:00(入院25小时)死亡。

分析意见:不久后,该医院因该病人的死亡经历了一次痛苦而旷日持久的诉讼。很可能的情况是,这两位专家希望该病人的出血不是外科出血,可以通过输入鲜血(凝血因子)止血。由于医方没有提供凝血功能障碍方面的实验室证据,依据文字记录"关腹前腹内无活动性出血",也没有创面渗血等凝血功能障碍方面的描述,鉴定专家组经讨论认为该病人的死亡原因主要是手术后出血,其原因不能排除肝脏创面血栓或电凝焦痂脱落等外科原因出血。这类外科出血本应该立即将该病人送回手术室再次探查止血,医方在客观上对腹腔出血采取了消极的观望策略。

在这个案例中可能存在多种认知偏倚。其中,肯定存在**确认偏倚**,把出血原因锚定在凝血功能障碍,希望该病人的病情可以通过输入凝血因子稳定下来。该医院的外科医生还存在一种**权威偏倚**,听从了两位临床经验更丰富的专家意见。可以肯定的是,医方这些人员在这位病人的医疗上使用的都是纯本能思维和纯1型决策过程思维。

案例2

病情简介:男性,30岁,因"上腹痛15年,突然发作并加重2小时"入院。以往有十二指肠溃疡伴不全性瘢痕性幽门梗阻。发病前无疼痛发作。腹部平片:膈下见游离气体。入院诊断:十二指肠溃疡急性穿孔。急诊在全身麻醉下行远端胃大部分切除+BillrothⅡ式胃肠吻合术。术中证实为十二球部前壁溃疡穿孔。十二指肠残端用闭合器闭合处理。术后第3天病人出现巩膜黄染,术后第5天因巩膜黄染加深、腹痛转院。MRCP检查:胆总管梗阻。当日再次手术见腹腔内胆汁性渗液300 mL,闭合器有3枚钉订合在胆总管上,胆总管1/3被夹闭、裂开。行胆囊切除+胆管破口修补术。3个月后痊愈出院。

分析意见:该病人诊断明确,急诊行远端胃大部分切除+BillrothⅡ式胃肠吻合术,术式选择不违反常规。但是,术者不恰当地选择了风险比较大的十二指肠溃疡切除术,闭合器操作不当误伤了胆总管,再次手术中又错误地切除了胆囊。这些都属违规行为。胆囊切除后造成病人胆囊功能全部丧失。

这是一桩依赖知识储备的直观判断典型案例。对于一名慢性十二指肠溃疡伴不全性瘢痕性幽门梗阻病人,其手术难点和风险主要在于溃疡瘢痕的切除,在模棱两可时,外科医生应该转向运用2型决策过程思维"宁愿把错误犯在安全一侧"[①],选择比较安全的溃疡旷置十十二指肠造瘘术。

---

① 英文里有一句名言"To err on the safe side",意思是"请把错犯在安全一侧""两害相权取其轻"或者"安全第一"。它告诉人们做事不可能不偏不倚走在正中间,偏和倚都属于过错。哲学思维告诉你,宁愿把错犯在安全这一侧,千万不要像赌徒那样心存侥幸。

案例 3

病情简介：男性，36 岁，因咯血多次在呼吸科住院。10 多年前有肺结核病史，经抗结核治疗治愈。诊断为右侧支气管扩张咯血。曾 2 次行血管介入栓塞止血，但病情依旧。遂行右侧全肺切除术。不久后被诊断为风湿性心脏病二尖瓣狭窄，需要行二尖瓣置换手术。

分析意见：没有人做详细的病史采集和体格检查，没有做心脏听诊，因而更谈不上针对心脏做进一步影像或功能检查，未对咯血做深入鉴别诊断。2 次介入栓塞都是对"疑似罪犯血管"做栓塞，没有在手术记录上清晰强调"疑似"，导致胸外科医生被误导。胸外科医生在右侧全肺切除前也没有做超声心动图检查。

这是一桩同时存在直观判断错误的典型案例。呼吸科医生依据结核病史＋咯血，诊断为支气管扩张咯血（**确认偏倚、归因偏倚**）。介入科医生和胸外科医生顺从呼吸科医生的诊断（**框架偏倚**）分别做了介入栓塞和肺切除。胸外科医生对"疑似"两字未进一步追究。

第五节　外科医生在决策困难时的招数

1. **共同决策**　外科决策有点像博彩游戏，在你决定买哪张彩票前必须采用 2 型决策，要三思"得"与"失"，将"失"放在一种可接受的范围。以胆囊切除术后因残留胆总管多发结石并发胆管炎的病人为例，其候选处理方法包括开腹手术、腹腔镜手术、经十二指肠镜乳头扩张或乳头切开取石，介入高手甚至会推荐经皮经肝十二指肠乳头扩张顺行排石。每一种处置方式都有其固有的优点和缺点。开腹手术的最大缺点是入路创伤大，多伴有相应的切口并发症，其优点不言而喻——并发症发生率在这四种选项中最小。腹腔镜手术的缺点是耗时长、需要一定的腹腔镜操作技巧。此外，除切口并发症比开腹手术少外，取石成功率和并发症发生率都高于开腹手术。经十二指肠镜乳头扩张或乳头切开取石需要高超的内窥镜技巧，其最大缺点是术后胰腺炎发生率高，在壶腹部或乳头部憩室病人还容易发生十二指肠穿孔，这两种并发症一旦发生死亡率将陡增。经皮经肝十二指肠乳头扩张顺行排石则完全属于哗众取宠的手术，美其名曰"微创"，实质上，其并发症，尤其是严重并发症（出血、穿孔、漏）的发生率肯定不低。诚然，每个人对"失"的程度接受能力不一，这就要求手术者把并发症发生率的具体数字（最好是你自己的数字，而非书本上的数字）如实告诉病人或其家人，与他们共同决策。

2. 把错误犯在安全一侧 1994年，人们举行了开放阑尾切除术百年纪念活动，因为Charles McBurney在1894年最先描述该手术。这是实习医生和住院医师最常做的外科手术，在值班期间，年轻医生都很乐意参加此类手术。打开腹腔把有炎症的阑尾切除，在当时，该技术被看作是治疗急性阑尾炎的金标准。在接下来的20年里，出现了腹腔镜"微创"技术支持派与传统（开放）McBurney手术保守派之间的激烈辩论。这一度是全球外科学术会议上主题演讲和辩论的热门话题。近年来，人们的辩论热点不再是切除炎症的阑尾所采用的手术技术方面的细微差别，而是把问题聚焦于无并发症的阑尾炎到底是否应该切除。

2015年，芬兰的多中心随机APPAC临床试验研究结果[1]显示，对CT确诊为急性阑尾炎的256名病人仅用抗生素治疗，有186名在1年的随访期内不需要做外科阑尾切除术。换句话说，该研究表明，非必需的外科手术，单独抗生素就能成功治愈72.7%的无并发症阑尾炎病人。

你会同意这种观点吗？我对这一观点不敢苟同。诚然，70%~80%的急性阑尾炎保守治疗有效，也就是说有20%的急性阑尾炎如不选择手术就会发生并发症（坏疽、穿孔、局限性脓肿、弥漫性腹膜炎、脓毒症……）。其一，试问：在岔路口，前方是红灯，如果你现在穿越马路有20%的概率被来往的机动车撞伤（不一定会死!），你愿意现在就横穿马路吗？急性阑尾炎属外科感染，金标准是手术治疗。当然，如果你是普外科临床高手的话，你完全可以对病人按病情轻重进行分类，选择轻症病人进行保守治疗；然而，临床情况错综复杂，如果你的临床判断能力达不到高手的水准或者病人情况复杂，我还是劝您选择外科处理，切莫"养虎遗患""玩火自焚"。其二，我还想告诉你，单纯性阑尾炎与坏疽性阑尾炎的手术预后迥异，坏疽性阑尾炎术后的肠粘连严重，发生粘连性肠梗阻的概率高，在未育女性中发生盆腔粘连还可能影响日后的生育。一句话，急性阑尾炎应该早手术。其三，外科感染用抗生素是不会奏效的，因为外科感染的病理特征之一就是感染灶内存在高压，这种病理特征提示我们抗生素难以进入病灶区，还提示我们手术有立竿见影之效。尽管临床上确实有经保守治疗治愈的轻症外科感染，但不能归功于抗生素，而应该归功于病人的免疫力和造化（如急性胆囊炎病人嵌顿于胆囊管的结石排出或自动返回胆囊）。急性阑尾炎的基本病因是阑尾腔梗阻和细菌入侵，属机械性肠梗阻范

---

[1] Salminen P, Paajanen H, Rautio T, et al. Antibiotic therapy vs. appendectomy for treatment of uncomplicated acute appendicitis: The APPAC randomized clinical trial [J]. JAMA, 2015, 313(23): 2340-2348.

畴,而且是闭襻性肠梗阻,莫要对抗生素抱过大奢望——机械性病因应该通过机械方法解决,不能依靠化学方法,而抗生素治疗纯属化学治疗法。

你可以查阅任何一本医学教科书来选择你对急性阑尾炎的治疗方法——它就是一种外科病,毫不含糊。不存在不确定性,方法永远是开刀——还是那句话,请把错误犯在安全一侧!

第六节 破局妙招

与病人安全相关的其他领域相比,减少认知错误、提升病人安全的对策并不那么一目了然。这里介绍几种简单对策:

1. 反馈与随访 快速而具体的反馈信息对提升病人的医疗品质至关重要。这些信息不能满足于过错的统计学数据。临床医生需要迅速地从这些错误中吸取教训,参加失败原因分析讨论会,了解错误的发生原因和防范对策。

2. 提升感知 用色彩不同、颜色显眼的笔把异常实验结果标记出来。这种计算机辅助特征比对(computer-assisted feature matching)有可能提升医生对异常结果的关注度。已有研究证明,这种方法能提升 X 线检查报告阅读的敏感性和特异性。

3. 提升专业知识利用度 提升专业知识利用度的方法可能有多种。夜鹰系统的引入提升了急诊室环境下的 X 线检查报告关注度。复读(second read)系统或许还可以减少放射影像学或病理学的感知错误。在 ICU 界,已经出现了虚拟查房——一位身在异地的远程 ICU 专家甚至可以为乡村社区医院的病人做视频查房。通过技术应用来提升专家的参与度看来是提升病人安全的方法之一。

4. 通过"暂停确认"来降低人们对记忆的依赖 10 年前,工程师们观察过 ICU 内 24 小时轮班的病人医疗情况。他们发现,每个病人每天平均需要做 178 次操作,从给药到吸痰,每一次操作都有风险。尽管护士和医生在这些操作中的错误发生率只有 1‰,但是,这等于每天在每个病人身上会犯 2 次错误。流程、核查清单和"暂停确认"都有助于改进我们的行事方式从而避免错误。

5. 指南 临床医生的思维方式和行事方式千差万别,指南或许能减少认知错误。考虑制定有关 DVT 的预防指南,以及在病人出院时阿司匹林和 β 受体阻滞剂的标准用法,或围手术期抗生素使用指南。

6. 提防疲劳与压力 疲劳和睡眠不足对操作技能和认知推理的影响显而易

见。Kahol 等人做了一项引人入胜的研究,疲劳或夜班后对外科操作的高水平发挥有显著影响——与睡眠不足相关的认知错误增加了 47%,其中记忆错误增加最为显著。

有待我们去尝试和评估的还会有更先进的对策。

1. **提防偏倚** 另一种简单方法是时刻警惕诊断完形①或直观判断的风险。通常情况下,这些直觉都值得我们信赖。正是这些技能让临床医生成了诊断专家。不过,在有了印象之后,你需要停下来问自己:"我有没有可能漏诊了哪个诊断?"这有助于避免那些最常见的认知错误、过早定论或锚定偏倚。我们必须分析我们犯 1 型决策过程错误的原理,设法在病人的医疗中规避这些错误。

2. **基于计算机支持的决策系统** 这类系统有望成为一双明亮的慧眼,提供一种快速的第二意见从而提升诊断准确率。1970 年代,匹兹堡大学最早尝试开发了具有商业用途的 QMR。随后麻省总医院开发了 DXplain。如今,IBM 正在开发用于医疗保健的 Watson。我们需要将这些程序以及其他类似程序整合到日常病人诊疗流程中去才能使其发挥最佳作用。这类决策系统的主要优势是能把很少有人会注意的罕见病诊断出来。这让我们永远都会问自己一句:"我可能漏诊了其中哪种疾病吗?"当医生遇到一种罕见症状时,例如"我听到我的眼睛在动",当事医生或许会请心理科会诊,而通过互联网搜索会将上半规管裂综合征诊断出来。这类决策系统的缺点是不适用于繁忙的急诊场合,因为医生很少有时间输入大量数据。

3. **模拟培训** 在高科技模拟中心内进行认知训练有助于人们对潜在的高度紧张情况(如心搏骤停、紧急气管切开或创伤场合)进行预演或预排。这类培训有助于产科团队应对肩难产和 HELLP 综合征等产科情况。因为这些情况在产科属于罕见事件,模拟培训可提升受培训者在沟通和认知方面的能力。此外,假如腹腔镜下的肠吻合需要做 50 次腹腔镜医生才能得心应手,为何不在模拟状态下获取这种技能,而一定要在真实病例中去获取这些技能呢?

4. **元认知(metacognition)策略与认知强迫(cognitive forcing)策略** 这是两种并存的策略。元认知是对思维过程做思考。当过错或**未遂过错**(near miss)发生时,退后一步,对可能出现的思维问题进行反思。Gleitman 认为这种现象是人类智

---

① "完形"(gestalt)是一个视觉心理学名词,也称视知觉。简单地说,就是认为人会对一些形状有直觉,想当然地对不够明显的图形进行大脑加工,补全或者转译。例如同一幅画,有人觉得是一个杯子,有人觉得是两个人脸。这是人脑的补形结果。

慧之标志。认知强迫策略是指一个人在决策之前以及在决策过程中对错误风险和偏倚的自我监控。如果你既往因"得意"偏倚犯过错误,每当发现有一处骨折时,都一定会努力寻找是否存在第二处骨折。有关这方面的"破局妙招"参见表4-4。

表4-4 "破局妙招"

基本策略	高级策略
■ 反馈与跟踪随访	■ 当心认知偏倚
■ 提升感知力	■ 基于计算机的决策支持系统
■ 自己的专业知识储备	■ 模拟培训或游戏培训
■ 暂停确认制度能降低对记忆的依赖	■ 元认知和认知强迫策略
■ 指南	
■ 当心疲劳和压力	

第六节 本章小结

- 诊断推理是一种"双过程"模型。
- 为了快速做出诊断,临床医生往往会依赖1型决策过程——一种本能思维。
- 在拟定诊断时,2型决策过程有助于避免决策错误。
- 人类思维中存在多种潜在的偏倚。最常见的推理错误是"锚定偏倚"。只要有疑问,就重新考虑该诊断,避免"偏袒"初始诊断。
- 减少决策错误的最好办法是创建一张问题列表,同时制定一份全面的鉴别诊断列表。
- 分析你决策中的错误、错误的根源以及该错误是否具有可预防性,力求避免重蹈覆辙。

Groopman认为行医的核心实质是医生必须在不确定情况下做出决定,此外,医生还面临着形形色色的外部压力——时间限制、费用限制、周转限制、用药限制、外科手术带来的获利诱惑、药商和器械商敦促医师使用其产品的压力。

我们永远不可能完全消除诊断错误,我们需要考虑的是我们对诊断错误的可接受程度。我们在本章谈论的内容大多超出了临床医生的控制范围。其实,医学诊断是一个黑匣子,因为我们往往试图从非特异性病史、不全面的检查中理出头绪并做出诊断。我们很少有时间和精力来确保所有的思维推理都正确无误。

当答案模糊不清时,我们应该迫使自己采用缜密的2型决策过程思维。当你的病人被从手术室推回病房后不久就因为血压下降被送入ICU时,我们应该后退一步思考。关于该病人最显而易见的答案或许是内出血,但是,我们考虑过肺栓塞、心肌梗死或药物反应没有？"这个病人还能是其他什么诊断吗？还需要做哪些其他辅助检查来把这个问题搞清楚？"当我们意识到自己存在认知偏倚，尤其是锚定偏倚，并在新信息浮出水面时强迫自己重新考虑该诊断时，批判性思维就自然而然地发生了。对认知的了解有助于我们实施更安全、更有效的诊疗。

（陈　辉）

第五章

诊断错误

> 有粮当思无粮难,莫到无粮思有粮。
> 一分耕耘,一分收获。几许汗水,几许收成。没有付出,何来回报?
> 卓越不是一次举止,而是一种习惯。
>
> Aristotle
>
> 请耐心倾听病人娓娓道来——他在向你透露疾病的诊断。
>
> William Osler

虽然现代医学中真实误诊率依旧无法确定,但是,许多专家认为,**随着时间的推移,诊断错误率一直未发生改变**。误诊会导致严重病人伤害、住院时间延长、重复做诊断性检查、医疗保健资源过度使用。这会促使我们寻找原因,适当地追究诊断错误的责任。当病人投诉时,或者当诊断导致病程中产生昂贵治疗费和/或高昂检查费时,这个有疑问的诊断才可能会在默认情况下遭受额外审核。尽管医生的诊断技能存在缺陷,但是,许多诊断错误病例可能都不会对病人造成永久性伤害,病人依旧会康复如初。这种误诊自然很可能不会被发现。然而,最坏的情况是,即使是那些导致病人伤害的真正误诊,也可能依旧未被发现,例如,当病人死亡失访时,诊断错误就会永远被隐藏起来。

大多数技术失误发生在经验丰富的外科医生做的常规手术中,绝大多数(>95%)手术失误并未诉诸法律。任何一位医生都很难对自己的诊断错误率做出正确估算。在诊断错误发生时,依据定义,当事医生并没有意识到这一点。因此,医生对自己的拙劣表现毫不知情不足为奇。其实,医生对自己诊断的自信度与事实上的诊断正确性两者之间的相关性很差。Friedman 等人做过一项研究,比较大学医院的内科医生、高年资住院医师和医学生对自己诊断的自信度与诊断正确性两者之间的一致性。每位参加该项研究的医生都从一组标准化的临床病例中制作一份鉴别诊断清单,然后被问及他们对每种诊断的自信度。医学生在自信度和正确性之间的一致性最高,反映了医学生普遍缺乏自信心,这与医学生的诊断错误率高是吻合的——自信度低,诊断正确率也低。相反,教学医院的内科医生的正确诊断率最高,但是,自信度和正确性两者之间的一致性比较差,为64%——自信度高,诊断正确率低于自信度。

一般来说,医生自我评估与外部对客观业绩的衡量标准之间的相关性往往不符合。此外,那些业绩不佳的医生往往对自己的能力评估最不准确。不足为怪,**那些最需要提升诊断正确率的医生最不可能认识到自己的错误**。

诊断错误的最低发生率往往因专业而异。放射学和病理学这些所谓"感知性学科"的错误率可以通过重新读片加病历复习直接计算出。在这些学科,将诊断性事件(X线片的解读、组织病理切片的阅片等)分离出来易如反掌,从而确定初始诊断是否正确。这些专业的诊断错误率通常在5%上下。临床专科(如内科、全科医学或急诊医学)的诊断错误率往往比较高。在这些专科,诊断过程不是一个独立的离散事件。相反,诊断过程与病人诊疗的其他过程(包括资料采集、辅助检查顺序、与病人沟通和提供治疗)同时进行。病历复习表明,在临床专科中延迟诊断和错误诊断的发生率约为10%~15%。许多错误诊断可能仍未被发现,例如失访的病人,或者尽管存在诊断错误但疾病自行消退的情况。

最坏的情况是,当诊断错误导致病人死亡时,最终的衡量标准是尸体解剖。对40年间发表的多篇尸检研究报告所做的一篇 meta 分析中,Shojania 等人证明,英文文献报道的诊断错误率随着时间的推移在逐渐下降。这或许反映出诊断正确率有提高,也可能存在选择偏倚。在美国,尸检率在20世纪后半叶大幅下降,从1960年代的40%降至1990年代的不足6%。因此,许多致命误诊可能仍未被发现。尽管如此,现代尸检系列研究表明诊断错误率依旧不容小觑。据 Shojania 估计,至少有8.4%的主要诊断没有做出,在这些误诊中接近半数可能是Ⅰ类错误(导致可预防性病人死亡的重大诊断错误)。

诊断错误发生率高、代价高昂。美国国家执业医生数据库(National Practitioner Data Bank, NPDB)最近有两项审核表明,与其他种类的过错索赔相比,诊断错误的索赔最常见,在赔付款中占的比例最高(表4-1)。虽然门诊场合的索赔比住院常见,但是,住院病人的索赔很可能与比较严重的伤害有关。**诊断错误往往发生在医疗保健服务的上游,在外科手术或药物干预之前,是病人遭受伤害的一种常见原因**。对那些寻求提升病人安全的人来讲,在可以预防的范围内,诊断错误是一个值得重视的环节。

第一节 追根溯源、亡羊补牢

诊断错误意味着正确诊断的遗漏或延迟,也就是说,接受了不正确的诊断。**发现诊断错误后,当事医生不仅有责任向病人和病人家属披露该错误,而且应尽一切努力找出造成过错的原因**。通过对每桩案例的复核,或许能发现导致诊断延迟和诊断错误的某些根本原因,防止将来重蹈覆辙。对错误负责是一回事,从错误中吸取教训并找出诊断过程中可纠正的常见错误又是另一回事。这就是定期召开并发症和死亡讨论会的目标,也是每个品质保证委员会的目标。每个诊断错误案例都是一次潜在的改进机会,但是,只有当我们愿意花时间去剖析我们所犯的错误时,这种改进才有可能发生。

Graber 及其同事曾经做过一项具有里程碑意义的研究,在对 5 家三级医院的 100 桩诊断错误进行评估后,他们提出了一种常规分类法。采用这种分类方法后,每桩诊断错误案例都可以被划定为 3 类中的一种:无责(无过失)错误、制度(体系)相关错误或认知错误。无责(无过失)错误是指一些无法纠正的错误,如临床表现被掩盖或不典型、病人不合作或故意不讲实话。**制度(体系)相关错误属于技术错误或组织协调错误**,如仪器校准不正确导致实验室数据错误属于技术错误,沟通失误导致会诊不及时或实验室报告不及时都属于组织协调错误。**认知错误又分为三类:知识缺陷、数据收集错误以及数据综合错误**。采用 Graber 分类法,就可以根据病因对诊断错误进行分类,将常见或反复出现的问题找出来。

从 Graber 的研究来看,大多数诊断错误似乎都是多因素的,如:既有制度错误又有认知错误。虽然大多数诊断错误都存在制度错误,但是,**最常见的原因还是认知错误**。在制度错误中,最常见的形式是组织协调错误,如医疗保健提供者之间的沟通不畅或辅助检查结果沟通不畅。该研究发现,74%的案例存在认知错误,认知错误往往与制度错误合并存在,也可以单独存在。对认知错误做进一步分析表明,大多数认知错误并非数据收集不善或知识缺陷,而是数据综合错误或临床推理错误。最常见的错误是"过早定论",没有充分关注与其他相似度极高的疾病并对其进行鉴别。

Schiff 及其同事所做的另一项针对诊断错误的研究结果与 Graber 等人的研究结果略有出入。该研究采用的是另一种诊断错误分类系统——根据错误在诊断过程中的发生时间,以某种时间顺序对诊断错误进行分类。诊断错误可能发生在诊断时间线上的任何时间点:就诊、病史采集、体格检查、辅助检查(实验室或放射学)、分析评估、转诊/会诊和随访。使用这种分类方法，Schiff 等人对 669 例自动上报的诊断错误病例进行了研究，分析错误的原因。他们得出的结论是，**最常见的诊断错误(44%)发生在辅助检查阶段**，其次是在临床医生分析评估(32%)阶段。很显然，辅助检查阶段一般都要求医生有足够的评估技能。事实上，在 Schiff 等人所记录的辅助检查阶段的诊断错误病例中，许多都可归因于医方某种程度的认知错误：从未申请合适的辅助检查项目到未正确解读辅助检查结果。由此可见，辅助检查错误与分析评估错误很难割裂开。在临床上，辅助检查与评估分析是同时进行的，每一个步骤都由另一个步骤提供信息。因此，一步错误可能会导致另一步出错。

> 放射科、病理科等辅助科室检查报告的品质与临床医生提供给他们的临床信息的特异性成正比。
>
> 将心比心，尊重他人(同行)就是尊重自己！不给他人添麻烦，就是不给自己添堵——给自己提供方便。

在一项有关误诊所致的不良事件的研究中，Zwaan 及其同事根据 Eindhoven 分类研究了诊断错误的原因：人为因素、组织因素、技术因素、病人相关因素或其他因素。研究发现，人为错误是不良事件的主要原因，几乎所有病例(96.3%)都存在人为错误。具体而言，知识缺陷是诊断错误的主要原因——不是缺乏足够的知识来做出正确诊断，就是未能正确使用已有知识做出正确诊断(参见第三章第四节案例分析案例2)。

在 Zwaan 的另一篇研究中，与 Schiff 一样，他们发现大多数认知错误似乎都发生在诊断过程中的数据收集阶段。这个阶段包括病史采集以及申请辅助检查项目。由于数据收集发生在诊断过程的早期，因此，该阶段的错误有可能导致正确诊断的延迟。如果这些错误未被发现，数据收集错误可能会因临床推理的其他错误出现复合效应，结果是误诊。

为了阐明诊断错误背后的认知过程，人们对一般临床推理过程的机制已经做过相当多的考虑。特别要提一下第四章介绍的认知"双过程"模型。该模型学说认为每个诊断决策期间有两种决策过程在起作用。1 型决策过程是一种快速、直观、本能的过程。1 型决策过程的基础是模式识别和先前经验。这种决策是瞬间做出的、无意识的、未经过深思熟虑的。支配理性思维的主要是瞬间的感知和直觉。1 型决策过程的一个例子是猛踩刹车以免碾压到在车前跑过的幼儿。与其说这是一种决策，不如说是一种反射。2 型决策过程是一种缓慢深思熟虑的决策过程，并且由理性思维提供信息的过程。2 型决策过程允许反思，也允许考虑多项数据要素。

2型决策过程的一个例子是关于从 A 点到达 B 点如何拟定最佳决策。这个决策可以在查看地图、兼顾一天的时间点并就高峰时段的典型交通模式咨询专家后确定。大多数决策需要综合使用 1 型决策过程和 2 型决策过程,但是,有些决策是由一个决策过程或另一个决策过程起主要作用。

根据临床情况,很容易想象一种思维过程是如何成为诊断决策的主要模式的。如果病人的体征和症状综合表现已经十分典型,同时医生对有关疾病也了如指掌,那么采用简单的模式识别就能成功做出诊断,无须做进一步的辅助检查或申请会诊。在这种情况下,占主导地位的看来是 1 型决策过程。相反,如果病人的体征和症状综合表现不典型,或者医生对有关疾病几乎毫无经验可言,那么就很难做出正确诊断。可能需要进一步考虑追加辅助检查以及请其他医生会诊,这样才能做出正确诊断。在这种情况下,诊断决策主要依靠 2 型决策过程。有人认为,每当医生对手头疾病处理感到陌生或拿不定主意时,2 型决策过程就会参与进来。但是,如果多次遇到同一种疾病,重复类似的 2 型决策过程就会提升医生对该疾病的熟悉程度,在以后遇到这种疾病时就会容易得出诊断结果。长此以往,随着医生对特定疾病的诊断越来越熟悉,2 型决策过程就会被 1 型决策过程取代。

成功的临床行医取决于医生对常见病的识别和有效诊断的能力,既没有不必要的延误,也不做不必要的辅助检查。随着越来越多的病人前来就诊,医生思考问题的时间受限,考虑与多种相似度极高的疾病进行鉴别的时间就减少。一如既往,医生的直觉是决策成功的关键。只要诊断逐渐变为 1 型决策过程,医生就会逐渐依赖思维捷径和经验法则来做出正确诊断。这些经验法则被看作**直观判断**或**偏倚**。直观判断之所以被看作一种思维捷径,是因为直观判断允许人们在没有对所有可能的替代答案做广泛研究的情况下就快速给出一个看似合理的答案。偏倚是指选择了心仪的答案,放弃了其他潜在的、不太熟悉的替代答案。虽然使用临床经验法则往往能做出正确诊断,但是,临床经验法则的效率伴随着潜在的代价。每个经验法则都不能兼顾所有可能的替代答案,因此,如果不知不觉中用了临床经验法则,就容易出错。

大多数时候,当直观判断的应用得心应手时,医生可能并没有意识到他们正在使用的是特定的思维捷径或偏倚(表 4-3)。作为医生,一定要意识到,**当诊断主要是靠直觉而不是靠仔细分析思维做出时,就容易出错**。过分自信的医生更可能接受最初的错误诊断,对不相符的重要证据视而不见。其问题在于对有关疾病不熟悉。如果要避免这种错误,就应该鼓励医生考虑多种替代诊断,而不是接受脑子里冒出来的第一个诊断。当 1 型决策过程被 2 型决策过程取代时,错误就会减少。

尽管如此,还应该认识到 2 型决策过程不一定不犯错。人们已经证明直观判断在临床上是有效的,因为直观判断在大多数情况下都能产生正确诊断。当最初的直觉假设导致正确诊断时,继续抓住这个问题深究不放反而会导致诊断错误。此外,如果已经得出了正确诊断,那么,为诊断确认目的继续做辅助检查可能是不必要的、浪费的。最糟糕的是,追加辅助检查可能会让病人经历不必要的操作并且有潜在伤害。因此,为了尽量减少诊断错误,医生必须学会何时应该相信自己的直觉。与此同时,医生需要意识到他们可能正在走思维捷径。随着经验的积累,医生应该了解与每种辅助检查相关的潜在错误和缺点,并且他们应该了解何时需要追加申请辅助检查项目。

第二节 破局妙招

或许,减少错误的第一步是认识到诊断错误存在的可能性。每做出一个新的诊断,当事医生都应该驻足反思,问一下自己:"此诊断正确吗?是否需要进一步考虑其他诊断?"这个过程就是所谓的元认知或"思考之思考"。如果鼓励医生养成一种习惯高度警惕自己的思维过程,如果医生意识到了常见偏倚以及这些偏倚最有可能出现的时间,那么,他们就更有可能发现并避免诊断中的错误。如果医生时常做这种形式的诊断反思,这种反思就应该会变成一种习惯,而不是成为惯例的例外。这种反思不一定会导致不必要的诊断延迟。只要经常做,这种品质控制方式就可以实时快速完成,防止误诊发生。

Croskerry 发明了一种所谓的"认知强迫策略",应用这种策略能减少常见诊断错误。对每种诊断或每一组症状,诊断强制策略会敦促医生寻找替代诊断或额外诊断之可能。这样,每个结论都会引出一组恰如其分的问题。根据医生的特定行事方式,每一种常见诊断都有一组耳熟能详的陷阱。举一个例子,Croskerry 提到病人被动物咬伤后有可能出乎意料地患上脓毒症。假如医生在病史采集过程中未能收集到病人既往有脾切除史,病人就容易患上脓毒症。考虑到了这种陷阱,就可以设计一种认知强迫策略,敦促医生在遇到动物咬伤患者时注意询问免疫功能低下病史。

一般认知强迫策略的一个例子是"前瞻性的后见之明"行事方法——假设其诊断在未来的某个时候被否定或被证明是错误的——从而敦促医生考虑其他诊断之可能。它提醒医生要设法与其他相似度极高的疾病进行鉴别区分,一一排除。同样,对医生来说,针对一组给定的症状和体征,或许应该先设法排除对病人威胁最

大的潜在疾病。这种做法旨在防止医生接受对病人生命威胁小的错误诊断。如果医生常规使用一般认知强迫策略，就应该对自己的"最初的诊断可能是错误的这一信念"的使用变得越加得心应手。如果医生能有意培养自己避免过度自信，那么只要情况恰当，他们就更可能随时准备接受替代诊断。

在罕见疾病或临床表现不典型的情况下，即使是经验丰富的医生也可能未能将正确诊断纳入鉴别诊断之列。只要医生未能将正确的诊断放在鉴别诊断名称之列，那么再多的深究也无济于事。根据 Zwaan 等人的说法，基于学识的过错是诊断错误背后最常见的根本原因。考虑到这一点，人们已经开发了许多计算机化的诊断支持工具，根据表现出来的症状、体征和临床病史，帮助医生生成合适的鉴别诊断列表。这些软件程序已经存在了近 20 年，但是迄今尚未成为常规临床工作中的工具。

在繁忙的临床工作中，医生可能会感到压力，只能考虑脑海鉴别诊断列表中前 2~3 个项目，他们可能会感到没有足够的时间停下来生成一张有关替代假设的扩展列表。如果要证明一台计算机辅助诊断工具有应用价值，就必须使其适用于繁忙的医疗环境。忙碌的医生不太可能接受一种需要花许多时间做数据输入的工具。此外，如果计算机生成的替代选项太多，又未对这些替代选项的相对概率进行排序，医生或许无法体会到这种鉴别诊断生成器对临床有什么帮助。也就是说，医生可能会感觉到自己不需要这种支持。不管是什么原因，医生还没有接受这项技术。

大多数系统需要手工输入数据，而有些系统可以与电子病历系统整合到一起。随着此类软件不断研发，随着电子病历保存越来越普及，医生可能会逐步接受计算机诊断支持系统作为一种标准诊断工具。如今，这些系统在临床上能否成功减少诊断错误仍未得到验证。

如果医生未意识到自己的诊断错误，他们就无法纠正。如果没有对病人做跟踪随访（再次检查病人），那么医生就无法知道他的诊断是否正确。**安排病人及时随访是降低诊断错误发生率并在出现错误后纠正错误的重要机制**。及时随访有助于医生对治疗进展情况进行监视，重新评估初始诊断是否正确。自前次随访以来，病史中是否有新元素浮出水面？如果前次申请了辅助检查，这些检测项目是否已经完成，结果如何？如果请另一位专科医生会诊了，其建议与初始诊断是否一致，是否需要做进一步检查？如果已经开始了治疗，病人的反应如何？有效还是无效？与该诊断的预期模式吻合吗？抑或应该考虑其他诊断？如果做到了及时随访，那么医生可以针对正确的诊断优化治疗方案，或者在恰当情况下更改其诊断。

在随访时，如果确定初始诊断是错误的，那么不一定会对医患关系构成威胁。当医生确定需要对初始诊断进行修订或完全更改时，应该把这看作诊断成功的案例,不应该看作失败的证据。**病人对诊断正确性的感知大多由初次就诊时医生给病人的期望值来决定**。一名自信的医生在表达诊断不确定性方面不应该有难度,一旦在随访过程中随着时间的推移其推定诊断发生了变化,病人就不会感到惊讶。可以将最初的治疗建议看作一种诊断测试方式,用来佐证或对最初假设提出疑问。用这种方式去理解,漏诊或延迟诊断就变成了一种需要时间才能搞清楚的诊断。不过,如果不做跟踪随访,这种情况就无从谈起。如果医生盲目接受初始诊断,没有定期对这一初始诊断提出疑问,那么随访就不会成功。

脑卒中、心肌梗死等疾病显然不允许做长时间观察随访。许多特定临床表现所提示的疾病也需要及时排除或处理。不过,随着临床医生从对生命威胁最大的诊断(心肌梗死)开始排除,走到威胁性最小的诊断(烧心感),他们会正确认识到诊断的形成是一种按照时间紧迫性思考问题的过程。即使时间紧迫,医生也应该随时准备提出自己的诊断意见,并马上对自己的诊断提出疑问。假如说"过早定论"是导致诊断错误的最常见偏倚之一,那么,医生面临的难处或许是"永远不要对一个病例下结论"。考虑到了这一点,或许做出的任何一个诊断都不应该被理解为找到了一个答案,而应该被理解为引出了一组问题。

由于核查表在医疗保健服务其他领域(例如在手术室)提升病人安全方面取得了成功,因此,有人建议将核查表作为一种潜在工具来降低诊断错误率。最重要的核查表又称"通用核查表",有助于医生拟定辅助检查项目,以免遗漏重要检测项目。这份通用核查表包含以下看似平淡无奇的说明,例如"**亲自采集病史,亲自做体格检查**"等对大多数医疗从业者来说不言自明的东西(请注意:这些内容是远程会诊的致命伤所在!)。虽然似乎没有必要查阅核查表就能确保诊断过程中的最基本步骤全部完成,但是这份核查表的作者马上指出,**这份核查表在常规情况下最有用**。当一个病例的诊断存在显著难度时,可以相信医生会特别重视并确保采取一切适当措施以得出有效诊断。然而,当一个诊断看起来简单或驾轻就熟时,医生很可能会犯诊断错误。这正是一份诊断核查表的价值所在。

案例分析

病情简介:男性,65岁。慢性腹泻14个月,每日腹泻10余次。存在营养不良和体液代谢紊乱。曾转辗2家"三甲"医院住院检查,每家医院都做了全套增强CT、磁共振、胃镜、结肠镜、免疫功能、肿瘤标志物等检查。一直未明确诊断。最后转至一家大学医院,结肠镜检查见距肛缘5 cm有一个巨大溃疡,直径约4 cm。病理诊断:恶性淋巴瘤。

分析意见：这个病人延迟诊断的症结在于当事医生一味依赖辅助检查、不重视临床信息采集——病史采集中没有询问里急后重和脓血便，体格检查中没有做肛门直肠指检。要知道，肛管和低位直肠病灶往往会被结肠镜遗漏，此时，直肠指检的弥补效用不可替代！

无论临床表现如何，通用核查表都包括两项提醒医生对诊断做再次审核的额外指令。第一条指令提醒医生在下最终诊断之前做一次"**诊断暂停确认**"。这敦促医生开始元认知过程，对该诊断提出疑问。治疗不会马上开始，只有在充分考虑了其他有竞争性的假设后才会开始治疗。第二条指令是提醒医生**安排适当的及时随访**。如此，就不会在不知结果的情况下实施治疗。相反，即使治疗已经开始，也会制定一份计划来对病人进行随访观察，以便医生可以确保根据推荐意见完成治疗。因为只有在适当的随访之后，我们才能知道之前所做的诊断是否正确。如果没有做随访，如果初始诊断未受到质疑，那么诊断错误率就不会有任何改变。

第三节　本章小结

- 诊断错误的发生率为10%～15%，它是医疗过错诉讼中最常见的错误，也是赔偿最高的医疗过错种类。诊断错误还带来了很高的可预防性死亡率。
- 大多数诊断错误的原因是医生的认知错误。每一位医生都应该意识到自己有可能发生诊断错误。大多数错误发生在"常见病"的诊断上。最常见的问题是"过早定论"——决定接受一种诊断，没有考虑其他恰如其分的诊断。如果医生没有考虑替代诊断选项，诊断错误就会深藏不露。
- 在拟定诊断前，要常规做一次"暂停确认"——拟定的这个诊断是否有道理，或者是否应该考虑其他诊断，退一步，仔细检查诊断过程。
- 警惕诊断推理中的常见误区，制定一套有规律的"认知强迫对策"来预防诊断错误。
- 一定要问："有可能是其他诊断吗？"
- 一定要问："哪些诊断漏诊是我无法承受的？"
- 核查表很有用，尤其对于常见临床表现，核查表有助于确保不遗漏重要检查。
- 一定要确保及时合适的跟踪随访。如果不做跟踪随访，诊断错误就不会被发现。正确的跟踪随访有助于诊断错误的纠正。
- 保持开放心态，绝对不要过早"定论"。
- 警觉的医生能从错误中吸取教训。

（陈　辉）

第六章
技术性过错

> 衡量优秀外科医生的标准不能依据同行对其手术演示的评价，病人的结局才是真正的无声评价。
>
> 外科学上有两大不可宽恕的罪过：第一是做不必做的手术，第二是做自己不具备技术能力去完成的手术。
>
> Max Thorek
>
> 外科医生的操作技能是他们"面子工程"的重要组成部分。与其他完全依赖认知活动的医学专业不同，外科手术需要额外的技能，主要是手的灵巧性以及眼手的协调性。

喜欢干外科这一行的人毫无疑问都具有一种强烈的动手能力追求。他们都认为自己有一双"巧手"。没有哪位外科医生会承认自己的外科技巧很一般、远低于同行的平均操作技巧水平，然而，技巧炉火纯青的高手只存在于武侠小说或《西游记》之中。在这些小说里，毛娃都有超水平的绝招。

技术错误包括直接的手法错误、判断错误以及知识缺乏所致的错误。从前的并发症与死亡讨论会通常将技术错误导致的不良手术结果定为"技术性的"，因而是"可预防性的"。技术错误是对外科医生自信心的直接打击，会导致当事外科医生意志消沉或一蹶不振。

导致技术错误的因素可能有多种，包括特定手术缺乏专科化或缺乏专科知识、外科医生的病人量少、医院的病人量少、沟通障碍以及医生疲劳。

第一节 外科技术错误及其危害

（一）一般技术错误

在手术室里发生的过错中，最常见的是技术错误。1992年，一项研究用随机抽样法调查了美国犹他州的5 000例出院病人和科罗拉多州的10 000例出院病人，研究不良事件与医疗过错的发生率和类型。不良事件的定义是由医疗处置造成的伤害导致长期住院或出院时留有残疾或功能障碍。不良外科技术造成的技术错误在已确定的外科不良事件中占30%，是最常见的外科不良事件类型。在这些技术性不良事件中，23.6%的原因是存在医疗过错。

Regenbogen等人回顾分析了444例外科医疗过错索赔案，发现在133宗索赔案中存在140起或大或小的技术错误。这些技术错误广泛分布于外科各个专科，最常见于普通外科或胃肠外科（31%）。其他专科有脊柱外科（15%）、妇科（12%）、非脊柱骨外科（9%）、心胸外科（8%）、耳鼻喉科（7%）、整形外科（5%）、泌尿外科（4%）、非脊柱神经外科（4%）、眼科（3%）、血管外科（2%）和口腔颌面外科（1%）。这些错误导致了22人死亡、68人永久性残疾或功能障碍、28人严重暂时性残疾或功能障碍和22人轻微暂时性残疾或功能障碍。

他们在研究中分析了技术错误的模式，认定91%的案例是单纯手法错误，如不经意地伤及内脏或其他解剖结构、手术失败或未能解除病痛、出血、周围神经损伤、假体位置不当或假体选择不当以及将外科器械遗留在病人体内。此外，35%的案件存在判断错误或知识缺陷，包括术中诊断和/或治疗延迟或错误、术式或技术不正确、手术部位错误以及未能根据禁忌证或术中所见改变手术计划。9%的案件仅存在知识缺陷/判断错误，26%的案件同时涉及一种单纯手法错误和一种知识缺陷/判断错误。

在这些技术错误中，69%造成了并发症。61%的病例存在病人自身相关因素，包括解剖或手术所见困难或异常、再次手术、亚急诊/急诊手术以及内科合并症。21%的病例存在人为因素或系统因素，包括设备使用问题、责任模糊不清以及医疗转手[①]问题。

[①] 医疗转手（handoff of care，care transition，care transfer）又称医疗交接，如值班交接、病人转科、病人转院、病人出院等。

(二) 一般技术错误——案例分析

案例1

病情简介：女性，42岁，因上腹痛反复发作5年，突然发作并加重4小时急诊入住某乡镇医院。既往有胆囊结石史多年。入院查体：生命体征正常，无黄疸。血常规正常。入院诊断：慢性胆囊炎急性发作。翌晨行开放式胆囊切除手术，术中胆囊与周围无粘连，十二球部正常，胆总管直径1cm，决定切开胆总管探查，未发现结石。胆总管下端无法通过探子。电话请示市医院专家，嘱暂时留置一根"T管"。11时术毕。术后病人腹腔烟卷引流一直有血性液流出。术后3天病人出现发热，引流量增多。术后5天时引流物中见胆汁性液，遂将烟卷拔出更换皮管引流。术后7天转至市医院急诊手术，术中见腹腔内大量胆汁性渗液，十二指肠球部2cm裂口。行十二指肠造瘘。3个月后痊愈出院。

分析意见：术前胆囊结石诊断明确，但是，未针对胆管结石做进一步检查。病人既往无黄疸史，术前无胆管炎临床表现、术中除胆总管稍增宽外未扪及结石，因此，该病例不存在胆总管切开探查的手术适应证。医方在胆总管切开探查方面缺乏相应经验和知识，术中操作不当误伤十二指肠球部——技术错误由主刀医生的判断错误造成。医方负主要责任。

案例2

病情简介：男性，66岁，因右上腹痛反复发作10年入住某市医院。既往无黄疸史。体检无黄疸。术前肝功能正常。腹部超声：胆囊结石，胆总管内有一光点，胆总管不扩张。翌日行开放式胆囊切除手术。术中发现胆总管直径1.3cm。切开胆总管探查，发现胆总管下端不通，决定行十二指肠后壁-胆总管吻合。术者将食指自胆总管切开处插入胆总管下段顶起，然后切开十二指肠前壁，剪去十二指肠后壁和胆总管前壁1cm直径，缝合一圈约8针。术后3天腹腔烟卷引流液增多，引流液淀粉酶值正常，术后5天更换引流管。术后13天病人腹痛加重，有发热，腹腔引流有血性液。术后14天再次手术，发现腹腔内皂化斑，胰腺肿胀，诊断为急性胰腺炎。转入某三甲医院胰腺炎中心第3次手术诊断为急性胰腺炎、胆肠吻合口瘘，花费38万元治疗后死亡。

分析意见：无独有偶，案例2与案例1的情况十分相似。该病例行胆总管切开探查和胆总管-十二指肠吻合都缺乏适应证。此外，医方在胆总管-十二指肠吻合方面缺乏相应经验和知识，而且"剪去十二指肠后壁和胆总管前壁1cm直径"不符合标准操作，很可能损伤了副胰管——技术错误由主刀医生的判断错误造成。医方负全部责任。

(三) 高端技术相关性技术错误

外科手术使用的技术越来越复杂。在某些情况下,这些进步可能会降低技术错误之风险,但是,在另一些情况下,对新技术设备的不熟悉或一知半解,以及新技术应用领域的不断拓展会增加技术错误之风险。

> 世上没有免费的午餐,新疗法一定会伴随新的并发症,这是新疗法需要付出的代价。
> 如果你一味追求新疗法,首先你治不好病,其次你会没有病人可治。
> Astley Paston Cooper(1768—1841年)
> 由于腹腔镜的出现,这个世界看上去更绚烂亮丽了,不过,发亮的并非都是金子。
> Pioter Goreck

除了显而易见的优势外,腹腔镜技术也带来了一连串新的技术错误。在腹腔镜胆囊切除术面世后不久,胆总管损伤的发生率开始陡增。在外科医生积累腹腔镜经验的早期,这些损伤更多见。

机器人手术系统也越来越多地在普通外科、心胸外科和泌尿科外科手术中使用。由于机器人手术系统价格高昂,大多数医院只有一台,一旦其出现故障,就可能逼迫外科医生取消计划中的外科手术。研究报告中的系统故障发生率为2%左右。为了避免取消外科手术和不必要的麻醉,在将病人送入手术室之前,应该将机器人手术系统完全调试好,并对其操作状态进行确认。

凡引入新技术,外科医生对这种技术的使用需要逐步熟练,必然会存在学习曲线问题。新技术还带来了有关该技术的培训和认证问题。必须提供教育和培训机会,确保用户掌握这种新技术的标准技能和操作任务。为了确保病人安全,可能需要另外请独立机构认证或对医院进行认证。

(四) 高端技术相关性技术错误——案例分析

案例3

病情简介:男性,61岁,因"上腹部疼痛不适6月余"被诊断为胃癌,在气管插管全身麻醉腹腔镜下行根治性远端胃切除+胃空肠Roux-en-Y吻合术(D2,结肠前)。距幽门部2.0 cm用强生60 mm切割缝合器离断十二指肠,荷包包埋十二指肠残端。手术顺利,失血少。pTNM 分期:T1bN0Mx。术后第 2 日开始注射低分子量肝素 5 000 U,每日 1 次,皮下注射。术后第 3 日血 Hb 114 g/L。术后第 4 日凌晨 P 60 次/min,BP 50/20 mmHg,腹腔引流鲜红色血液 100 mL。Hb 96 g/L。扩容和输血 8 个小时后 BP 81/51 mmHg,腹腔引流鲜红色血液 300 mL,暗红色血便 4 次,停用低分子量肝素。共输红细胞悬液 10 单位,血浆 1 000 mL。术后第 6 日 BP 140/80 mmHg,腹腔引流暗红色血液 600 mL,右侧腰背部大片瘀斑,考虑低分子量肝素造成出血。之后腹腔暗红色血性物逐渐减少,变为黄色浑浊液。术后第 13 日全腹增强 CT:胃癌术后,胰腺、脾脏、胆囊窝积液;盆腔积液。术后第 37 日拔除引流管。术后第 39 日出院。术后第 46 日因"胃癌术后 1 月余,便血 2 天"急诊入院。入院查体:生命体征正常。肠镜和胃镜检查未见明显出血灶。全腹增强 CT:胃癌术后改变,胰腺、脾脏周围及胆囊窝少量积液。术后第 52 日出院。术后第 53 日因大量血便再次来医院急诊。神志不清,大汗淋漓,BP 91/52 mmHg,P 72 次/min,Hb 76 g/L。介入血管造影发现胃十二指肠动脉假性动脉瘤出血,胰十二指肠下动脉参与供血。弹簧圈栓塞未能止血,升压药下 70/40 mmHg,在介入科心搏骤停经心肺复苏后直接送手术室剖腹止血。术中探查:见少量淡黄色腹水,在十二指肠残端附近见坏死组织,并发现活动性出血,局部组织用 3-0 薇荞线及 4-0 prolene 线间断缝合止血。后无明显出血灶后给予关腹。术中病人出现心搏骤停,经抢救后恢复窦性心律,但病人情况极差,于术后当日死亡。

分析意见:由于病人既往无消化道出血病史,腹腔镜术中未见动脉瘤,专家组推测是主刀医生在做荷包缝合包埋十二指肠残端时,荷包缝线穿过胃十二指肠动脉或其主要分支,导致假性动脉瘤形成和消化道出血——一种无法预见的罕见并发症。这是因为腹腔镜下做间断浆肌层包埋有所不便而发明的荷包法包埋十二指肠残端——新方法必然伴随新并发症。然而,从事后诸葛亮的立场看,医方在该病人反复出血的情况下,未考虑做腹部 CTA 检查。

案例 4

病情简介:女性,62 岁,因"体检发现胆囊结石 30 年,腹痛 3 天"入住某三甲医院。既往健康。腹部超声:胆囊颈部结石。入院诊断:胆囊结石。入院后 3 天在全麻腹腔镜下行"胆囊切除术"。术程顺利,术后 3 天出院。术后第 40 天因"上腹部疼痛 20 余天"第 2 次入院。MRCP:胆囊切除术后改变;肝总管及胆总管上段显示欠佳,肝门部结构不清。入院诊断:梗阻性黄疸。入院后 ERCP 见胆管中上段及肝门部狭窄。用胆管探条扩张狭窄段,沿导丝置入胆管塑料支架。一波未平,一波又起。ERCP 后病人因反复胰腺炎、腹腔感染,多处就医,死亡。

分析意见：该病人术后顺利出院，出院后20天开始腹部疼痛，之后出现梗阻性黄疸，ERCP证实胆管中上段及肝门部狭窄，胆管内没有残石，专家组推测该病人的胆管狭窄系术中电热器械造成胆管热损伤后瘢痕形成。这种情况在"冷兵器"时代不可能发生。

（五）时间压力相关性技术错误

人们已经发现，医生面临的时间和成本压力在不断增大，这些压力会增加技术错误风险。一份报告报道了3例腕部骨折病人，医生在采用锁定钢板固定后无意中将角钻导引器遗留在了病人体内。报告的作者指出，只要在病人离开手术室之前拍摄一张X线片，这种错误就可避免。他们指出："随着手术室的运转压力越来越大，外科医生的成本控制压力越来越大，常规摄X线片这种做法已经越来越少。"早年我们在指导规培生的工作中一再强调，在病人离开手术室前只要有必要就应该摄一张X线片，这一点很重要，目的是确保手术结果满意。有人把在麻醉复苏室摄X线片称为"发现室X线片"，强调的是可能会有意外发现，可能需要将病人送回手术室再次进行手术干预。

第二节 破局妙招

（一）技术错误报告制度

虽然并发症发生率常常以研究方式在文献上发表，但是，文献中对技术性并发症的详细报告少之又少。最常见的报告形式是个案报道，这些个案报道会说病人是在"另一家象牙塔医院"发生了技术性并发症，并详细介绍该病人的后续处理过程。在发生技术错误的医院里，他们的外科医生很少会写文章报告自己的技术错误。

妨碍并发症报告的因素众多，包括医事法学问题、记录不全问题、术后多次医疗转手问题，以及对公开披露数据的担忧问题。还有外科医生的天性，那就是他们不愿意公开披露他们自己的技术错误，不愿意让同行看到。

（二）预防技术错误的策略

Regenbogen等人的研究发现，近75%的技术错误是训练有素且经验丰富的外科医生所犯，并且所做的是专业范围内的操作；84%的技术错误发生在常规手术中。据此，他们建议未来的预防策略应该把重点放在设计有针对性的干预措施方面，目的是提升外科医生在高风险（如急诊手术、再次手术或解剖结构异常困难部位的手术）常规手术中的决策和表现力。

一项针对高年级医学生的研究表明，如果在教学中既演示正确打结方法，又有常见错误示例，这有助于提升学生的打结技能，尽管这项技术任务比较简单。这类展示常见错误的教学法可以用于模拟实验室对比较复杂的技术技能进行培训。

第三节 本章小结

外科不良结果的常见原因是技术错误，包括单纯手法错误、判断错误和因知识缺乏导致的错误。当外科医生对新技术带来的微妙差别不够熟悉时，日新月异的高端先进技术的复杂性可能会增加技术错误的风险。由于技术错误反映的是外科医生的技能和自我概念[①]，因此这些错误往往不容易得到披露，也不会报告出来。需要制定一些新的策略来解决技术错误这个问题，尤其是那些在手术中使用的越来越复杂的先进技术带来的技术错误。预防策略之一是建议设计出有针对性的干预措施，目标是提升高风险情况下（如急诊手术、再次手术或解剖结构异常困难部位的手术）的常规手术中的决策和工作表现力。

（陈卫东）

---

① 自我概念（self-concept）是一个人对自身存在的体验，它包括一个人通过经验、反省和他人的反馈，逐步加深对自身的了解。

第七章

行为[①]过错

> 学不贯今古,识不通天人,才不近仙,心不近佛者,宁耕田织布取衣食耳,断不可作医以误世!
>
> [明]裴一中《言医·序》
>
> 精诚所致,金石为开。
> 只栽不管,打破金碗。

造成医疗不良事件的原因众多,大致可以分为知识缺陷或技术失误、行为过错以及制度缺陷三大类。知识缺陷或技术失误已经在前两章叙述。制度缺陷涉及体制和管理问题。

外科行为规范是一项为最佳外科表现力提供支撑的认知技能和社交技能。外科行为过错(violations of behavioral practice, behavioral violation)又称非技术外科技能(Non-Technical Surgical Skill, NOTSS)过错,是指外科医生在医疗过程中不够敬业(缺乏警觉心、勤勉性和守信时间承诺等),未能谨慎合理应用已经具备的知识或技术。行为过错又可以分为不作为("懒医"行为)或乱作为。**行为过错所致的不良事件一般都是可预防性的。**

---

① 这里的"行为"(behavior)是一个心理学名词,是指机体在内外环境因素的刺激下产生的外显活动、动作等,是内在的生理变化和心理活动的反映。在临床上,行为主要是指医生对病人病情或病情变化所做出的反应——判断或决策。

第一节 在医疗过错诉讼中行为过错频度高得令人咋舌

(一) 行为过错,可见一斑

我们对 2018 年 1 月至 2021 年 1 月已经结案的 127 宗针对普通外科医生的医疗过错诉讼案件进行了研究。在 Griffen 工作的基础上,将普外科医生的行为过错罗列为 11 种类型(表 7-1)。

表 7-1 不同形式的行为过错及其所占百分比

过错类型特点	病例数量	所占百分比/%
与病人和/或家属沟通不够	56	42.4
未能在术前对外科病情做正确评估	46	34.9
未能在术前对异常症状或检查结果进行追查	32	24.2
缺乏履行预防义务的证据	24	18.2
未能对术后出现的问题进行追查	21	15.9
未能得到恰当学科会诊医生的支持	13	9.9
未能在手术前对合并症进行合理评估	6	4.5
超范围执业	6	4.5
未能如实告知并发症	6	4.5
未能按时巡视病人	3	2.3
未能恪守其他工作常规(除上述条款之外)	21	15.9
至少存在一种行为过错	124	93.9
总计涉及医院次数	132	

注:该组数据来自对已经结案的 127 份状告 132 家医院普外科医生的医疗损害案例分析。由于一家医院可能存在多重行为过错,因此百分比的总和大于 100%。

引自:Fan X, Shi X, Tang W H. Misbehaviors, bad outcomes and malpractice claims against general surgeons [J]. Asian J Surg, 2022, 45(12): 2852-2853.

这组 127 宗已结案的医疗损害鉴定案例总共涉及医院 132 家次,有 2 宗案例分别状告 2 家医院,1 宗案例同时状告 4 家医院。127 宗案例中有 51 例当事病人死亡(40.1%)。在这 132 家医院中,有 124 家(93.9%)医院涉及行为过错(表 7-1)。在

124家存在行为过错的医院中,116家(93.5%)被鉴定结论判为"医方过错与损害存在因果关系";有8家(6.5%)医院不存在行为过错,其中仅2家因技术失误被判"医方过错与损害存在因果关系";统计分析提示两组差异高度显著($P<0.001$)。

此外,许多案例均存在多重行为过错。5.3%(7/132)的案例存在4种或4种以上行为过错,9.1%(12/132)的案例存在3种行为过错,47.0%(62/132)的案例存在2种行为过错。只有6.1%(8/132)的案例不存在行为过错。

该研究表明,属于上述行为过错的医疗问题普遍存在,大多数案例在勤勉性和警觉心方面存在缺陷。也就是说,大多数被告外科医生都应该具备相应的"行为能力",遗憾的是,他们没有这样去做,例如,在沟通过程中漫不经心、在病人出现不适时表现为放任、无动于衷或袖手旁观。由此可见,与纯知识-技术过错相比,外科医生的行为过错更容易导致不良后果和法律诉讼。在位于表7-1的前5种行为过错中,有4种都属于非外科手术操作相关性过错。这也提示我们,预防过错的重点不是外科操作。正如当代著名外科医生Moshe Schein所言:外科医疗诉讼常见的问题不是外科医生在手术室内的所作所为(假设这位外科医生合格),而是外科医生在手术室外的行为举止伤害了他的病人和自身声誉。

从某种意义上说,合格的行为是一种技能。美国医学生毕业后教育认证委员会(Accreditation Council for Graduate Medical Education,ACGME)就把人际交往与沟通能力确定为六项核心胜任力之一。有些外科医生比较善于沟通,另一些外科医生的沟通技能稍逊。在我国,既往继续医学教育的重点几乎完全聚焦于医学科学和操作技巧层面,很少有人关注行为科学在实现优质医疗中的重要性,对这方面的研究更为稀少。鉴于被告外科医生的行为过错频率,为了提升外科医疗品质和外科病人安全,今后的继续医学教育还应该兼顾行为规范的培养。就像伦理和道德原则一样,基于行为规范的教育有两大优势:其一是行为规范指南可能一成不变;其二是在适用性方面覆盖面更广,跨越医疗的方方面面和每个专业。如何让年轻医生和规范化培训医生在临床工作中自觉遵守行为规范,在我们看来,那些受人敬重的高资年医生(尤其是科主任)的为老自尊、躬先表率作用至关重要——长者的一言一行都是后辈们模仿的对象,会深深影响学科的病人安全文化。

(二)警觉心和/或勤勉性缺陷——案例分析

案例1

病情简介:男性,47岁,因心前区痛1月来心血管专家门诊就医,经心电图等初步检查未发现特殊。遂收入住院行冠状动脉造影。造影结果也未发现异常。出院。半年后,该病人因腹胀再次住院。初步诊断:腹水。进一步检查证实为晚期胃癌,而且在半年前住院期间就存在贫血(血红蛋白 73 g/L)。当患方家属来医院"讨说法"时,这位医生答道:"我是心血管医生,只看心血管疾病,其他疾病我管不了。"

分析意见:那位心血管医生在冠状动脉造影检查前未能对异常的症状、体征或检查结果进行追查,也未申请会诊。在出院医嘱中未交代贫血问题,也未建议病人去消化科或血液科门诊。

此外,在临床上,病人因胆囊结石来院做腹腔镜胆囊切除手术,术后数月因症状未缓解诊断为"胃癌"或"结肠癌"再次入院的情况难道还少吗?这类误诊的主要原因在于医生的警觉心和勤勉性不足,在病史采集方面和鉴别诊断方面的精力投入不够,思路局限(没有走 2 型决策过程);次要原因在于腹腔镜缺乏触觉感知——新技术一定伴随着新的并发症!

案例 2

病情简介:男性,72 岁,2 年前因胆囊结石行腹腔镜胆囊切除术,术后恢复顺利,术后 3 天出院(病理报告是术后 4 天发出)。近 1 月来发现上腹部出现一肿物,无疼痛。近 2 天来出现巩膜黄染。查体:巩膜和全身皮肤黄染,剑突下 3 cm 原 trocar 瘢痕处见一肿物,约 4 cm 直径,硬,活动度差,未破溃。尿胆红素阳性。进一步通过 HIS 系统查阅 2 年前的胆囊切除病理报告为胆囊腺癌伴胆囊结石。入院后再次手术切除肿物,病理诊断为"腺癌",符合胆囊癌种植转移。

分析意见:那位外科医生在术后未能对出现的问题进行追查,未及时通知患方诊断有变化(原来是胆囊结石,现在是胆囊腺癌伴胆囊结石)。病人不知情,补救治疗更无从谈起。

案例 3

病情简介:男,70 岁。诊断为Ⅳ型胆管癌、阻塞性黄疸。由消化内科医生在介入放射下行经皮肝穿刺胆管引流术。术后第 1 日引流出暗红色液 50 mL,第 2 日引流出黄色液体 200 mL。第 10 日病人开始间断发热(最高 38.9℃),考虑为胆系感染。第 16 日夜间血便 3 次,血红蛋白 72 g/L。监测生命体征(直至病人死亡前 1 日,脉搏一直在每分钟 74~99 次,呼吸在每分钟 20~23 次,血压在 105/54 mmHg,每日尿量都在 1 000 mL 以上),医方认为生命体征稳定。术后第 20 日病人相继出现失血性休克、突然意识不清。考虑消化道出血,给予快速输血、大量补液。术后第 21 日病人突然出现心率、血氧下降,经医生积极抢救后死亡。死亡原因:失血性休克。

分析意见：①入院后在 2019 年 11 月 11 日之前未使用维生素 K。②阻塞性黄疸又称外科黄疸，"术前讨论"有介入科参加，没有外科参加。未请外科会诊不符合常规，更谈不上多学科讨论。③两次 PTCD"术前谈话记录"或手术知情同意书的电子签字都是未参与介入操作的住院医师，没有介入科医生谈话签字；撰写 PTCD 操作记录单上的电子签字医生也未参加操作。④术后第 16 日消化道出血后未做内窥镜检查判断出血部位。

第二节　行为规范与执行力

在外科医生个人层面，错误的原因主要来自行为（非技术技能，而不是技术性技能）。把这些行为和判断过程表述清楚有助于人们对一些容易犯错的环境和情况进行分析，这或许有助于找到我们自己在哪些情况下容易受环境和自身缺陷的影响而犯错。术前任务布置①、核查表和通用预案的使用已经使得人们逐步重视这些非技术技能产生的影响，并且这些手段的使用已经在一定程度上降低了并发症发生率、提升了术后结果。然而，人们还不清楚，在外科团队的技能及其团队成员的构成都没有明显改变的情况下，这些效果是通过什么机制实现的。事实上，从"不允许事件"列表上可以看出（参见表 3-1），这些措施对那些比较严重的错误并未完全控制。

为什么上述措施的实施对术后总体结果有改善，但并未能杜绝严重过错？要回答这个问题就应该深入研究分析在危急情况下外科医生的判断力使用及其表现力、外科医生为他人提供支持以及外科医生为其外科团队表现力添砖加瓦的能力，在很大程度上，最好是通过认识在外科环境中人为因素的重要性来理解，特别是行为能力的影响。

---

① 术前任务布置（perioperative briefing），又称沙盘推演，是在第一位病人推入手术室前的一项外科医疗团队的集体活动。目的是与团队中的每位成员分享当天的外科任务信息：当天的手术病人简介、团队各成员的任务、预计需要格外关注的技术问题或后备支持问题。术后任务执行复盘（perioperative debriefing）由回顾目标—评估结果—反思过程—总结规律四步组成，是在当天手术全部项目或活动结束后，对已经实施的项目进行回顾，对经验和教训进行总结，讨论当天工作的正面成绩和问题所在。团队成员可以借此机会畅谈各自的体会、提出围手术期医疗品质和病人安全的改进意见。

(一)行为评级方案

行为规范模式是一组用来衡量医生提供医疗服务品质的独特参数(参见第八章第二节)。为了评估、学习和反馈之目的,非技术技能(Non-Technical Skill,NTS)有多种描述和分类方法,所有这些方法采用的都是行为评级方案(behavioural rating scheme)。这些工具检查的不是外科医生的个人行为,而是外科团队的行为,以及对认知(如判断和决策)或人际行为(团队协作能力、沟通能力、领导能力)做评估。本章的目的是利用 NOTSS 分类法(表 7-2)深入探讨医疗机构是如何提出不同要求、设置紧张刺激以及施加压力,讨论手术室环境内发生的事件(自己惹出来的或其他方面的)、手术团队中的个体、外科器械包(手术器械和仪器)、外科操作技术、我们自己的个人表现——所有这些是如何相互作用从而影响我们的行为举止并对病人造成影响的。我们会举例说明我们的 NTS 受这些因素影响的程度,以及如何对环境、团队和自我进行管控才能使手术者有最佳业绩表现。

表 7-2 NOTSS 分类法

类别	要点
态势感知(警觉心)	• 收集信息 • 理会信息 • 预测未来状态
决策拟定	• 考虑选项 • 遴选选项并就选项进行沟通 • 执行决策和复核决策
领导力	• 制定标准和维护标准 • 为他人提供支持 • 承担并应对压力
沟通与团队协作	• 互通信息 • 建立一种信息共享的氛围,建立共识 • 协作的团队

NOTSS 分类法包含两种认知类别(态势感知与决策)和两种社会行为类别(团队协作与沟通能力以及领导力),社会行为又称人际行为。

(二)NOTSS——认知类别

先谈该分类的两种认知类别:

1. 态势感知(警觉心) 对主刀医生而言,对手术野内和手术野周围发生的事情有敏锐感知力是一条毋庸赘言的要求,但是,许多因素可能会共同作用从而对这种感知力带来不利影响。根据Endsley的定义,态势感知是指收集任务所需信息(注意,有些所需信息可能一时无法获得)、理会这些信息,然后利用这些信息来推进任务并为计划或行动方案做决策,可以概括为"是什么事—哦!是这事—现在怎么办"三部曲顺序,它对手术节奏、操作选择以及手术走向都至关重要,然而,这三部曲的顺序会动态受到各种因素干扰,有可能导致不良决策或错误动作。所需的信息可能未能得到,甚至还可能因为害怕引起对方(可能是一位坏脾气主刀医生)的不良反应或者因为团队内部森严的等级制度使得所需信息被压在水面之下。结果,所需的信息可能未被提供或未接收到(或者由"错误的人"以错误方式在错误的时间提供)。

对某一重要手术任务的高度专注可能会妨碍和削弱手术者对视野内同时发生的其他事件的识别,此称**精神失明**(inattentional blindness)。有关精神失明的更全面解释以及对任务过度关注所带来的不良效应请见《我们中间的大猩猩》①。当给出的信息与预期的模式不"吻合"时,会出现一种倾向,要么下意识地丢弃它(排除偏倚),要么因为它不合我们的意对它进行修正(确认偏倚);人类很容易犯此类错误——尤其当我们同时有多个任务需要关注、使我们有限注意力难以招架时。在压力不断增加的情况下,我们的信息处理空间会缩减,我们的认知"空间"会无法容纳新的或相互冲突的信息。此时的应对能力部分取决于先前处理类似情况的经验,部分取决于我们当天的个人健康状况。可以借用航空业惯用的"I'm safe"首字母记忆法核查你自己的"个人状态",对你的态势感知做一次个人健康状况核查,了解你当天是否有能力应对这种情况(表7-3)。

表7-3 "I'm Safe"首字母记忆法

英语首字母	英语词意	中文解释
I	illness	有病
M	medication	用药(如因为鼻炎,或者为了解决戴外科口罩时的"流鼻涕"问题而服用抗组织胺药物)
S	stress	紧张(人际关系、时间压力)

---

① 《我们中间的大猩猩》,英文题名为"Gorilla in Our Midst",是1999年发表在学术期刊《知觉》(*Perception*)上的一篇有关大猩猩实验的文章。

续表 7-3

英语首字母	英语词意	中文解释
A	abuse	滥用药（成瘾）——药品/酒精（或其后作用，约有15%的医生存在酗酒或滥用其他药物）
F	fatigue	疲劳
E	emotion, eating	情绪（无礼、发怒、攻击性、个人悲伤）或进餐（低血糖的影响）

所有这些因素都会对态势感知的方方面面造成影响，需要引起注意的是，这些影响还可能波及团队其他成员。特别要指出的是，在工作场所粗蛮无礼（飙脏话、发脾气、摔东西）会对信息接受人和周围工作人员的工作效力造成不利影响。其他情绪也会对认知过程造成影响，削弱这些人的工作效率和效能（表7-4）。因而，旨在"提升"接受者表现力的一次"大发雷霆"，其效果可能适得其反。

小事见格局，细节看人品。世间本无事，一切在人心。

头等人，有本事，没脾气①；二等人，有本事，有脾气；末等人，没本事，大脾气。

表7-4 态势感知第一阶段（收集信息——"什么事"）的良习与恶习

良习	恶习
• 术前核查了病人资料 • 确保所有相关影像/检查都已看过，且随时可查 • 与麻醉师取得联系，协商病人的麻醉计划 • 确认解剖部位/病灶部位 • 监测病人进行性出血情况 • 及时询问麻醉师了解病人的最新情况	• 姗姗来迟，甚至等催了才上台 • 至上台前最后几分钟才去看检查结果，甚至根本未亲眼看 • 置手术室人员的意见于不顾 • 不与麻醉人员沟通 • 术前不看病人资料，而是在术中请麻醉师阅读 • 不复习手术团队收集的信息

（1）干扰态势感知第一阶段（收集信息——"什么事"）的因素包括：

■ 注意力分散。

■ 注意力过于集中/偏倚。

---

① 在我看来，这种头等人在真实世界中很少存在，但是，这是我们努力的目标。

- 当天的个人状况。
- 恶语相向,粗暴非礼之举。
- 精神失明。

正如对特定任务的高度集中有可能会降低主刀医生的整体态势感知力一样,**对任务太熟悉也可能导致警惕性丧失**——医生的大脑开启"自动行事"模式(图11-1)。"自动"模式具有其潜在风险,需要不断提醒,以便大脑能识别线索(什么情况下需要从"自动"转为"警觉",同时提高对困难或危险的认识)、注意规避不当动作,这是良好外科表现力的特征之一。同样,虽然许多外科医生认为背景音乐对手术室的氛围有正面贡献,但是,这种噪声以及其他不请自来的噪声[如手术室内其他人员(包括医学生)的闲聊]可能会对我们的知觉产生不利影响。同样,紧张和疲劳等都会使我们大脑的认知储备力下降,对态势感知力有不利影响。采用"**肃静驾驶舱**"策略并让手术室的其他人员都知晓该策略,是一种管控注意力分散的有用方法。航空界认识到飞行员在起飞最初阶段的10 000英尺(3 048 m)和着陆阶段最后阶段的10 000英尺都有对飞行相关任务全神贯注之要求。在航空的这两个阶段,在驾驶舱内、在机组人员之间或者驾驶舱与空中交通管制部门之间只允许有飞行相关信息交流。把那些能代表最初10 000英尺和最后10 000英尺的外科操作要素找出来,你就可以在手术室部署一个像肃静驾驶舱那样的环境,对你可能会遭受的注意力分散进行管控。让参加这项任务的其他人员也同样获益,使团队协作更上一层楼。同样重要的是,在这一特定阶段结束时,一定要对在场人员的依从性给予表扬。

(2) 针对第二阶段(理会信息——"哦!是这事")的干扰(表7-5),解决办法有:
- 知识和经验。
- 任务前工作布置。
- 获取你对态势评估的反馈:
  ◇ 双重核查。
  ◇ 用语言表达决策背后的推理。
- 既要保持全神贯注,又要避免管状视野。
- 采用开放式问题,不要用诱导性问题。
- 鼓励年轻医生对关切的问题直言不讳、畅所欲言。
- 要知道专家也会出错。

表 7-5　态势感知第二阶段(理会信息——"哦！是这事")的良习与恶习

良习	恶习
• 根据病人的变化变更手术计划 • 根据既往检查获取的信息采取措施 • 阅读CT影像,找出相关部位(病灶位置) • 与团队一起反思和讨论信息的意义 • 与重要信息团队成员沟通	• 忽视或无视重要检查结果 • 问一些让人无法理解的问题 • 不合拍的检查 • 遗漏CT影像上显而易见的征象 • 把不符合该病人病象的结果抛在脑后

（3）在态势感知的第三阶段("现在怎么办")规划下一步走向,这个阶段也是一个容易出错和预测错误的阶段(表7-6)。一旦出了差错,对主刀医生来说就是一件痛苦不堪的事件,因为它提示计划有错。其实,计划连续出错(依旧是引自航空业的一个名词,是指在操作过程中出现了含糊不清的信息或不完整信息)表明需要改变走向。然而,最终目的地或结果存在不确定性,这往往会导致操作者面临信息不完整、需要对信息进行选择以及无法确定新信息是否真实等问题,从而坚持原定的、通常是不正确的路线或计划。

表 7-6　态势感知第三阶段("现在怎么办")的良习与恶习

良习	恶习
• 让洗手护士将可能需要用到的器械设备拿到手术室来,展示已经有的应急计划(计划B)证据 • 向麻醉医生通报术中情况(例如预期会出血) • 用语言将下一步可能需要的东西表达出来 • 针对预期临床事件,引用当今文献	• 过度自信的动作,对可能出现的问题全然不顾 • 不与团队讨论潜在的问题 • 见到大出血后才告诉麻醉医生 • 直至问题出现后才开始着手应对

2. 决策　外科心态和外科行为的特点是愿意做决策、愿意执行决策,有时情况紧急、信息不全,但充分意识到了相关手术风险水平。虽然这些风险通常都涉及病人的福祉,但是近年来,外科医生的专业风险和声誉风险也是外科文献中的新概念,这些都会对决策构成影响。以往那种"屡战屡败,百折不挠"的外科决策模式会带来许多不良后果,其地位早已今非昔比。决策取决于准确的态势感知,往往是第三阶段("现在怎么办")的延续。所采用的行动方案可以是下列4种常用方法中的一种或多种。实际上,这些方法并不相互排斥,而是混合应对操作任务的挑战。

- 识别性决策模式,又称直觉模式识别。
- 基于规则的决策模式(规则性决策法)。

- 分析性决策模式。
- 创造性决策模式(创造性决策法)。

(1) **识别性决策模式**(Recognition Prime Decision-Making，RPD)通常是由过往经验模式匹配加心理模拟两个模式相互作用来完成的。因此，这是一种由专家使用的方法，新手无法使用。专家的智慧其实是隐藏在冰山下的隐性知识(图 7-1)。它完全取决于"以往是否有过类似经历"，能否把过去的成功办法用于当前的任务或问题。就其性质而言，RPD 法具有很高的准确性和成功率，往往用于时间受限的高风险情况；由于不需要花费太多认知心力，因此被称为"快省"决策法。能否找到匹配的办法处理当前的任务或问题，不仅取决于既往的经验"储备"("知识库")，还需要有足够的认知储备力。RPD 决策模式有利于认知储备力的解放，让认知储备力用于其他方面，因此 RPD 的价值是在那些紧急高风险的情况下、在紧张有可能导致认知储备力下降但是快速行动又必不可少的情况下的价值。

图 7-1　冰山错觉:水面之上的成功，其水面之下都有许多不为人知的辛酸历程

(2) **基于规则的决策模式**是知识依赖性的，本质上属于算法决策。因此，只要有适合的信息库，所有人都可以使用。与分析决策法相比，规则决策法对时间的依赖性更小，在实施过程中除了考虑规则、准则或预案是否适用外，几乎不需要审虑思维。

(3) **分析性决策模式**与 RPD 相反，它需要采用审虑思维——花费更多的认知心力和时间。那些缺乏既往经验、无法找到匹配处理办法的新手就不得不采用这种决策模式。由于需要花费比较多的时间和精力,医生就无暇去顾及其他任务,会比较紧张,大脑会出现"过载"和"冻结"。因此,正是在这种情况下,需要采用"术中暂停"把手术速度放慢,花时间对态势需求进行权衡、分担任务,对态势进行复习,抓住机会把任务分下去,创造时间考虑各种选项。NOTSS 决策分类法的精髓是鼓励将选项披露、分享,目的是确保最佳选择,为良好效果创造时间。

(4) 最后,是偶尔使用的创造性决策模式,这种决策法需要大量时间来创造在内存和知识库中都没有存储的解决方案。往往是为一个特别的问题寻找一种务实的解决办法,不过,这需要花费时间和精力。

(三) NOTSS——行为类别

再谈该分类的两种社会行为类别:

1. 领导力 有关领导力这一主题的文献很多,但是,有关手术室环境下领导力的文献少得可怜。NOTSS 分类法(表 7-2)对领导力的特征进行了概括,其中制定标准和维护标准的最好办法是通过一些简单措施来贯彻,例如,以身作则起表率引领作用——己所不欲,勿施于人。为他人提供支持意味着已经建立了坚定而自信的个人地位,这可以提高优秀团队的表现力,有助于恢复团队的表现力从而努力应对挑战。与常规和常见手术的脆弱状态不同,在比较复杂的手术中,当错误的可能性成比例增加时,外科医生更有可能凸显其领导力。

关于在某个时间点谁是手术室的领导者,人们的看法莫衷一是。由于一台手术的准备工作在外科医生进入手术室之前早已开始,那么,很显然,此阶段的术前准备和规划的领导责任就交给护理团队承担了。同理,护理人员的任务负荷在外科手术临近结束时开始增加。随着外科医生任务负荷的下降和开始缝合伤口,洗手护士的工作量开始增加——器械核查、纱布数目清点、为手术标本正确贴标签和处置,甚至为手术名单列表上的下一位病人做安排。同样,在麻醉诱导和苏醒阶段,病人是麻醉医生时间表的"任务繁重"阶段。在外科手术过程的这些时间节点上,领导力即使没有下放给这些人员,也是分散的。伴随着领导力的就是责任,虽然无论从临床上还是从医事法学意义上看,人们都认为外科医生应该承担总体责任,但手术过程中有一些特定要素,会把责任单独分配给某个人(如麻醉期间的气道管理),因此,在手术过程的这些特定阶段,领导力应该归那些有责任之人。

好事人不知,丑事传千里。领导不力或许比优质领导力更引人注目,因为优质领导力往往难以被人感觉到。外科领导不力的原因可能有多种:

- 不愿意行使权力。
- 不愿面对问题和冲突。
- 暴虐下属。
- 盘剥压榨下属。
- 管控过度/管理过严。
- 微观治理。
- 激怒。
- 不愿意使用规章制度。

术中领导力要求能保持"镇定自若、处变不惊",通过如下方法来展示领导力:
- 病情预期走向。
- 分享计划。
- 达成共识(不一定是民主共识)。
- 临危不乱。
- 控制情绪流露。
- 认识到你应对压力的方式会影响到团队的表现力。

2. **沟通与团队协作** 具有强烈讽刺意味的是,当出现外科过错时,以"不允许事件"为例,外科医生通常不是独自工作的,而是作为团队的一员工作的。实际上,团队的其他成员看到主刀医生犯了一宗大错,但是,他们没有做有效干预。这些团队成员往往都具有丰富的经验。目前尚不清楚为什么这种放任关系未得到遏制。可能的原因有多种:
- 团队成员的心智模式不全或不同。
- 森严的等级制度或指挥链对"直言不讳"氛围形成了阻碍。
- 期望团队中其他人会进行干预。
- 团队其他成员对正在发生事情的严重程度缺乏态势感知。
- 因文化差异或语言原因,缺乏干预的信心。

那些将敢于提意见与友善、礼貌和殷勤等准则混为一谈的文化氛围,这种对身份的尊重可能是其他人员为主刀医生营造,而不是由主刀医生创造的,并且可能是一种对尊重或礼貌的错误表达形式。这需要我们主动管控。应该创建一种让所有人都能"直言不讳"的氛围,而不是"希望或祈祷"一桩错误先兆会烟消云散。一个受人青睐的手段是"CUSS"首字母记忆法,这4个关键字代表了关切程度在上升(表7-7)。

表 7-7 "CUSS"首字母记忆法

英语首字母	英语词意	中文解释
C	concerned about	我对接下来会发生的事情表示关切
U	uncomfortable about	我对事态的进展不放心
S	serious problem	我认为这可能会出大事
S	stop	我想停一停,并且……

(1) 适度沟通。高绩效团队内部的沟通是一个热门话题,有关沟通对术后结局的影响已经有大量研究文献发表。我们还可以从其他高风险行业因沟通障碍导致的不良事件中吸取教训。尤其是在战争情况下,因友军开火导致兄弟自相残杀的死亡因素表明了这样一个事实——沟通不足本身可能是团队业绩不佳的原因,但是,沟通过度(尤其是任意而为和指挥不力)可能不起作用,甚至有害(例如分散了团队的注意力,此称"沟通屏蔽"(communication masking)。事实上,英国陆军坦克指挥官的模拟研究发现,如果高强度的沟通中有高比例的消极命令,那么就会有高比例的自相残杀率(又称"友军误伤"事件),这对外科"大佬"们或许会有所启示。

就像沟通过度可能反而有害一样,参与这种沟通的人太多也可能有害,这种"十羊九牧"效应会在人们提出紧急请求时表现为懈怠或无动于衷(看热闹)。例如,当听到"请哪位能把……赶快递给我"时,可能根本没有人会去递这件东西,每个旁观者都认为"会有人去递的"。因此,发布信息需要及时、精确、有指向性、容易被理解。信息的这些特征加上来自信息接受人的复述策略才能确保发出的消息准确无误地被接收到。

(2) 为了促进有效沟通,人们开发了多种工具。SBAR 首字母记忆法就是其中之一,SBAR 的作用是确保重要信息以言简意赅、快速有效的方式传递。SBAR 也同样源自军事预案(核潜艇),在紧急情况或意外情况的沟通(例如手术室需要请求支援)中特别有价值——既能提供情况的背景,还能表明眼下问题的性质(表 7-8)。

表 7-8 SBAR 首字母记忆法:医疗保健提供者之间有效沟通的一种标准化框架

英语首字母	英语词意	中文解释
S	situation	情况:"目前的情况是……"(这个病人是什么问题?)
B	background	背景:"该事件发生的背景是……"(问题的临床背景是什么?)
A	assessment	评估:"我对这个问题的评估意见是……"(我如何诠释这个问题?)
R	recommendation	建议:"我的建议是……"(我建议用什么方法解决这个问题)

（3）向外科团队做术前任务布置（参见本章第二节脚注），开启沟通渠道。团队协作的最好实施办法是在布置任务时，在需要时，将特定任务布置到具体的个人，以便把上文中所述的"十羊九牧"效应降至最低，从而确保每个团队成员都了解自己的特定职责。

（4）畅通的沟通有助于提升病人的诊断结果。手术室里普遍存在多种影响沟通的内因和外因（表7-9），这些因素会对良好沟通构成阻碍，就像这些因素会对态势感知产生影响一样。

表7-9 手术室里普遍存在的影响沟通的内因和外因

内因	外因
• 语言不通 • 文化差异 • 动机 • 期望值 • 既往经历 • 身份与地位 • 情绪或心境	• 噪声 • 发音过低 • 耳聋 • 电气干扰 • 时空分离 • 无视觉线索（肢体语言、眼神交流、姿势或手势、面部表情等）

沟通障碍带来的影响被广泛认为是导致手术室大量不良事件的原因，在手术室不良事件中，43%归因于沟通障碍这一要素。

第三节 破局妙招

（一）行为规范的培训与评估

航空业在如何让非技术技能起效方面是医学界的一个可信楷模，尽管这两个行业很难相提并论。驾驶舱管理或机组人员资源管理相当于飞行员的NOTSS。尽管人们对航空与外科手术之间相似点的比较过于频繁，已经让人心生厌倦，但是，外科手术在判断、决策和一以贯之的高标准行为方面的价值观必须像驾驶舱一样，成为那些对他人安全和福祉负有责任之人的共同目标。因此，许多（但不是全部）航空公司已经将NTS作为一门必修课纳入飞行员培训计划。然而，航空业拥有的复杂态势模拟培训并没在外科培训的各种模拟设施提供或外科品质方面得到显示。然而，对NTS重要性的接受并将其融入外科培训大纲的框架会使我们能够以更严格更客观的方式讲授和贯彻NTS评估。

如何成为"训练有素的外科医生",其授课方式有多种不同选择,包括基于模拟的场景教学和课程教学,如今在国际上有许多外科学院和培训机构能提供这方面的教学。然而,至关重要的是,所有这些都完全取决于专业术语和分类的统一,因为专业术语和分类会对NOTSS理念产生影响,这样人们才能就相关技能进行识别、评级和讨论。有些内容可以通过采用录制手术场景作为范例或在模拟手术室进行真人角色扮演来完成。无论哪种情况,其先决条件都是能自信地使用分类法。

NOTSS分类法还有一个优点,就是可以用于反馈和复盘。这一点特别有价值,可以用来分析不良事件,因为它为去个性化思维和去个性化讨论提供了机会。

(二)跨国家和跨行业的非技术技能生效

澳大利亚皇家外科学院已经将NOTSS融入其胜任力和表现力培训框架,目前的研究重点是在日本、丹麦、荷兰、澳大利亚、美国、英国、加拿大、西班牙和中国等多个国家的各种研究结果中观察非技术技能对医疗关注度的影响。这项工作成功的关键是认识到,虽然NOTSS模型中的非技术技能是针对外科医生个体的,但是,类似的非技术技能分类法可供麻醉医生和洗手护士使用。这些分类法的内容与外科医生的分类法的内容略有不同,重点也存在差异(任务管理和任务排序对麻醉医生很重要,而态势感知——特别是预测外科医生的需求和病人的需求,是洗手护士的关注重点)。

人们还对NOTSS进行了修订,以适合不同专业。早期的修订是为了适合眼科医生,因为眼科的大部分手术采用的都是局部麻醉,意识清醒的病人能听到工作人员之间的互动,眼科医生一边通过手术显微镜做手术,一边通过信号和替代词汇来暗示各种命令或向手术团队的其他成员发出警报。重要的是,在不惊动病人的情况下进行手术,以维持病人血压正常、不受惊吓,确保眼内压降至最佳状态。同样,心脏外科医生对NOTSS分类法表现出兴趣,因为在外科医生—麻醉医生—体外循环转机医生三者之间的术中沟通中,NOTSS分类法增加了复杂性。因此,尽管NOTSS是一种通用分类,但是,特定术式的定制分类法可能是未来的发展方向。

(三)提升"术中危机"情况下的表现力

虽然处变不惊是所有外科医生在任何时候都应有的一种品质,但是现实情况有所不同,在高难度术中危急情况下依旧镇定自若为专注于任务提供了最佳机会,同时保留足够的认知储备力来做出最佳选择,表现出最佳判断力。这种能力的获得是缓慢的,人们还不清楚影响这种能力程度和速度获得的因素有哪些,不过,反复接触和示范性培训两者的重要性毋庸置疑。模拟培训的优点是既提供了接触机会又不会对病人造成伤害,模拟培训是外科培训进一步发展的未来。然而,人们还不太清楚的是,在获得 NTS 后如何对 NTS 进行保持和维护(如何预防这些属性的退化和丧失)。经验本身并不能预防 NTS 退化,与外科新手或经验处于中等水平的外科医生相比,专家(或许这些人对术中危急情况的潜在后果有深层次的了解)的术中 NTS 似乎更容易退化。NTS 退化是外科研究中很少受到关注的领域,但是,整个医学界的不良表现数据通常表明,胜任力丧失与年龄因素有关。

(四) 如愿以偿

态势感知力是良好 NTS 的核心,外科医生会一如既往地沉迷于预期行为的憧憬之中。然而,在手术的相当长时间段内,尤其是在一个手术的常规操作阶段,注意力的放松或分散或许有助于常规操作表现力的提升,引入一定程度的"自动行事"模式。从这种"自动行事"模式转入有目的或有意识的模式需要有足够早的提前识别能力,防止自己或他人(如正在经历该案例培训的规培医生)出现任何不当动作或决策。线索识别(涉及态势感知的所有三步)是外科表现力的一个方面,它同样依赖经验(就是从以前的错误中学习)。同样,在培养低年资外科同道、自己充当低年资医生的手术助手时,至关重要的一点是上级外科医生必须预防"考虑不周"的行为,不能谈天说地闲聊,以免分散规培医生的注意力,因为上级外科医生会错误地认为自己对这种在他眼里"显然是手到擒来的简单任务"不负有责任。如前文所述,外科医生还需要记住,在手术过程的这个阶段(如在切口缝合阶段),手术任务负荷变小,洗手护士的任务负荷变大,不要谈论一些不严肃的或无关紧要的议题分散他们的注意力从而影响他们的工作业绩(如最终的物品点数、为标本贴标签、组织下一个病例的准备工作)。麻醉护士和洗手护士的"肃静驾驶舱"规则与外科医生的"肃静驾驶舱"规则同样应该得到尊重。

第四节　本章小结

迄今，人们尚不清楚非技术技能（Non-Technical Skill，NTS）是否为天生的（不过，需要在出生后通过应用逐渐完善），抑或是通过外科培训过程获得的技能和胜任力。如果是后一种情况，我们还需要搞清楚，在没有直接指导的情况下人们获得 NTS 的速度（迄今为止，很少有规培医生接受过人为因素和 NTS 方面的专门培训，但是，大多数外科医生还是具备了不同的能力水平）。此外，没有人尝试对不同的技能做优先等级排序或权重排序。从直觉上来看，**态势感知力（警觉心）似乎是所有其他类别和要素的核心**。

一旦整个外科界在 NTS 等级评定方面的经验有所积累（这项任务的艰巨性不容低估），那么或许有朝一日在选择外科职业时可以使用这些重要工具。人们的争议焦点是在外科培训计划中纳入一种利用模拟手段遴选外科最佳人才的模式，然后再将模拟培训的重点放在基本动手操作技能方面。或许在 NTS（如态势感知和决策）的评估方面我们需要纳入一种更严格的方法，也就是将沟通与团队协作和领导力作为入选外科培训的基本关卡。

然而，就像"大师级外科医生"的特征是能展示灵巧的动手能力一样，未来几年的主要障碍之一是对认知和社交能力的接纳。将 NTS 纳入外科培训教程是我们向着对认知和社交能力接纳走出的重要一步。

错误比较容易发生在"常规"病例、警觉性下降、"自动行事"占主导地位的情况下。注意力不集中需要主动管控。预测这种手术需要经过的各个阶段，采用"肃静驾驶舱"沟通制度。英国医学界的差评业绩数据报告表明，负面评价最多的是那些"经验老道"的医生，最常见的批评是行为和态度。这表明全体成员的 NTS 获取只是提供高品质医疗所面临的挑战之一，这些 NTS 的保存和保持也很重要。能够在危急情况下做出正确的反应，在面对复杂术中情况时做出合理判断，通过正确的沟通、团队协作和领导力给外科团队的其他成员以鼓励，有利于高绩效团队的形成。

（范　新）

第八章

医疗过错技术鉴定常识

> 人心换人心，八两换半斤。
>
> 你想有一个不漏水的阀，你费尽九牛二虎之力去研发它。但是，真实世界不存在不漏水的阀。你需要做的是明确你对漏水的容忍程度是多少。
>
> Arthur Rudolph

第一节 医疗过错鉴定的目标

医疗损害技术鉴定的依据是真实的书面文件和影像等医学资料，又称文证，因此，请不要随意修改你的医疗文件，否则，你会在法庭上处于不利地位，因为那是伪证！

医疗损害技术鉴定的目标是厘清责任、过错、损害、因果关系以及原因力五个基本问题。其中最核心的、难度最大的是"是否存在过错"。

1. **责任** 当事医生必须有处置该病人的义务。"顺便咨询"就不属于医生该承担的义务。一旦建立了医患关系，当事医生的判断力、医学知识和技能运用能力就应该达到从事同一专业、具有合理胜任力医生所需的水准。这就是通常所说的达到了"标准医疗注意"(Standard of Care，SOC)水准。

2. **存在过错** 以往的判断标准是"是否存在违反医疗卫生管理法律、行政法规、部门规章（除十八项核心医疗制度外，还有不良事件报告制度、非计划再手术审核制度……）和诊疗护理规范、常规的行为（教科书、指南、专家共识）"。条条框框太多了！规则太多就等于没有规则。如今，国际上对过错的界定是SOC。然而，这个SOC的界定往往带有主观意味、存在争议，不同的地域、不同的专家对这个SOC解释也各异。正是所有这些不确定性养活了大批律师，抬高了医疗成本。

我们认为,在一定程度上可以将"把病人当亲人"用作衡量标准注意品质的一种方法。据此,医方是否履行了 SOC,就可以简单地理解为:在相同情景下,如果躺在病床上的是当事外科医生的亲人,这位医生是否会出错(参见本章第二节)。然而,"把病人当亲人"这一准则不能泛推至一切场合,因为在法律意义上这个病人通常不是你这位医生的亲人,例如你没有资格代替病人签署知情同意书。我们还见过一些医疗过错法律诉讼,原因就是熟人或朋友委托医生,医生"好心"为病人省钱、少受罪、图省事……结果"好心办坏事,好心不得好报"。

在把病人送入手术室前,一定要问四个问题:①该病人的诊断是否明确?手术适应证是什么?"适应证越小,并发症就越大。"②与适应证相匹配的术式选择是否正确?③该病人的全身情况能否承受拟定的术式(有无手术禁忌证)?如果答案是"否",替代术式是什么?④现在是这个病人的最佳手术时机吗?抑或可以在全身情况调整后手术更好?

3. **人身损害**　损害类型通常分两种:经济和非经济。经济损失是金钱问题,如工资损失或医院账单。非经济损失包括疼痛和磨难等主观问题。

4. **医疗过错行为与人身损害后果之间是否存在因果关系**　也就是说病人存在人身损害,并且该伤害是由医疗过错造成的。有些医疗过错不一定与人身伤害后果之间存在因果关系。例如,左下胸部外伤造成脾破裂的病人在 CT 检查时遗漏了单纯性肋骨骨折之诊断,脾切除术后病人因为呃逆发生了切口裂开和左下胸持续疼痛。显然医方存在遗漏肋骨骨折之过失,病人的人身伤害是切口裂开,但是,两者之间不存在因果关系。单纯性肋骨骨折的首选治疗是保守疗法,局部疼痛持续数月是病情转归的自然病程。

病程中出现不理想情况是否为自身疾病发展演变的结果(导致的不良转归),或是无法预料(不能防范)的后果?与医方的医疗行为有无因果关系?

5. **医疗过错行为在医疗损害后果中的原因力**　就是根据医疗常规和医学科学原理及规律,尽可能将医疗过错造成的不良后果量化,同时与疾病本身的后果进行比较,从而科学和客观地判断行为人应承担多大份额(分为完全责任、主要责任、对等责任、次要责任、轻微责任五个层次)。

第二节　医疗过错鉴定秉持的原则

造成一场交通事故的原因可能是司机酒后驾车、注意不够抑或汽车品质问题,这需要交管部门和汽车制造专家做出权威评判,路边目击者和自行车修车匠对事件给出的判断意见都不具有权威性。

人体是世界上最精妙绝伦、最复杂的机器,疾病使得这部机器越加扑朔迷离。这正是一些发达国家在医疗损害的法庭审判中,陪审团需要专家证人出庭做证的缘由。这个专家证人一定是同行专家,不能是其他任何人。本同末异,在我国许多地方的医疗过错司法诉讼法院判决中,其重要参考依据也开始采纳医疗过错技术鉴定意见。通过20多年来参加过的数百场医疗过错技术鉴定,我体会到大多数鉴定组专家对医疗损害鉴定会秉持以下9点原则:

1. 公平正义,不偏袒任何一方　医疗损害技术鉴定不仅需要耗费时间,而且可能存在风险。因为,鉴定结果往往会有一方不满意,甚至医患双方都不满意。尤其在为本地区的一桩医疗过错争议案件做技术鉴定时,你一定会遇到同行被告,你可能会被当地医疗界视为"恶魔",口口相传;你也可能会遇到患方找上门来理论。然而,无论如何,我们的鉴定意见应该尽可能做到不偏不倚,以维护法律的尊严,维护广大民众的利益,最终也是维护医生的利益,促使医疗品质不断提升。

搞清楚我在为谁做事。我参加过一些民间医疗过错鉴定机构组织的鉴定,这些机构使用的也是统一的医生专家库。在我看来,这些机构或多或少都存在一些"利益冲突"。他们中个别鉴定人会千方百计地让你顺从他们的意愿,说一些违背良知的分析意见,我会正告他们"恕难从命",因而,我经常会与这些人不欢而散,但是,我内心非常踏实、坦然。

2. 事必躬亲,全面仔细研读鉴定材料　就像做任何一例外科手术(无论大小)前,外科医生都习惯于自己询问病史、做体格检查、阅读影像片、复习辅助检查报告,不放过任何可疑的蛛丝马迹一样,在做医疗过错技术鉴定前,同样需要对送审材料做全面深入的查阅,不能只看患方的起诉意见和医方的答辩意见,或病情进展时间节点简图。有时,关键信息恰恰藏匿在病历资料之中,甚至医患双方都未能察觉。例如,外科急腹症或创伤病人往往都伴有容量不足,有些处于临界失代偿性休克状态,病人表现为心率快,但血压正常,加上临床医生对这种休克代偿期的表现未加关注,未监测尿量,未观察意识和肢端皮温变化,结果病人因容量复苏不当出现血尿素氮和血肌酐值升高。医生又在未鉴别其原因是肾前性抑或肾性(未监测尿比重,更谈不上监测尿钠或尿渗透压)的情况下诊断为肾损伤或肾衰竭,进一步限制补液,甚至大量使用襻利尿剂,最终病人死亡。这就需要鉴定专家仔细核查医嘱、计算输液量、计算血尿素氮与血肌酐值比值(参见本章第三节"案例分析")。

3. 认清自己的专业界限,不越俎代庖　医疗损害鉴定往往涉及多个专科,如麻醉、胸外科、普外科、妇科、消化科等。一定要坚持就本专业范围内的问题给出严谨的判断意见，避免就个人所在专业之外的问题口若悬河、夸夸其谈，以免贻笑大方。

4. 对过错进行大概分类　是知识或技术过错、行为过错抑或是制度"毛病"（当然许多过错都可以归结为制度出了"毛病"）。行为过错很常见，也很复杂，还可以按照外科医生的非技术技能分类法（表7-2）进一步分类。当需要对一起重大意外事件做医事法学分析时，它可以作为一种诊断工具使用。

现在有一种趋势，人们总是把目光盯着"不作为"，但是，关注"过度治疗"所引起恶果的人则少之又少。

5. 换位思考评判过错　把自己放到案例的场景中去，设身处地地考虑问题——如果我是当事医生，在当时的医疗条件和技术水平下，我会如何处置？我是否会犯同样的错误？从而判断当事医生的所作所为是否符合SOC。

行为规范模式是一组用来衡量医生提供医疗服务品质的独特参数。所谓行为过错认定，也就是医方是否履行了SOC义务。SOC是指在相同情景下、同一医学专科、另一位理性（reasonable）医生的所作所为。如果当事医生所采用的注意度和技能未能达到同一医学专科其他医生在相同情况下会采用的注意度和技能——不达标，就被认为存在医疗过错。SOC要求的是本专业普通从业者所处的水平，强调的是平常人用平常心做平常事。不要求医生是一名非凡预见者，也不要求"超一流"的技巧；但又不是平均水平，平均水平意味着行业中有半数人"不达标"。然而，与因果关系的认定相比，SOC的界定往往存在难度，需要更丰富的专业经历。美国各州对专家证人的要求不一。一般来讲，为因果关系出庭做证的医生在该专业临床上花费的时间在总工作时间中可以不足50%，但是，为SOC出庭做证的医生要求他们在该专业临床上花费的时间占总工作时间的50%以上。不过，即使是久经沙场的老专家，SOC的判断往往依旧存在难度。例如，一名78岁的老妪因上腹疼痛3天住院，尽管血压正常，但病人烦躁、心率140次/min、四肢冷。考虑存在腹膜炎和休克。这种病人是立即送手术室抑或做一段时间的积极体液复苏后再手术，见仁见智。

有一种简单的评判SOC的方法，那就是：在相同的医疗背景下，当病榻上躺着的是当事医生的亲人时（当事医生的父母、妻子或儿女，甚至可以是当事医生本人），当事医生是否会犯同样过错。"把病人当亲人"就是SOC。凡符合SOC的就被认定为不存在行为过错（但可能存在知识或技术过错，甚至制度过错）；而未达到SOC的举止就可以被认定为存在行为过错。这与医疗事故分类中的责任事故貌似相似,但是,医疗事故中的责任事故强调的是"存在违反医疗卫生管理法律、行政法规、部门规章和诊疗护理规范、常规的行为",它要求医生严格执行法规和行规,而行为规范要求医生全心全意、认真仔细、"把病人当亲人"。

6. 审慎对待 SOC　参与医疗损害鉴定的专家一般都是高级技术职称的专家。不夸张地说,我自认为是一名工作勤勉、临床经验丰富、理性的外科医生。在阅读寄送的鉴定材料和现场听证后,如果我这位从事普通外科 50 多年的医生对当事医生的行为举止是否符合 SOC 都无法立即做出判断,就很难要求当事医生(甚至是青涩的年轻医生)做出正确判断或正确选择,换句话说,就可以认为当事医生采用了 SOC,不存在过错。

要知道,在美国法庭审判中,法律要求陪审员只能采用庭审中呈现的事实,不允许陪审员利用互联网或当地图书馆对案件做额外探究(参见第二十三章第五节)。在我看来,为了判断 SOC"是否达标",专家组成员应该根据寄送的鉴定材料和现场听证直接给出自己的独立鉴定意见,不应该去查阅参考相关专业文献或交头接耳协商。

7. 在医患双方面前,不做评论,更不做带感情色彩的评论　鉴定会的目的是给出鉴定意见供法官裁决参考,既不是学术研讨会,更不是批评会、审判会。我们的任务不是赢得辩论,而是准确地解释案件中发生的事情并对医方所提供的注意义务是否"标准"给出意见。

8. 真诚坦荡面对真相,尊重现实,不做推断　给出的所有意见都应"在合理的医疗确定性范围之内"。对不知道的事,或者没有人知道的事,不妄加猜测。就像在实验中制作标准曲线一样,只在实测的范围内画曲线,绝对不能对曲线做推测延伸。

9. 关于出庭做证　医患双方往往会对鉴定结果不满意,此时,其中一方或双方就会要求鉴定专家出庭做证。

对出庭做证的医学专家来说,其主要职责是就案件所涉及的临床问题向法院提供独立意见,帮助法院对属于该专家专业领域的问题做决定。出庭专家的任务是厘清案件事实,对所提出的问题进行分析思考,根据自己的经验和资格对临床问题形成分析性的、客观的、公正的准确意见。出庭做证应该遵循如下基本原则:

(1) 在我们国家设立鉴定专家组鉴定的体制下,出庭专家代表的应该是专家组的综合意见,不是出庭专家的个人意见。

(2) 穿着得体,注意你的肢体语言——不要把手放在一起,不要触摸你的脸,不要交叉你的手臂,不要向后靠在椅子上。

（3）不要在下夜班后出庭做证。出庭做证犹如参加执业医师资格考试或马拉松赛：良好的睡眠至关重要。你只有在身心上处于赛前最佳状态，才能应对费尽心机的脑力劳动。与参加考试不同，你还必须处于情绪游戏的最佳状态，不能慌张或生气。例如，在做证时，通常会有法庭书记员记录你的话，但很少会有摄像师。书记员不会描绘情绪的外表流露——我曾经遇到过一方的律师脸红脖子粗，在席位上大喊大叫，唾沫星满场飞，以至于我以为他可能会跳过来对我进行人身攻击。几周后，当我读到我的证词时，这些都没有出现在印刷品中，我意识到他的情绪爆发是一个聪明演员的表演，试图让我失去平衡并恐吓我。当你在做证时，你开始感觉到自己的情绪失控使得逻辑思维模糊时，可以要求休息一下——每个篮球教练都知道适时暂停的价值。

（4）准备面临窘迫场面。你会愿意出庭做证吗？有些医生面对咄咄逼人的连珠炮式的盘问甚至公开的诋毁，依旧可以泰然自若，但是许多医生不能。如果你在面对言语逆境时思维崩溃了，那么遭受伤害的是自己。我有30多年在大学的授课经历以及在大型学术活动会议上作报告的经历，公开演讲是轻车熟路。尽管如此，当我在法庭上做证时，在法官、陪审员和旁听观众面前受到一方律师拷问时，依旧会感到有压力，有紧张和焦虑感。

（5）直面回答问题，答题要简洁，不要扯东扯西，不要推测。要自信，但不要自大。你需要显得放松和诚实。如果你给人的印象是自大或自鸣得意，那么你既不讨人喜欢，也不可信。

（6）一定要保持前后一致。一旦法庭要求你出庭做证，你的话将被永久记录下来。一个好的律师会从你既往做证的任何类似案件中寻找法庭文件，了解你之前说过的话。如果你自相矛盾，那么律师会让法庭知道——最好的情况是陪审员认为你不可信，最坏的情况是法官会认为你犯了提供伪证罪。

第三节 案例分析

案例1

病情简介：男性，44岁。7月30日20:00因880吨运输船尼龙缆绳断裂，击打病人右上腹部致外伤。22:33县医院全腹CT平扫：右侧第7～10肋骨骨折，肝下缘及右侧升结肠周围积液伴血性密度影（肝挫伤可能）……7月31日01:02因"外伤5小时"至甲医院（某大学附属医院）急诊抢救室。口渴。P 119次/min，BP

160/100 mmHg,GCS 15 分。全腹平,右上腹压痛,无反跳痛及肌紧张。WBC 14.41×10⁹/L,N 0.829,Hb 134 g/L,AST 182 U/L,ALT 124 U/L。全腹 CT 平扫+增强:肝右叶局部低密度影,考虑肝局部破裂伴周围、腹腔积液积血;右侧第 7~10 肋骨骨折;右侧髋部软组织挫裂伤。诊断:多发肋骨骨折,肺挫伤,肝破裂,外伤性肠穿孔,腹腔积液,多处软组织挫伤。禁食,止痛,输液。10:10 P 106 次/min,BP 122/80 mmHg,烦躁,右腹压痛,无反跳痛。腹部超声:腹盆腔积液,较深处前后径为 27 mm。诊断:肝挫裂伤。继续保守治疗。15:40 病人诉腹痛加重,P 120 次/min,BP 110/72 mmHg。腹平,未见胃肠型及蠕动波,触诊全腹压痛,右下腹为著,肌卫可疑,无反跳痛,叩诊鼓音,移浊不配合。WBC 9.39×10⁹/L,N 0.814,Hb 127 g/L,TBIL 28.9 μmol/L,ALT 171 U/L,AST 249 U/L。继续保守治疗。22:00 由于医院床位已满,转入分院。8 月 1 日 00:40 因"船绳绊倒后胸腹部疼痛 28 小时"入住乙医院(该大学医院分院)。入院查体:T 38.6℃,P 140 次/min,R 30 次/min,BP 159/99 mmHg,平车推入病室,言语流利,病容痛苦,神志清楚,查体合作。全身皮肤黏膜正常。专科情况:腹平,右上腹部压痛明显,反跳痛,可见右侧腹部及腰部多处皮肤及软组织损伤,右髋部可见皮下淤血面积大小约 8 cm×8 cm,四肢活动自如,腹部呈弥散性压痛。导尿管在位固定通畅,小便颜色呈浓茶样。入院诊断:右侧多发肋骨骨折,肝右叶挫裂伤,胸腹部闭合性损伤,右肺挫伤,十二指肠挫伤?多发伤。诊治计划:心电监护、吸氧、抗炎、制酸、止血、镇痛、补液扩容,病重通知。9:00 某主任医师查房记录:建议病人继续进行临床抗炎、制酸、止血、止痛、镇静、补液扩容等对症治疗。10:50 WBC 0.99×10⁹/L,N 0.70,Hb 127 g/L,PLT 171×10⁹/L,Urea 10.42 mmol/L(参考值 1.7—7.3),Cr 163.9 μmol/L(参考值 44—120)。13:00 主治医师查房记录:目前临床除心率偏快外其他心电监护数据基本正常,告知病人家属检查结果和病情危重程度及风险。15:00 抢救记录:13:30 左右突然出现心跳呼吸停止,立即给予心肺复苏抢救措施。先给予(肾上腺素 1 mg+阿托品 0.5 mg+利多卡因 0.1 g)静脉推注,同时给予持续呼吸机辅助呼吸、胸外心脏按压等心肺复苏抢救措施;5 min 后呼吸心率及动脉搏动未见复苏迹象,再次给予上述复苏药物 1 个剂量静脉推注,持续进行气管插管辅助呼吸,胸外心脏按压等心肺复苏抢救措施。抢救过程历时 90 min,无心跳呼吸及动脉搏动,心电图呈一条直线。伤后 43 小时病人死亡。从入院直至死亡共计 15 个小时,医嘱中输液总量约 2 000 mL。护理记录"病人心率一直>110 次/min,无尿量记录;入院后病人烦躁(无口渴情况记载);12:00 SpO₂ 90%,呼吸 32 次/min,此后 SpO₂ 逐渐下降,呼吸逐渐增快,直至死亡"。病人家属:病人伤后最显著的症状是严重口渴,但是医生说不能喝水和进食。

法医尸体解剖病理学诊断:胸腹部闭合性损伤:右腋下条状皮肤擦伤,右季肋部软组织擦挫伤及右下腹部至右髋软组织擦挫伤,右侧第5~12肋骨于腋中线骨折伴肋间肌出血,肺脏挫伤,胸腔积血(左侧150 mL,右侧300 mL),心包挫伤,膈肌破裂,肝右叶嵌顿、挫伤,回盲部肠挫伤及系膜损伤、破裂,大网膜局部破裂,右肾脂肪囊巨大血肿,腹腔积血(600 mL)。死者符合因严重的胸腹部损伤并发腹膜炎致呼吸、循环功能衰竭而死亡。

分析意见:

甲医院输液量不足:入急诊室时和入急诊室后病人严重口渴,心率一直在100次/min以上,提示病人存在容量不足,医方没有监测病人的容量变化(如尿量、尿比重和补液试验等),23小时总输液量3 500 mL。

乙医院同样存在输液量不足:病人入院时心率140次/min以上,尿色呈浓茶样(有尿常规检查医嘱,未见报告),提示病人存在容量不足,入院后合计输液量仅2 000 mL,没有容量监测(如尿量、尿比重和补液试验等)。血尿素氮29.19 mg/dL(10.42 mmol/L):肌酐1.85 mg/dL(163.9 μmol/L)=15.77(>15∶1,正常值为10~15∶1)提示肾前性氮质血症。此外,病人入院后血白细胞0.99×10^9/L,医方未引起注意。

因果关系分析:除外伤疼痛外,该病人的主要临床表现是心动过速和尿色深,后期表现为呼吸快。法医病理学鉴定意见书未提示病人存在空腔脏器破裂弥漫性腹膜炎,胸腹腔总计积血约为1 050 mL,右侧第5~12肋骨(8根肋骨)骨折的血肿内出血约1 000 mL(每根肋骨骨折出血100~150 mL,肾包膜血肿)。总出血量约2 000 mL,在禁食、补液不足的情况下有可能导致低血容量性休克;该病人死亡的主要原因是ARDS,ARDS的原因是多因素的,包括创伤和休克。此外,病人的血红蛋白浓度与出血量不符合,也提示血液浓缩(输液不足)。

无独有偶,请看案例2。

案例2

病情简介:男性,28岁,6月20日10:18因"反复右上腹疼痛伴巩膜皮肤黄染1周"入住甲医院(三级医院)普外科。腹部超声:胆囊结石,胆囊炎;肝内胆管未见明显扩张。入院查体:T 36.5℃,P 78次/min,R 18次/min,BP 123/84 mmHg。180 cm,78 kg。入院诊断:阻塞性黄疸,胆囊结石伴慢性胆囊炎,银屑病。6月21日WBC 5.58×10^9/L,N 62.4%,Hb 171 g/L,PLT 245×10^9/L;ALT 628 U/L、AST 343 U/L,GGT 1 286 U/L,TB 154.5 μmol/L,DB 129.7 μmol/L,TP

70.0 g/L、ALB 47.3 g/L、Urea 2.6 mmol/L、Cr 65 μmol/L、血 AMY 44 U/L。6月22日在全身麻醉下行内外科联合手术(ERCP+EST+ENBD+腹腔镜胆囊切除术)。术后处理:控制胰酶分泌(生长抑素 3 mg,IV gtt,q12h)、退黄(多烯磷脂酰胆碱、丁二磺酸腺苷)、增强免疫(人免疫球蛋白、胸腺法新)。当日术后输液总量2 200 mL,尿量1 850 mL。6月23日拔除导尿管。ALT 773 U/L、AST 392 U/L、GGT 1 165 U/L、TB 97.6 μmol/L、DB 70.1 μmol/L、TP 70.2 g/L、ALB 46.7 g/L、Urea 4.8 mmol/L、Cr 64 μmol/L、血 AMY 768 U/L(参考值0～200)。12:45 T 38.4℃,P 119 次/min,R 21 次/min。15:20(08:35采样)尿比重>1.030。16:10(15:35采样)尿比重1.020,酮体2+。21:05 P 140 次/min。21:25 今日14.5个小时尿量200 mL,浓茶色,留置导尿管,托拉塞米20 mg 静脉推注。22:30 呋塞米40 mg 静脉推注。22:49 病人满头大汗,P 154 次/min。请心血管科会诊,测血BNP正常。6月24日04:49(04:11采样)Urea 11.11 mmol/L(参考值2.5～7.4),Cr 125 μmol/L(参考值44～120),虚汗,水样便3次。诊断为重症胰腺炎。09:52 T 40.0℃。胸腹部CT:考虑胰腺炎,胰周脓肿形成,腹盆腔积液;胆囊术后,右侧少许胸腔积液,右肺纤维条索影。病重,转入ICU。抗生素改为亚胺培南西司他丁钠(泰能)联合替考拉宁。12:46(6月23日14:48采样)血 AMY 1 088 U/L。12:46(6月23日22:22采样)Urea 13.4 mmol/L,Cr 190 μmol/L,血 AMY 2 244 U/L。病人持续腹痛、腹胀、无尿。6月24日14:00 转至乙医院。出院诊断:阻塞性黄疸,胆总管结石,胆囊结石伴急性胆囊炎,急性重症胰腺炎,休克,全身炎症反应综合征,银屑病。

6月24日15:53因"胆囊切除术后发热腹痛腹胀腹泻少尿2天"入住乙医院(某大学附属医院)ICU。入院查体:T 36.8℃,P 158 次/min,R 20 次/min,BP 90/65 mmHg。神志清,精神萎。全身皮肤巩膜黄染,全身散有大小不一的红斑。有鼻胆管引流管1根,腹腔引流管1根,导尿管1根。心脏和双肺听诊未发现异常。腹部膨隆,上腹痛腹胀,有压痛,无反跳痛,肠鸣音未闻及,肝肾区叩击痛阴性。入院诊断:重症急性胰腺炎;胆囊切除术后,肺部感染,肝功能不全,急性肾损伤,休克,肠道感染,银屑病。告病危。处理:心电监护,禁食,放置空肠营养管,补液扩容,抑酸抑酶,亚胺培南西司他丁钠(泰能)抗感染,解痉止痛,保肝,白蛋白、血浆输注,小剂量去甲肾上腺素维持血压,艾司洛尔控制心室率,维持水电解质平衡,肠外营养支持,持续床边CRRT(肌酐高,少尿,全身炎症反应严重)。16:24 WBC 17.19×10^9/L,N 83.7%,PLT 222×10^9/L,Hb 152 g/L;尿比重≥1.030;TB 85.25 μmol/L,ALT 176.2 U/L,AST 328.5 U/L,ALB 30.6 g/L,Ca^{2+}

1.04 mmol/L,Urea 17 mmol/L(参考值1.7～7.3),Cr 294.3 μmol/L(参考值44～120)。6月25日床旁超声心动图检查未见明显异常。14:20入院15小时总入量5 150 mL,总出量1 170 mL(尿量100 mL)。P 134次/min,SpO_2 96%,BP 131/94 mmHg,CVP 7 mmHg,腹内压22 mmHg。AST 98.7 U/L,ALB 33.9 g/L,Ca^{2+} 1.23 mmol/L,Urea 17.3 mmol/L,Cr 300.3 μmol/L,尿比重≥1.030。在超声导引下行左下腹穿刺引流,抽出暗红色不凝液体。腹水常规:有核细胞计数43 494×10^6/L,李凡他试验阳性。腹水生化:AMY 7 810.0 U/L,LDH 5 513.6 U/L,ALB 29.30 g/L。两侧胸腔及腹腔分别放置引流管引流出暗红色浑浊液体。6月26日前24小时总入量5 098 mL,总出量3 090 mL(尿量120 mL)。P 130次/min,SpO_2 100%,BP 158/94 mmHg,CVP 8 mmHg。Urea 13.7 mmol/L,Cr 255.0 μmol/L。胸腹盆CT平扫:急性胰腺炎改变;腹腔积液;两下肺感染;两侧胸腔积液。6月27日前24小时总入量4 907 mL,总出量3 917 mL(尿量65 mL)。APACHE Ⅱ 13分。死亡率24.6%。6月28日前24小时总入量4 255 mL,总出量4 973 mL(尿量50 mL,鼻胆管引流200 mL)。6月29日前24小时总入量4 552 mL,总出量4 393 mL(尿量45 mL)。6月30日前24小时总入量3 118 mL,总出量3 993 mL(尿量30 mL)。P 133次/min,SpO_2 99%,BP 118/77 mmHg(小剂量去甲肾上腺素)。WBC 31.96×10^9/L。7月1日前24小时总入量3 536 mL,总出量5 029 mL(尿量20 mL)。7月2日前24小时总入量4 239 mL,总出量5 213 mL(尿量100 mL)。P 134次/min,SpO_2 98%,BP 142/77 mmHg(小剂量去甲肾上腺素)。WBC 36.34×10^9/L。加用卡泊芬净(科赛斯)抗真菌治疗。胸腹盆CT平扫:胆囊切除术后改变;急性胰腺炎;腹腔积液;两下肺感染;两侧胸腔少量积液,均较6月26日吸收。7月3日前24小时总入量4 294 mL,总出量6 354 mL(尿量80 mL)。7月4日前24小时总入量3 095 mL,总出量5 661 mL(尿量30 mL)。P 99次/min,SpO_2 98%,BP 122/74 mmHg(小剂量去甲肾上腺素)。WBC 32.28×10^9/L。因病情无好转11:15转院至丙医院。出院诊断:急性重症胰腺炎,腹部筋膜室综合征,肺部感染,急性呼吸窘迫综合征,胸腹腔积液,腹腔感染,肾功能不全,肝功能不全,银屑病。

7月4日16:00因"上腹疼痛不适12天"入住丙医院(某三甲医院胰腺炎中心)ICU。入院查体:T 37.5℃,P 149次/min,R 40次/min,BP 127/73 mmHg。急性面容,呼吸急促,自动体位,推车入病房,神志清晰,语调降低,皮肤黄染。腹部见数片皮肤瘀斑。腹部膨隆,腹壁见数个2 cm大小手术瘢痕,左、右下腹两根引流管在位,有淡黄色液体引出。上腹部压痛,未及反跳痛,肠鸣音消失。腹内压18 mmHg。

WBC 31.4×10^9/L,N 94.4%,PLT 261×10^9/L,RBC 2.36×10^{12}/L,Hb 74 g/L,尿比重1.020。T3 0.16 nmol/L(1.01～2.48),T4 30.68 nmol/L(71～161),FT3 2.14 pmol/L(3.8～6.5),FT4 8.2 nmol/L(7.9～17.2),TSH 0.21 mIU/L(0.49～4.5)。入院诊断：重症急性胰腺炎(危重型),急性胰腺坏死组织感染伴出血,脓毒症休克,多脏器功能衰竭(凝血功能障碍、ARDS、AKI、急性肝损伤),腹部筋膜室综合征,血气胸？腹腔积液,胆囊切除术后,ERCP＋EST＋ENBD术后,银屑病。处理：气管插管、机械通气、右侧胸腔闭式引流、CRRT、抗感染、抑酸、液体复苏(去甲肾上腺素6 μg/min维持血压)、肠内外营养支持、穿刺引流、灌肠通便、内镜下坏死组织清除术。7月5日腹内压18 mmHg,尿量165 mL,体液正平衡1 173 mL。7月6日腹内压16.5 mmHg,尿量130 mL,体液正平衡3 200 mL。7月7日腹内压24 mmHg,尿量250 mL,体液正平衡2 600 mL。8月14日病人因重症急性胰腺炎(危重型),急性胰腺坏死组织感染伴出血,脓毒性休克,多脏器功能衰竭(凝血功能障碍、ARDS、AKI、急性肝损伤,腹部筋膜室综合征)而死亡。

分析意见：

甲医院在容量处理方面的过错：6月23日输液总量4 400 mL(早晨输液2 200 mL,23:10后追加2 200 mL),尿量60 mL。错误地优先考虑心源性心动过速,在21:25和22:30分别使用襻利尿剂。23:00 ICU会诊建议补液扩容。尽管追加输液后病人的尿比重从15:20(08:35采样)尿比重＞1.030,至16:10(15:35采样)尿比重1.020,酮体2＋,医方没有结合病人的少尿、脉率快、5次血细胞比容都＞50%(最高达54.7%,提示血液浓缩)做全面的容量状况评估(如补液试验、中心静脉压、PiCCO、超声监测心室容积或下腔静脉变化),未能继续增加容量不足的补充；此外,也没有做肾功能评估(利用尿钠和尿肌酐在肾前性氮质血症与肾性氮质血症之间对少尿做鉴别分析)。

乙医院在容量处理方面的过错：该病人入乙医院ICU后一直处于少尿或无尿状态,病历中未见医方对病人少尿的原因(肾前性抑或肾性)进行鉴别分析,这种鉴别极为重要,原因是它涉及的是截然相反的两种液体治疗处置策略。鉴别诊断的结果可能有三种：①确诊为"肾性"少尿——无法做积极体液复苏,治疗方案无需更改。②由于肾前性与肾性少尿的鉴别偶尔会十分困难,临床情况错综复杂或检查结果存在矛盾,依旧无法做出明确鉴别诊断——治疗方案或许也无需更改。③确诊为"肾前性"少尿——需要做积极体液复苏,而不是采用"体液负平衡"处理策略,或许可能改变该病人的病程走向和最终结局。因此,做鉴别诊断是对"肾前性"少尿的病因诊断体现SOC的一个方面。6月24日16:58和6月25日12:00两次尿比重≥1.030［血尿素氮 47.6 mg/dL（17 mmol/L）：肌酐 3.33 mg/dL（294.3 μmol/L）＝14.3∶1（＜15∶1）］，尽管这两天体液正平衡分别为 4 000 mL 和 2 000 mL，貌似输液量不少，但是，还需要考虑到病人体重 78 kg、高热等炎症状态体内外非显性丢失，之后一直未测定尿比重，更没有尿钠和尿肌酐测定［无法计算滤过钠排泄分数（FE_{Na}）和尿渗透压］，没有监测病人体重，没有补液试验下的动态 CVP 变化（尽管腹高压时 CVP 数值参考价值有限，动态观察依旧有其价值；更没有 PiCCO、超声监测心室容积或下腔静脉变化）记录。6 月 26 日 CVP 5～18 mmHg，体液出入正平衡 1 000 mL；6 月 27 日和 6 月 28 日 CVP 5～6 mmHg，体液入出量持平；6 月 29 日后维持体液负平衡 2 000 mL 左右，病历中都缺少限制输液的依据和讨论记录。鉴定专家认为医方对病人容量和肾功能评估方面重视程度不够，对一所大学附属医院的 ICU 医生来讲是 SOC 不达标。

第四节　本章小结

> 适应证越小，并发症就越大。把病人送入手术室前要逐一回答下面三个问题：
> - 手术适应证是什么？
> - 如果这个病人有手术适应证，与适应证相匹配的恰当术式是什么？
> - 病人能承受拟定术式吗？如果不能，替代术式是什么？

当代瑞典外科医生 Per-Olof Nyström 说："外科手术是法治社会最具风险的活动。"每个人从出生后就走向死亡，医生治病救人的成功率受这种自然规律的限制很大。此外，人非圣贤，孰能无过。鉴定专家应该对所提供的文证资料认真阅读、分析，通过换位思考，按照"平常人用平常心做平常事"科学、专业、公正地衡量 SOC 达标问题，既不袒护，又不吹毛求疵、苛刻要求。

最理想的方法是每位与会专家在正式参加鉴定会前完成一份初步的书面《独立意见》。专家组成员通过现场听证并综合各位与会专家的独立意见形成一份最终《合议意见》（《医疗损害鉴定意见书》）供法院或相关机构裁决时参考。

（石　欣）

第九章

社区医疗与初级卫生保健

> 吾生也有涯,而知也无涯。
> "德"不近佛者不可为医,"术"不近仙者不可为医,"法"不进修者不可为医。

世界卫生组织对初级卫生保健(primary care)的定义是"一种由经过适度培训的工作人员队伍提供的、适用于全社会的、人人都能享受的、科学的、第一级的卫生保健,它有完整统一的转诊系统支持,优先考虑最需要的人,最大限度地促进社团和个人通过自我能力参与进来,并且与健康促进、疾病预防、社区病人护理、健康权益维护和社区发展等其他部门通力合作"。

在许多国家,初级卫生保健属于以人为本的综合卫生保健体系,为病人进入医疗保健系统提供了一个入口,直接影响到人民的福祉和人们对其他医疗卫生资源的使用。不安全的或效率低下的初级卫生保健会增加并发症发生率以及可预防性死亡率,可能会导致不必要的住院和不必要的专科资源占用,某些情况下,还可能导致残障甚至死亡。

病人安全是指在医疗保健过程中没有对病人造成可预防性伤害,同时将与医疗保健相关的不必要伤害的风险降低至可接受的最低限度。可接受的最低限度是一种全方位理念,它要求兼顾现有的知识水平、资源条件并对拟行疗法的风险与不治疗的风险或其他疗法的风险进行权衡。这是高品质医疗最基本的先决条件。

以前,关于病人安全的研究都侧重医院层面。因为在许多医疗保健系统中,占主导地位的是医院医疗,人们认为医院是发生最严重事件的场所。

多年来,初级卫生保健一直被看成是一种低技术需求的层次,不存在安全问题。然而,英格兰的研究数据表明,90%的寻医问药发生在初级卫生保健层面,每天向全科医生咨询的病人数超过75万。在初级卫生保健机构就诊的病人中,安全事件的发生率是每10万例5~80起,也就是说,每天有370~600起安全事件。鉴于此，病人安全以及初级卫生保健层面病人的可预防性伤害正成为一个日益严重的问题，因为初级卫生保健层面的就诊量在医疗保健界最大。更何况在我们这个人口众多的大国。

近年来，与二级保健相比，基于初级卫生保健领域的研究越来越多，这些研究具有不同的特征。由于缺乏证据基础，尝试对初级卫生保健领域的医疗过错和可预防性不良事件进行分类已经被证明并不容易，也无法做可靠的量化。我们对哪些疾病最容易误诊，哪些诊断步骤最容易出错知之甚少。文献上的数据大多数来自对医疗过错索赔诉讼或医生自我报告材料的调查研究。这些研究显然会存在偏倚，因此很难说这些研究结果就代表了日常临床上的真实情况。

许多国家已经实施了减少可预防性伤害或"不允许事件"的战略，"不允许事件"的定义是"如果医护人员采取了有条件实施的可预防性措施，就不会发生这种在很大程度上是可以预防的严重病人安全事件"。2014年，De Wet发表了一篇基于全科医疗情况下的"不允许事件"目录清单，确定了8个大项（病人身份识别错误、不作为、辅助检查、用药、医事法学与伦理事件、临床管理实践系统、团队协作和沟通）。对列表中"不允许事件"的识别和监控的难点是由全科行医的特定背景所决定的。

第一节　初级卫生保健的特点

Marshall Marinker将全科医生的角色描述为"尽可能减少风险"，这与专科医生迥然不同，专科医生的诊断角色是"尽可能降低不确定性"。换言之，**有些任务对全科医生来讲往往难如登天**，例如，有些临床症状对大多数病人来讲不会是严重疾病的表现，但是，对少数病人来讲确实是严重疾病的表现。要求全科医生把这一小部分病人识别出来确实有点勉为其难。

初级卫生保健机构的病人可能会患有多种病症、需求复杂（既有社会需求，也有医疗需求），并且许多临床情况会与医护人员有频繁互动。全科医生面临着一系列的挑战——行医场合是特定的初级卫生保健条件，基本要求是在就诊时间有限的情况下提供最佳疾病管理以及以病人为中心的医疗服务。初级卫生保健医疗中会遇到的疾病五花八门，要求初级卫生保健医生全面掌握并依从指南行事（特别是那些经常更新的指南）似乎不切实际。

研究表明，由于性别、种族或社会经济差异，对患有同一种疾病的病人会出现诊疗不当,病人安全方面的不良事件更可能发生在一些比较脆弱的社会人群。美国的一项研究证实,在初级卫生保健层面,与男性和白人病人相比,女性和非裔美国人更可能发生诊断不当、治疗不当或转诊不当。

高品质医疗和安全诊疗应该是所有病人都可以公平享受的服务,我们需要进一步研究,将病人的性别、受教育程度、种族和社会经济状况的数据与重大事件登记数据做比对研究。

第二节 不良事件的流行病学

初级卫生保健伤害最常用的识别方法包括工作人员自我报告、对现有数据库进行分析、手工法或自动法审核病人记录、要求专业人员或病人回忆过错。这些方法大多存在潜在偏倚。

此外,大多数已发表的关于初级卫生保健层面的医疗过错的研究都发现错误报告方法,对医疗过错类型(发生率、严重程度或可预防性等)和来源(评估、法律报告或医院转诊等)的定义和分类存在多种差异。

全科医学诊疗中的不良事件发生率约为1%~2%,其中45%~76%是潜在可预防性事件(potentially preventable event)。在所有不良事件中,据估计有4%~7%是严重伤害(导致永久性伤害,如残疾或功能障碍、死亡等)。

许多研究把安全事件分为三类:管理与沟通事件、诊断事件以及处方与用药事件。

一些研究估计,至少有6%的病人存在管理事件。这些事件大多与文档不完整(编码/记录保存)、无法调阅、不清晰或不正确等问题,未正确监测实验室结果(例如对复诊开药病人未再次做血液检查或者做了检查但未注意查看结果)或专业人员与病人之间的沟通不足(例如慢性病的转诊路径)有关。由于没有电子病历,欠发达国家有很高的文件错误率,而在发达国家,据报告这种错误率就比较少。

在所有病人安全相关事件中,4%~45%是诊断事件。常见的诊断事件是误诊或漏诊,这些事件的影响可能需要数月至数年才会显现出来。将呈现出来的症状和体征错误地归因于显而易见的诊断可能是一个关键问题,此称知识储备偏倚(表4-3),甚至是锚定偏倚。锚定偏倚是指医生在形成初步印象后倾向于维持这一初始印象。所有既往诊断都会削弱临床医生的2型决策过程(参见第四章第二节)——重新拟定一张恰当的鉴别诊断列表。

据估计,总体处方错误率为3‰~65‰,用药过程的每一步都可能出错,例如开列处方(药名错误、信息错误或用法错误)、转抄处方、配药、施用和监测。老年人发生这些不良事件的风险高于普通人群,在服用药品≥4种的老年人,尤其在那些住在护理院里的老年人当中,这一概率增加至75%。这种高错误率的原因可能与老年人的生理改变、往往存在健康素质差,以及因认知功能障碍滥用药物有关。

第三节 常见错误类型

国际医学界将初级卫生保健领域的伤害来源分为三类:
- 人为因素,如团队协作、沟通、压力和心力交瘁(医生心理层面的一种问题)。
- 机构因素,如报告系统、流程和环境。
- 临床因素,如用药。

(一)临床前错误

临床前错误属于管理错误。在临床前场合,可以根据所涉及的特定胜任力做进一步维度区分:就诊管控错误(时限依赖性疾病因为得不到及时诊疗会有诊断和治疗延迟;自限性疾病立即诊治有过度医疗和过度诊断之风险)、行政管理错误(个人数据表的编制和使用错误;敏感数据的管理与存储错误)、接待问题[在服务台和网络信息层面缺少接待和导医服务,或者服务信息不够清晰明了;旨在为行动不便人士提供服务的建筑硬件元素(如电梯、椅子、舒适的环境)缺乏或存在缺陷,对听觉—视觉—语言有障碍的人士缺乏残障或翻译方面的服务]、初级卫生保健设施便利性相关问题(公共交通工具能否抵达?私人交通工具能否停放?白天或夜间能否提供服务?)、与机构或专业人员建立沟通方面的问题(电话或网络联系的便捷性)。

不去初级卫生保健机构、直接去大医院就诊的病人可能会遭遇诊断或治疗延误——不知道应该找哪个专科挂哪位专家的号,去了一家不恰当的医疗机构带来了可避免性风险(我遇到过一例腋下肿块伴上肢触电感的女病人,在乳腺科专家门诊就诊行"淋巴结"切除活检后出现正中神经损伤表现,病理结果是神经鞘瘤),不当占用资源给其他病人带来了不便或伤害。

(二)临床错误

从前,无论在专业人士眼里还是在公众眼中,临床错误都是病人安全领域的核心错误。如今，人们认为临床错误可能是医疗过错的重要组成部分，但并非最重要的。

通常，初级卫生保健层面的临床错误比高层次医疗场合的临床错误对病人造成的伤害小；此外，初级卫生保健层面的错误后果需要经过一段时间才会显现出来。初级卫生保健层面的临床错误可以概括为下列5组：

第一组错误涉及药物治疗中的处方错误。电子病历（Electronic Health Record，EHR）软件通过自我报警和安全系统可以大大减少药名错误和剂量错误。

第二组错误存在于医生的诊断过程中。该组的错误是指医生在病史采集和体检中缺乏医学知识层面或技术层面的胜任力、医患关系与沟通计划存在错误、对诊断的不确定性缺乏管控并且存在沟通不足、实验室检查和影像检查的申请存在错误。不合理地申请会诊或开列进一步检查项目会让病人面临一些无谓的（有时甚至是有害的）医疗风险：不必要的检查、增加了成本且浪费了时间、健康保健系统和病人资源的过度使用、电离辐射等敏感的具有医源性风险的检查项目以及联系专科就诊。

第三组错误是团队运转失常。团队人员短缺或缺乏领导力都可能导致团队人员之间信息共享、医疗计划共享和共同谋划缺陷，无法对专业人员做任务分配。

第四组错误是诊断延迟和预防延迟，这两者的基础都是缺乏临床胜任力和组织胜任力。例如，晚期糖尿病的足部病变可能是一种典型的诊断延迟——在病变初期未得到诊断，更谈不上精确预防了，甚至在出现糖尿病后未针对糖尿病足做预防。很显然，这些错误问题超出了初级卫生保健的理想界限，因为这涉及近期或远期的个人行为和社会决定因素管控。

第五组错误是预防促进领域的。众所周知，缺少一般预防措施和健康促进活动，某些疾病就会发展。这类错误由预防技能、胜任力、组织技能等几种因素相互交织而成。21世纪的医学必须加强对预防的关注和增加预防资源投入，这样才能有效地将一个应付急性病的组织转变为一个处理复杂问题和慢性病的组织。

第四节 案例分析

案例1——枕戈待旦

病情简介：男性，68岁，其妻子16:00打电话给诊所值班室，说她的丈夫呼吸困难已经有几天了，她很担心。医生要求他当天晚上前来见面就诊。病人在妻子和女儿的陪同下徒步大约一个小时抵达（他家距离诊所约1 500 m）。病人看上去上气不接下气。医生知道这位病人的社会经济状况比较差。他有多种慢性病:患有 2 型糖尿病,在用口服降糖药治疗;患有 COPD 2b,在用长效 β2 受体激动剂(long-acting beta-agonist, LABA)和长效胆碱能受体拮抗剂(long-acting muscarinic antagonists, LAMA)吸入治疗;还有特发性震颤,在用普萘洛尔治疗。医生询问是否伴有其他不适,病人否认有发热,否认受伤,否认咳嗽,否认胸痛。生命体征参数尚可(T 36.3℃, P 75 次/min, SpO_2 97%, BP 130/70 mmHg)。由于该病人属于心血管风险高危人群(既往吸烟史、糖尿病史),值班医生在诊室为该病人做了一次心电图检查。心电图显示 V1、V2、V3 和 V4 ST 段抬高,疑似急性冠脉综合征,请救护车快速将病人送入上级医院急诊室。病人在入急诊室后做了急诊冠状动脉造影和药物洗脱支架置入,然后开始进行抗血小板治疗和心脏康复治疗。

分析意见:病人安全的要素之一是有时间有空间。初级卫生保健组织必须预见到随时有可能面临不测,让自己具备有效反应能力;必须认识到任何时间、地点都会有病人前来就诊,并且能对每种情况做出相应的应急处置。当病人出现了让他们感到惊恐的情况但又不至于迫使他们径直去大医院看急诊时,他们可能希望随时可以来初级卫生保健机构看一次医生。因此,对初级卫生保健机构来讲,随时能为病人提供紧急见面就诊是一项基本职能。提供这种便利需要一种有组织的多学科胜任力,它涉及医生和辅助工作人员(包括服务台)。在白天接听电话可能意味着建立一种服务——不仅在白天有人接听电话,而且有医生与这些有需求的人做互动。

在仪器设备层面,我们会看到能熟练使用医疗诊断设备(如该病例的心电图检查)是医生的一种关键要素——技术要素。就病人的病情而言,医生或许依旧会将该病人送至医院的急诊中心,因为社区医院无条件动态监测肌钙蛋白变化。不过,早期的诊断怀疑让下一步的医疗服务的激活成为可能。

案例 2——可预见性过错

病情简介:在夏季最炎热的日子,83 岁的糖尿病病人张三正处于上周末胃肠炎(上吐下泻了 2 天)的康复之中。他并不担心,因为他的侄儿几天前也出现过类似情况,侄儿告诉过他该如何应对。此外,他还希望更快地减肥,同时把血糖降下来。最近几天,他没有服用其他药物,只服了降压药和降糖药(ACE-I 和二甲双胍)。他感到有些乏力,这几天腰背痛又加重了。在上床前,他服了 3 片非处方止痛药(NSAID)来缓解腰背痛。2 天后,他的疲劳感加重,尿量很少,从午夜开始他几乎没有排尿,甚至将利尿药的剂量加倍也无济于事。忧心忡忡的侄儿让他打电话给社区医生,但张三决定等到下午再去看门诊,不过,他有点犯困就上床睡了,醒来已经到晚饭时间了。他给社区医院打了一个咨询电话。他很疲劳,讲话有气无力。此外,他不相信值班的年轻医生。在电话里,他只是说他感到很疲劳,接电话的值班医生没有进一步了解他还有哪些合并症,也没有询问用药史,就安慰他说这是急性病毒性胃肠炎的正常病程。晚上,张三的情况更重了,他神志不清、极度疲乏、病得很厉害,在出现呼吸困难后,他决定直接打电话叫救护车。入住急诊室后,他被诊断为急性肾损伤。

分析意见:急性肾损伤是一种在数小时或数天内迅速出现的肾衰竭或肾损伤。10%~15%的住院病人存在急性肾损伤。存在急性肾损伤的病人,医院死亡率增加4倍。急性肾损伤的定义是血清肌酐快速升高、尿量减少或两者兼而有之。慢性肾脏病、糖尿病、高血压、冠心病、心衰竭、肝病、慢性阻塞性肺病等合并症是急性肾损伤的危险因素。此外,还有高龄(>65岁)、肾毒物暴露(碘制剂以及非甾体抗炎药、ACE-I、利尿剂等药物)、大手术、脓毒症、液体复苏和容量状态(缺水、大量呕吐、腹泻和发热)等因素。

在本案例中,张三对正在服用的那些药物的副作用并不充分知情,对发热、呕吐或腹泻时应采取的正确措施也不完全明了。每开列一种药的处方,复习该药的副作用、禁忌证和药物交互作用是初级卫生保健门诊不可或缺的组成部分。在门诊期间利用一种工具来监控该步骤有助于避免药物事件。另一个问题还是沟通,无论是电话还是见面门诊,张三都很难与他的初级保健医生就医疗问题获取满意咨询。对不认识的医生缺乏信任感导致他没有将病情和盘托出,同时这位值班医生没有充分了解病人的病情(年龄、合并症等)。这种诊断错误的原因可以归咎于临床胜任力和组织胜任力。病史叙述不全导致医方的诊断未涉及某些实质问题,病情严重程度被低估,伴随而来的是潜在严重危害(需要入住ICU、需要透析,甚至死亡)。一个更有组织的初级卫生保健团队会共享医疗记录,避免误解。

另一个安全要素是,在急诊情况下,危及生命病情的诊断是初级卫生保健层面的一种重大事件。这种场景为多学科团队检查其技能和胜任力、了解是否存在过错提供了一次绝佳的机会。

第五节 安全步骤

病人安全是诊断、开处方、沟通和组织变革四大步骤的主要关注点:

1. **诊断** 全科医生面对的临床症状和体征千姿百态,而且这些病例大多未得到明确诊断,是一种头痛医头脚痛医脚式的医疗。医生的行医方式在很大程度上与个性化需求、偏好和价值观相关。因此，在提升病人安全方面，指南和协议的使用可能会取得一些成功，但作用有限。众所周知，有些做法比其他做法安全，这可能是提升初级卫生保健品质的最佳规范。理论上讲，决策支持工具和（电子）信息系统也有助于提升医疗品质，但是，尚未得到经验证明。但是，许多安全问题可以通过设立制度来克服，例如，在特定情况下采用电脑屏幕上弹出的警示信息、核查弹出框或强制步骤来提醒医生，而不是依靠记忆和惯例。

2. 开处方　开处方是人们研究最多的领域。基于医院的研究表明，使用计算机系统开处方可能会提高处方的准确性。许多计算机 HIS 系统会醒目显示可能存在的药物间交互作用、某些已知个体的药物过敏反应史以及与临床病症相关的相对或绝对禁忌证。问题是，如今的许多 HIS 系统使用警示信息太过频繁，使得许多医生干脆选择"忽略"———一种"狼来了"现象。此外，病人往往不会把服用草药、保健品等辅助用药告诉医生，因为在这些病人眼里它们不属于药物。

3. 沟通　医疗过错的发生原因可以是同事之间缺乏沟通，也可以是医生与病人之间沟通不到位。

HIS 系统可以减少临床医生之间共享临床表现、疗法或过敏等信息。"病人自己保存病历"（最好保存在互联网上）有助于临床医生能够随时查阅所有相关的临床信息，确保初级和二级卫生保健的连贯一致。

不良的医患关系可能会对病人满意度、治疗依从性甚至病人的健康状况（例如漏诊或诊断不正确）产生负面效应。要在第一次见面就诊时就商定好沟通方法，最好让团队成员和就诊服务人员都了解。每次就诊时都应以书面形式对每种疗法进行核查和重新解释。在尊重病人隐私的同时，初级卫生保健团队都应该了解全部临床信息。

4. 组织变化　事件报告制度有助于医疗保健专业人员从错误中吸取教训。拟定制度的领导人应该奖励和鼓励医生报告问题，以便采用特殊措施杜绝此类问题再次发生。搞清楚妨碍制度起作用的因素、对医疗过错采用报告和分析制度、技术的使用以及对安全文化的持续关注会带来初级卫生保健品质的快速提升。如果一家初级卫生保健机构是以团队合作方式组建的，它就应该有能力对那些实际发生的或感知的医疗过错进行分享、分析，然后做必要的组织变革，让病人安全文化更上一层楼。

第六节 本章小结

人们把初级卫生保健层面的病人安全事件看作是一项风险相对较低的工作，不过，约 4%~7% 的错误可能在短期或长期造成严重伤害。大多数这些错误是可预防性错误。在二级医疗保健层面，有针对性的策略已经实施，并且有了报告制度，但是，在初级卫生保健层面，我们的数据有限，世界卫生组织指出迫切需要研究和解决该层面的病人安全问题。如果我们有一个制度性的主动报告制度，就可以针对初级卫生保健层面认定的"错误"、常见错误发生率、严重程度和可预防性以及数据收集方面做更具体的干预。

正如 De Wet 医生所指出的，全科医学层面的病人安全需要"至少在三个方面采取行动：更多的基于证据的病人安全方面的知识、为所需的反思提供时间和空间，以及行医中浓厚的病人安全文化。其特点是出色的领导力、有效沟通以及团队成员相互支持共同学习"。

2019 年，González-Formoso 的研究表明，教育是医疗品质提升的关键支柱，是提升病人安全的最重要因素，尤其在初级卫生保健层面，对住院医师及其指导老师所做的家庭医学教学方面的教育干预是否有效，其评估依据就是上报事件的数字。病人安全培训可提高医疗知识和医疗过程。在全科医学方面，人们还不清楚特定干预措施是否能确确实实地降低伤害，需要进一步的研究核实参与教育干预的专业人员在病人安全方面的行为是否有改变，以及病人的结局是否确实有改变。

（姚　钢）

中篇
医疗过错的防范

第十章

医生被上诉的原因与对策

> 病人心存不满＋不良结果＝医疗过错诉讼。你无法控制不良结果,所以你应该力所能及地减少不满意病人的数量。
>
> 无论你的地位如何,都不要自命清高。纵使你高高在上,也要懂得尊重别人。尊重是一种常识,不应该只是下属对上属、小辈对长辈。尊重,永远都是相互的。

有很多人吹嘘他们避免被起诉的办法。还有许多专门针对该主题的书籍和教程。事实是,没有什么办法能完全避免被起诉。虽然可以做一些事情来降低被起诉的概率,但是从统计学上看,美国大多数医生在他们的职业生涯中至少会被起诉一次。本书的中篇谈一些预防被起诉的要点和建议,这些要点和建议会让你更轻而易举地为诉讼做辩护。

第一节 起诉与过错

1. **病人为什么会起诉医生** 一般来说,病人成为原告,需要满足两个条件:
- 出现了某种并发症,往往是不可预防性并发症,这种并发症在外科医生眼里习以为常,但是,在病人眼里感到出乎意料(因此被视为外科医生存在过失),也就是说结果与病人的期望值相左,这种期望值往往是由主刀医生、另一位病人或媒体创造的;
- 病人和/或其家属气不打一处来——医生态度恶劣、盛气凌人、高高在上。

哪些因素容易让病人不满意?
- 医生的举止看上去对好像对病人的福祉漠不关心。
- 医生对病人(及其家属)表达的关切不耐心倾听。
- 医生对病人不礼貌,对病人讥讽,出言不逊。

- 病人找不到医生。
- 医生目中无人，在病人面前显得高人一等。
- 医生没有花任何时间与病人相处。
- 医生取消了病人预约。预约等待时间太长，在候诊室等待时间很长。
- 病人见到的是该医生代班医生或下级医生，而非该医生本人。
- 病人听另一位医生讲，他们受到的医疗品质很差。
- 病人需要为不良结果支付账单时。同样，当病人因诊断有误而收到巨额账单时，他们也会气不打一处来。有些病人在收到大量检查的巨额账单时会怒火中烧，这些检查仅仅是为了证明没有明显的问题。

2. 不良医疗结果并不完全等于医疗过错　与物理学等学科相比，医学的发展远远未达到精密科学的程度，因此即使提供的是一种出色医疗，也可能有不良后果。如果一个外科医生声称他的手术成功率为95%，这就意味着，从统计学上讲，失败率为5%。5%相当于每100名病人中就有5名不成功。想想全国每天会有多少病人看病，然后做一次数学计算。显然，仅统计数据就告诉我们每天有数以百万计的病人会出现不良结果。换句话说，从统计学上讲，每个医生都会有病人出现不良结果，不能认为出现不良结果的医生都是庸医，也不意味着当事医生存在过错。

如果哪位医生出现不良结果（术后感染、计划外再手术）的数字超过了平均水平，那么就可能需要对这位医生的病历资料做一次同行评议审查，看看是否有提升医疗品质的空间抑或仅仅是运气不佳。如果你正在读这本书，说明你是一名有兴趣力求提升病人安全的医生。因此，你应该竭尽所能地减少不良结果发生的可能性。这意味着要紧跟循证医学（Evidence-Based Medicine，EBM）和继续医学教育（Continuing Medical Education，CME）的步伐。这还意味着要把每一桩不良结果都看作一次学习经历。应该问一下自己这个问题："今后我有可能不发生类似事情吗？"

此外，要避免在工作日饮酒或服用某些药物（如果药物的半衰期在停药后8小时依旧有效的话，那么要避免在工作日的前一天晚上使用这些物品）。凡是在驾驶或使用重型机械时不宜服用的物品，都不应该在医疗工作前或工作时服用。

以驾车肇事过失杀人罪为例，在非醉酒状态下出车祸导致行人死亡的称为事故；如果情况相同，但是司机体内的酒精浓度超过法定上限，就会因过失杀人罪入狱——刑事犯罪。医疗过错也是如此。病人出了问题，这可以称之为不良结果。但是，如果你在工作期间酗酒或使用毒品，理论上会对你不利（即使你毫发无损），那么这时的不良结果就变成了医疗过错。如果在庭审中将这些信息作为证据面呈陪审团，那么你可能就不得不对该案做调解处理。

3. **如果出了问题，应该道歉吗？** 这个问题很难回答。多项研究表明，当病人医疗出现问题时，向病人道歉有助于避免诉讼。当医生有悔恨之意时，病人会原谅，这往往是不起诉的决定性因素。

不过，在有些地方，医生的道歉不受法律保护，法庭可以把它看作医生认错（admission against interest）的证据。而其他一些地方，法律会为医生的道歉提供保护，就像同行评议会受到保护一样。如果你的道歉不受保护，你就会处于一种两难之境。一方面，道歉或许能帮助你避免被起诉；另一方面，一旦你被起诉，那么输掉官司的可能性会增大，因为有认错证据。

第二节 为了让病人对医生有好感，医生可以做些什么？

1. **展示你的在意、爱心和关注** 你可能是这个星球上最有爱心的医生，但是，如果你没有向你的病人传达这一点，你的爱心就没有得到体现。为此，你可以做一些事情来创造一个富有爱心、关心病人的氛围：

- **坐下来与病人交谈**。研究表明，如果医生坐着而不是站着，病人会认为医生与病人在一起的时间会比较长。
- **使用眼神接触**。一个眼睛看着病历或电脑屏幕的医生给人的印象是不在倾听。
- **点头**。偶尔冲病人点一个头告诉他们你正在注意听他们说话。
- **让病人说**。显然，一位健谈的病人可能会浪费你大量最宝贵的时间。然而，病人求医的主要原因是为了获得某种对他们痛苦的认可。他们希望有人会倾听他们的关切。病人付钱给你就是希望你是那种能倾听的医生。
- **使用病人的语词进行交谈**。在与病人谈话时，如果能使用几句病人自己的语词，他们会体会到你在关注他们。

2. **把你的态度留在诊室或病房门外** 你可能刚刚因 DRG 结算问题与医保部门争论了一个小时，徒劳无功。你可能正在办理离婚手续。你的几个孩子可能同时在上大学需要钱。你可能因为添了一个小宝宝而无法入睡。你可能怀孕了。你的妻子可能怀孕了。你可能正在接受同行评审。

无论你的生活中出现什么样的磕磕绊绊，在看病人时，都需要将所有不顺心之事放下。如果你感到心烦意乱和气不打一处来，那么你很可能会把这传染给你的病人，使病人感到心烦意乱、怒不可遏。

3. 尽可能随时为病人提供服务，随叫随到　你工作太辛苦，挣钱太少，在上班时间之外在病人关心的事件方面花很多时间似乎不值得。要知道，**人们把病人找不到自己医生的情况视为漠不关心。**

借助现代技术，与病人建立联系的方法有多种。除了通常的电话应答服务外，你还可以采用电子邮件通信系统。

良好沟通的另一种策略是把下级医生当作桥梁来用。可以让下级医生打电话把检查结果告诉病人。能够及时得知实验室检测结果，病人会很高兴。导致诉讼的常见原因是病人做了检查，医生遗漏了癌症之诊断，没有把罹患癌症的情况告诉病人。

当病人感觉到与医生建立联系并能够联系上时，他们会很高兴。请使用现有的联系方式为你提供帮助。

4. 用尊重的方式对待病人，永远不要以盛气凌人的态度与病人说话　病人来找你看病，是信任你这位医生能帮助他们康复。虽然他们的问题有时可能单调乏味且令人生厌，但是，无论如何，你与他们交谈时都不应该用贬低、数落的口吻，也不应该让他们感到自己很蠢，甚至连问问题都不会问。

首先，这种语气或口吻会破坏医患之间的信任基础，这在医疗过程中至关重要。其次，它让病人感到不悦，并设法寻找你的不是，也让你觉得自己很蠢。这可能会导致他们以诉讼的方式来寻求报复。

5. 花足够的时间与每位病人在一起　匆匆忙忙地与病人会面，给病人的印象是"没有把我的事放在重要位置"。如前文所述，要尽可能坐下来与病人在一起。用口头的和肢体语言方式表明你正在倾听他们陈述。不要去看钟表。如果你被叫出去，请一定回来继续把事办完。即使有人能帮你把事情办完，你至少也应该露一下面，这样病人就不会觉到不被医生关心了。

6. 如果你因故取消了与病人的约定，一定要在合适的时间内重新安排预约　有时，在与病人约定后，你需要取消日程安排。要确保你的助手尽可能与所涉及的每个人建立联系，事先告诉他们，让他们在你有空时来看你的门诊。

确保将预约取消的决定尽早告诉病人。如果病人来了后才发现预约取消了，那么这会让他们扫兴的。

7. 专家门诊请勿挂羊头卖狗肉　虽然大多数病人对看到一位代班医生或医生扩展人（physician extender）往往不会太介意，但大多数病人来看专家门诊都是慕名而来。他们付钱是为了找你看病。许多病人会认为，付了钱去找你看病，但看到的是一位医生扩展人，这是一种"调包诱骗手法"。

如果你没有亲自看病人,那么你最终会疏远你的病人。如果出现问题,那么被疏远的病人更有可能起诉。

8. 切勿当着病人的面指责其他医生的诊疗行为,切勿在病历中对其他医生的诊疗行为发表贬低性评论　事实是,许多原告承认,他们决定起诉的原因是有医生告诉他们另一位医生的医疗处置不恰当。此外,许多心怀不满、正在考虑起诉的病人会查看病历,从中寻找原因。如果你在病历中对其他医生的诊疗行为发表了不适当的评论,那么就很可能会触发诉讼。

为什么要注意你所说的或所写的东西是否会导致另一个医生被起诉呢?首先,这种举止是不专业的。批评另一位医生需要有适当的时间和地点。批评另一位医生的方式方法是有预案可循的:每家医院都有品质保证、风险管理、同行审查制度。如果你不赞成某医生对病人的处置方法,请将这些意见寄给同行审查部门。

你所说的或所写的东西连累到另一位医生,就像你成了评判这位医生诊疗行为的法官或陪审团。可是,每个医生都有权接受同行审查,就像你刚刚否认了他们的行为那样。

另外,你的举止会让你自己卷入诉讼。不要认为你自己会自动免于被起诉。当患方律师说服病人最好的办法是"撒网捕鱼"——起诉包括你在内的所有相关人员时,厚道的病人会变得不厚道。

这与第十二章将要提到的关于完整文档的忠告并不矛盾。如果你在病人医疗方面存在不同意见,尽可能不要使用苛刻评判、激怒人的语言,应只谈事实。例如:"我在凌晨03:10给尹医生打过电话请他做一次外科评估。在凌晨03:50,尹医生回了我一个电话,他觉得这个病人不需要住院。然后,我又给医院全科张医生打了一个电话,他同意将该病人收入住院。"你确实需要保护自己,但不要特意去牵连另一位医生。

9. 永恒的"金钱"问题　一般而言,由于医疗费用高昂,保险覆盖面差,当病人收到需要他们掏腰包支付的大笔账单时会感到不满。当他们或他们的亲人又出现不良结果时,这种不满会进一步升级。说到底,为什么要在无济于事的医疗上花冤枉钱呢?

在这种情况下,医生应该怎么办呢?如果没有任何医疗过错,医生会觉得为所提供的服务收取费用合情合理。一旦出现了不良结果,医生还必须权衡收取这些费用的利弊。如果你免去这些费用,或许能避免诉讼。虽然你或许应该得到这部分款项,因为你不存在医疗过错,但现实情况是,对于这个特定病人而言,**为了避免诉讼而损失一笔费用可能是值得的**。

此外,你需要注意积极收取费用的问题。如果你"雁过拔毛"希望从每个病人那里榨取每一分钱,那么针对你的诉讼可能会增多。缓和该问题的一种方法是在治疗计划前或手术前与病人及其家人做一次清晰的良好沟通。如果家人意识到不良结果的真实风险和概率(例如,病人肥胖且吸烟),那么他们对最终收到的服务账单会比较宽容。

有时,一个人的疾病情况不会马上显露出来。病人可能今日因症状来急诊室,所有检测项目都呈阴性,明日又因症状加重再次来急诊室,此时相同的检测项目结果均呈阳性。有时,今日看似胆囊炎但超声检查结果为阴性,最终翌日被诊断为小肠梗阻。在医生看来,这仅仅是不精确医学诊断之"艺术"的一部分。然而,在病人眼里,这是一种诊断双重付费。在这种情况下,即使医方没有过错,第一次付费也应该一笔勾销。

最后,当你做了许多昂贵测试来排除心脏病等严重疾病,结果却发现是"烧心感"等一些比较轻微的疾病时,病人有时会感到不快。在这种情况下,我不会对账单做一笔勾销。在这种情况下,与病人做进一步沟通非常重要。在这种情况下,我认识的一位医生会向病人解释说:"如果病人心脏病发作,就需要做这些检查。由于在做这些检查之前无法预测哪些病人会有心脏病发作,因此有些病人需要做这些测试,但结果是正常的。"此外,在做这些检查之前与病人沟通比在做检查后沟通效果更好。

第三节 本章小结

- 尽力避免诉讼——大多数诉讼由两种可预防性力量驱动所致:①病人发生了意料中的外科并发症,但是,这些外科并发症对病人来讲犹如五雷轰顶,同时病人存在不切实际的期望值;②医生态度蛮横、出言不逊。
  - ◇ 表达同情心,表现出你很在乎的样子,倾听病人讲述,尊重病人。
  - ◇ 随时愿意为病人提供服务,不要吝啬与他们在一起的时间,不要总是将他们交给你的扩展人(physician extender)处理。
  - ◇ 不要浪费病人的时间。如果你知道自己会迟到,请让你的办公室工作人员通过电话、电子邮件、短信通知你的病人。
  - ◇ 医生的工作对象是人,人是一种有思想、有情感的动物。一定要尊重病人,倾听病人、充分沟通,我们所做的一切一定要为病人着想——把病人当亲人。
- 把对你有利的同行审查法规利用起来。但不要被医院的内部规定(貌似同行审查)所愚弄,这些"医院规定"不会为所讨论的内容提供任何法律保护。
- 当你在医院申请获取手术操作资质时,要特别注意。不要去申请未经你所在专业委员会核准的或者你不熟悉的手术操作资质。
- 当风险管理部门在同行审查之外以及你自己的律师不在场的情况下与你讨论病人时,要提高警惕。设立风险管理部门的目的是保护医院,不是保护你。
- 在采用反对医疗建议时,要审慎。
- 保存医疗记录时不要粗心大意。不良医疗记录会使你停职,在法庭上可能被利用对你不利。不管你认为这是多么小题大做,但陪审团会非常认真地对待这个问题。

(陈　辉)

第十一章

营造病人安全文化

> 病人需求之上(The needs of the patient come first)。
>
> William J. Mayo
> （梅奥诊所的根本践行宗旨）
>
> 把风险降至最低通常是我们能够做的最好的事。
>
> Ben Carson,医学博士（1951年—）
>
> 我们的医疗保健安全尚不尽如人意,然而,我们一定能做到。

二十多年前,美国医学研究所建议通过解决医疗保健系统内的文化问题来提升病人安全水平。虽然取得了一些进展,但是,如果希望让病人安全管理方面的不足有所改观,倡导安全文化依旧是一个有前景的战略着眼点。

在我国,医院领导者受到来自国家、省、市不同层次卫健委监管机构和医保部门核查的压力越来越大,医院被要求展示有组织的病人安全文化。本章的目标是对组织机构中必须融入的一些病人安全文化要素做一概述,目标是提升组织机构的病人安全品质。

第一节 医院是个充满风险的地方

以美国的数据为例,每年都会有100多万人在住院治疗期间罹患新的感染性疾病,其中有多达10万人死于这种新的感染[1]。每年住院期间可预防性死亡人数是2001年"9·11"恐怖袭击事件中无辜罹难者人数的30多倍。这是一个非常惊

---

[1] www.cdc.gov/HAI/surveillance/

人的数字。况且,这些统计数据每年都在重复!

(一)人体是脆弱的,"走向死亡"是客观规律

当你登上一架商用飞机时,想想你的期望吧。你显然不会期望坠机和死亡吧,抑或你会选择其他交通工具。有人选择火车吗?当你在心仪的"鱼×挡"点一道"牡蛎生吃"时你的期望值是什么?你下订单的目的不会是为了感染一种沙门氏菌或另一种可预防性诸如病毒吧。难道你会把"牡蛎生吃"看作是一场俄罗斯轮盘赌①游戏?如果你不愿意,那么请你最好找一家大牌的法国海鲜会馆的角落坐下吃饭。

你的合理期望是,在登上商务飞机时或在餐厅点一道海鲜生吃时100%安全。作为一名病人踏入医院大门时,你想有多安全呢?

在大多数人眼里,医院是安全的地方,难以置信的安全。人们绝不会想到在医院里会出现悲剧事件。毕竟,医护人员,尤其是医生都经过10多年的本科、硕士、博士学习并接受了多年的专门培训,能够用他们的治病之手和广博的学识来恢复病人健康——医院是病人有病后进去和痊愈后出来的一座建筑。可悲的是,这种想法不切实际。

医院的情况远比乘坐飞机或在饭店点餐更复杂。作为一名外科医生,我亲眼看见了悲剧的发生可以多么迅速、多么出乎意料。术后病人(疝修补、胆囊切除、乳腺癌切除、结肠癌切除)因并发症留下终身残疾或功能障碍(如胆管狭窄胆管炎、肠造瘘),甚至起床活动后因肺栓塞突然死亡。外科手术不是免费的午餐,"有得必有失"。如果病人事先知道手术后他们不会"活得更好"会怎么样?或者,如果他们被告知会遭受额外伤害、经历并发症或感染新的疾病,会怎么样?如果他们被告知会坐着轮椅或躺在棺材里离开医院,又会怎么样?还会有多少人愿意踏入医院那扇门?还会有多少病人愿意接受外科手术?这是人们在"利"与"弊"之间做权衡的问题。

无论一个人多么健康,活得多么"毫无风险",都会在人生的某个时刻住进医院。也就是说,大多数人最终都会进入医院的大门,不是作为访客或医护人员,而是作为病人。这是现代生活的真实写照。而且,每个人踏入医院时,无可争议的期

---

① 俄罗斯轮盘赌(Russian roulette)是一种残忍的赌博游戏。与其他使用扑克、色子等赌具的赌博不同的是,俄罗斯轮盘赌的赌具是左轮手枪和人的性命。其做法是在左轮手枪的任意位置中放入一粒子弹,每个人拿到手后对自己脑门开一枪;放空枪的话就轮过,实弹的话就呜呼了。

望就是出院后能比入院时"活得更好"。如果没有这种期望值激励,大多数人一辈子都不会自愿踏进医院之门。实际情况往往相反。事实是,人体在本质上是脆弱的。人类会得急性病或慢性病,会意外受伤,最终我们都会死去——100%的概率。

(二)"可避免性医疗"

那么,在保护自己免受医疗制度隐患的伤害这一方面,医生和病人可以做些什么呢?在避免因医疗所致并发症方面,最务实的方法是质疑到底是否需要治疗、严格避免可避免性医疗。"可避免性医疗"或"非必需外科手术"是指一开始就不需要做的或者与现有的几种治疗选项权衡后不符合病人最大利益的任何医疗或外科干预。

遗憾的是,"非必需外科手术"(在外科)或"非必需操作"(在有有创操作的专科)比病人(和医生)想象得更常见。

案例分析

案例1

病情简介:女性,45岁。因"自觉颈部肿物半年"入住某医院甲状腺科。甲状腺超声:……右侧叶内见大小约 9 mm×4 mm 混合回声,边界欠清,以实性为主,形态规则,形态呈椭圆形,纵/横<1,CDFI 示见血流信号。左侧叶内见大小约 7 mm×4 mm 实质性回声,形态规则,边界尚清,形态呈椭圆形,纵/横<1,CDFI 示见环状血流信号。超声印象:甲状腺双侧叶结节拟 TI-RADS 3 级。当日在超声局麻下行双侧甲状腺结节微波消融治疗。术中病人出现呼吸困难。紧急进行气管插管。后经喉镜检查诊断为"双侧声带麻痹"。行气管切开。术后1年复查,双侧声带麻痹依旧——永久性。

分析意见:①正所谓"适应证越小,并发症越大"。双侧甲状腺微小结节本来不具备手术适应证,医生利欲熏心,以"微创"为诱饵把病人吸引过来以提升自己的手术数量;②医生对喉返神经损伤缺乏敬畏感。开放手术中,对喉返神经的保护时而会存在难度,更何况盲目穿刺情况下的热消融,尤其对双侧更应该慎之又慎!

案例2

病情简介:女性,20岁,未婚,未育。外院超声诊断报告:双乳低回声区(左乳4点、左乳10点、右乳3点距乳头10 mm处6 mm×3 mm低回声肿块、右乳7点距乳头15 mm处11.9 mm×5.6 mm低回声肿块、右乳乳晕区低回声肿块),BI-RADS分级为Ⅲ级;双乳增生性改变,BI-RADS 分级为Ⅱ级。逍遥丸口服。1月后因"发现乳房结节半年"查体：双乳可扪及结节、活动、界清，无压痛。初步诊断：乳腺结节。甲状腺乳房超声：双侧乳腺低回声区（左侧乳腺 4—5 点、左侧乳腺 10 点、右侧乳腺 12 点处乳头上方、右侧乳腺 6 点处乳头下方）BI-RADS 3～4a 级；双侧乳腺增生；双侧甲状腺未见明显异常。处理：双乳结节消融术＋病检。当日在局部麻醉下行冷循环微波消融术。术后病理报告：①"右乳头上方粗针穿刺组织"：少许水肿的纤维组织，未见乳腺组织。②"左乳头上方粗针穿刺组织"：少许纤维组织，未见乳腺组织。术后 2 周发现"微波消融术后双侧乳头坏死脱落伴感染"后转其他医院治疗。最终损害为八级伤残。

鉴定会现场调查中，病人自述自幼双侧乳头内陷，手捏可以外突。现场查体：两侧乳晕依旧有少许可见。两侧乳头完全缺失，全部为瘢痕所取代，瘢痕平复，没有疙瘩。右乳瘢痕为横向约 3.5 cm 长，0.5～2 cm 宽；左乳瘢痕为横向约 4 cm 长，0.5～2 cm 宽。两侧乳房其余部分未见瘢痕。

分析意见：依据教科书，乳腺结节不是采用微波消融治疗的适应证；国内有专家共识使用热消融法治疗乳腺结节，但是有严格要求。术前未做进一步检查（磁共振、钼靶——观察钙化点、穿刺活检或开放活检，请乳腺专科会诊）。在没有明确结节病理性质的情况下，选择对双侧乳房结节进行微波消融治疗违反诊疗常规。依据手术记录，未结合乳房结节与乳头的相对位置、结节数量、大小适当调控消融功率输出，更未将两侧乳头捏出后做消融。这位未婚、未育女青年因为一次非必需的手术需要承受丧失两侧乳头以及丧失哺乳功能的身心打击。

案例 3

病情简介：男性，53 岁。9 月 20 日因"体检发现胆囊结石两月余"入院。两月前常规体检超声检查示胆囊结石（充满型），无任何不适。入院诊断：胆囊结石伴胆囊炎。入院检查三大常规、感染指标、生化全套、凝血功能、心电图和胸片均未见明显异常。签署手术知情同意书。9 月 23 日 11:21—16:05 在全身麻醉下行腹腔镜中转开腹胆囊切除＋结肠修补＋门静脉修补＋胆总管缝合＋T 管引流。手术记录："进腹后探查见胆囊萎缩，约 3 cm×2 cm×1 cm，与大网膜及结肠肝曲粘连较重，境界不清，仔细分离粘连。分离过程中发现胆囊与结肠粘连致密，探查发现有胆囊结肠瘘，胆囊体部、颈部及胆囊三角处被粘连所遮挡，腔镜下分离出胆囊与结肠的粘连致密，胆囊三角结构不清，胆囊萎缩紧贴肝脏，分离过程中损伤门静脉，短时间内出血量大，腔镜下尝试处理损伤血管未成功，且病人出现低血压，腔镜用分离钳暂时夹闭损伤血管，控制出血，立即中转开腹……"麻醉记录："中转手术时间 13:00，术中出血 2 400 mL。术中输血红细胞 4 U、血浆 900 mL、晶体液 2 100 mL、胶体液1 500 mL,循环不稳需要用去甲肾上腺素维持血压。"16:18:T不升,P 87次/min,R 15次/min,SpO$_2$ 100%,BP 82/21 mmHg。9月24日用去甲肾上腺素1~4 μg/min维持血压。AST 2 702 U/L,GGT 22 U/L,ALB 36.4 g/L,TBIL 23.9 μmol/L,DBIL 10.3 μmol/L。T 40.5℃,P 85~107次/min,R 18~30次/min,SpO$_2$ 100%,BP 119~142/57~70 mmHg。9月25日AST 5 863 U/L,ALT 4 492 U/L,GGT 42 U/L,ALB 37.5 g/L,TBIL 29.6 μmol/L,DBIL 12.2 μmol/L。9月26日17:07胸腹部CT平扫＋增强:①肝右叶楔形低密度影,考虑肝坏死;②肝动脉右支及其分支显示不清;③门静脉主干及其肝内分支门脉期未见造影剂充盈;④腹腔及双侧胸腔积液,两下肺膨胀不全;⑤肠腔扩张积气,积液。9月27日外院专家会诊考虑右肝叶坏死,亚胺培南西司他定抗感染,形成脓肿时可以行穿刺引流,或行右肝叶切除术,出现肝衰竭时可以考虑肝移植。术后108天病人因肝衰竭、肝坏死后肝脓肿(右叶)、复杂腹腔感染、肺部感染、脓胸(胸腔闭式引流术后)、门静脉栓塞、门静脉高压症、胆囊切除术后胆瘘、肠瘘死亡。

分析意见:没有症状的胆囊结石通常不是胆囊切除手术适应证。腹腔镜探查发现"胆囊萎缩,胆囊体部、颈部及胆囊三角处被粘连所遮挡……",提示手术存在难度,未及时中转开腹。发现门静脉损伤后未及时请有经验的肝胆外科医师进行台上会诊;术后确诊肝右叶坏死后未及时转院。

这两桩案例都是真实发生过的、由可避免的外科手术带来的骇人听闻事件。恕我直言,很可能的情况是,前两例手术的主刀医生选择消融治疗纯粹是为了经济利益故意把良性肿物消融当作"标准医疗"做了非必需的外科手术。在外科学教科书中以及我早年当外科住院医师接受培训的阶段,对甲状腺良性结节和乳房良性结节的处理都有一些既定的外科原则。也就是说,无论是美其名曰的"微创"手术抑或是普通的开放手术,做手术都需要具备一定的适应证。一般不轻易"下刀"。许多"微创"手术,确切地讲应该称之为微创入路手术,因为其体内操作的创伤程度与开放手术相仿或更严重。也就是说,广受青睐的假以美名的"微创"很可能带来"巨创"——更严重的并发症。如果考虑到术后并发症风险,那么这种常规"消融"手术就几乎不能成为常规,其实,任何外科手术都不应该称为"常规"手术!

(三)"功能兴趣"

病人怎么才能知道手术适应证是由外科医生自身利益最大化——贪婪驱动的呢?

一位有道德的、高级称职的外科医生怎么可能不知不觉地做非必需的外科手术呢？从务实的角度分析这个问题，Stahel认为有两个不同的原因，这两个原因实际上可能相互影响：

- **原因1**：医生之所以会为某种特殊疾病做手术，是因为医生学的就是这些东西，一直都是这样做的（惯例），不知道有更好的治疗方法。
- **原因2**：有激励机制驱使医生多做外科手术，这些激励机制包括经济获益、知名度提升或两者兼而有之。

1. 关于原因1　此概念称为"功能兴趣"（funktionslust），这个词来源于德语心理学，意思是所有生物都喜欢做他们擅长做的事：狗喜欢奔跑，鸟喜欢飞翔，海豚喜欢游泳，外科医生喜欢开刀。这一切都是天性。

在积极心理学（positive psychology）里，功能兴趣的概念反映为"行云流水"或"得心应手"，它代表了我们的技能水平与遇到的困难水平处于一种完全匹配状态。这使我们能够在活动过程（外科手术）中进入一种聚精会神、全心全意和乐在其中的心理状态。从本质上讲，"行云流水"描述的是完全陶醉于我们所做事情之中的一种心理状态。

举例说明：普外科病区每周会做3～4例阑尾切除手术。这是普外科最常见的手术品种之一。如果你看一眼下面的示意图（图11-1），你可能会说，因为我的技能水平（高）与阑尾切除术的难度水平（低）不匹配，每当我做一个阑尾切除术时，我的状态都会处于心生厌倦与悠然自得区域。我相信你也会支持这个观点。普外科的高年资医生没有哪位对阑尾切除术感兴趣。因此，这些常见手术通常都会下放给科里年资不高的医生去做。

除了那些见利忘义的人外，与阑尾切除术相比，高年资医生绝对愿意做腹部再手术和腹膜后肿瘤切除这类手术。因为此时的手术技巧与手术难度匹配都处于最高水平（行云流

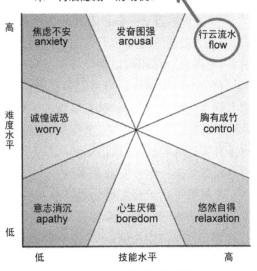

图11-1　功能兴趣的匹配

水)。这类手术是有风险的,有潜在的严重并发症,包括肠管穿破、肠系膜血管损伤造成肠襻缺陷坏死,甚至腹腔大血管损伤或泌尿道损伤。而且,这类手术,不但体现手术技术,还十分考验临床判断和决策能力。

如果你看了图 11-1,或许你就不愿意让一位处于**心生厌倦**或意志消沉状态的外科医生来为你开刀了,是吗?

许多外科医生沉迷于淋巴结清扫的"骨骼化"之中。然而,做淋巴结清扫并不总是符合病人的最大利益。有一位技术娴熟、经验丰富的外科医生曾经给我讲过一个病例。病人在腹腔镜胃癌根治术术后 5 天顺利出院。术后 10 天腹腔出血伴休克再次入院,再次手术见腹腔动脉干动脉瘤破裂。由于胃癌手术前增强 CT 未提示动脉瘤,推测其原因是在做淋巴结清扫时,超声刀对腹腔动脉干造成了热损伤或术中牵拉造成动脉内膜中层撕裂。该病人随后在 ICU 去世。

为了摆脱潜意识情况下的**功能兴趣诱惑**,我个人的诀窍是随时都充分警惕这种在背后隐藏着的危险动机。

> 谋事在人,成事在天。
> 月满则亏,水满则溢。
> 外科手术不是免费午餐。在我看来,一般原则是手术应尽可能不做或小做,然而,急诊手术要尽可能早做,前提是"有备而来"。

2. 关于原因2 非必需外科手术的第二种已经确定的根本原因或许更为普遍,对病人的伤害也更大。这与对外科医生做外科手术的隐藏(或显性)激励作用有关,这种激励作用可以是经济获益、知名度提升,或两者兼而有之。

自负心理驱使我们尽可能多地做特定的感兴趣的手术,以赢得同行的专业尊重。病例量越大,我们就越有吹嘘的本钱。显然,我们希望被视为特定领域的"专家"。外科病例的数量和复杂性是让竞争对手刮目相看的"硬道理"。如今,我们有一条务实的经验法则,该法则建议我们永远对外科医生报告的手术病例数除以 3,对外科医生报告的并发症数乘以 3。

当外科手术量还能够为经济获益提供潜能时,"专家声誉"的激励作用就成了推波助澜的帮凶。对今天的病人来讲,这是摆在我们面前的显而易见的"凶手"!

请允许我详细谈谈:无论是哪种类型的临床工作(学术型、医院型抑或"莆田"民营型),大多数外科医生的薪水都由某种与生产效率关联的经济激励机制驱动,也就是说,与每年的外科病例数等"效益"指标有关。

第十一章 营造病人安全文化

对于外科医生来说，主要的经济补偿模式有两种。

一种是，有些外科医生直接受雇于医院，拿一份固定年薪。很显然，这对大多数病人来讲都是最好的情况，因为外科医生的收入是固定的，与外科医生的生产效率和手术量无关。也就是说，医生不能因为多做外科手术、在诊室多看病人或多值一次班而多赚一分钱。因此，从病人的角度来看，"固定薪资外科医生"是最安全的外科医生，因为不存在做非必需外科手术的动机。毫无疑问，固定薪资有助于外科医生一心一意提供恰如其分的医疗。位于美国明尼苏达州罗切斯特的世界著名的梅奥诊所对医生采用的就是完全固定的薪资模式。这或许是梅奥诊所成功的根本原因之一。基于外科医生的固定薪资来保证病人结局——这听起来有点"痴人说梦"！固定薪资的缺点是，这会造成医生缺乏上进心、不愿意承担风险，对危重病人或高难度病人推诿。

另一种是，私营医院的外科医生几乎只依据所提供的服务得到补偿——美其名曰"奖金"。其模式很简单：医生要为提供的服务收费，并收取与病人相关的咨询费和外科手术费。这与汽车经销铺或家具店里的"唯佣金"模式颇为类似，因而被调侃为"猎食"现象。也就是说，如今医生为了"养家糊口"获取奖金的套路与石器时代的"狩猎"如出一辙。狩猎越勤奋，回报就越丰厚。

这就好像把病人扔进一个医疗保健市场，不安排外科手术就不能离开外科医生的诊室，就像不买新车就不能离开汽车经销铺一样。

在两种基本补偿模式（固定薪资与猎食）之间，还有一种更为常用的"杂交"模式。在这种模式下，医生是有工资的，但年薪中有一部分（甚至相当多的一部分）依据的是"猎食"结果。

显然，许多医院对让外科医生多做手术有着浓厚的兴趣。此外，医院还会为每例外科手术收取所谓的"耗材费"。毫不奇怪，收取这些费用的"馊主意"来自医院管理者"挖空心思"、想方设法地"敛财"。这对医院和外科医生来说是双赢，因为与其他非操作性医疗活动相比，手术（操作）费代码的"相对价值单位"[①]更高。可悲的是，医者工作中很重要的人道主义层面会很快被这种商业模式的恶魔病毒感染。

那么，进入外科医生办公室的病人如何确信医生所推荐的外科手术是他们真

---

① 相对价值单位（Relative Value Unit，RVU）反映的是提供一项医疗服务所需的相对资源，其加权值越大，说明该医疗服务所要求的工作量越多，操作成本越高，购买医疗过错保险所需的成本越高。在美国，RVU 是衡量医生提供医疗服务的重要工具。医保部门据此确定支付给医生的报酬水平，以换取提供的医疗服务。

正需要的呢？病人如何确定医生所推荐的外科干预是真的可选择的最佳疗法？病人如何才能避开一种新手术或年轻在培外科医生的学习曲线？如何才能避开专家级高年资外科医生的功能兴趣激励？或者，更糟糕，成为经济猎食激励机制的猎物？

第二节　监管与认证在美国

美国外科医师学会（American College of Surgeons，ACS）是一家外科医生的科学教育协会，成立于1913年，其宗旨是为外科教育和实践设定高标准，以此来提升外科病人的医疗品质。1917年，ACS开创了医院标准化计划的先河，这是外部品质监督的第一个模式。在成立了一个委员会来提升医院标准后，ACS发布了一份报告，**建议对医院实施检查、报告和行政管理程序制度，以提升医院的医疗品质，使医院医疗标准化**。所制定的标准要求：成立医务人员组织，只有合格的医生和外科医生才能享有医生特权，医务人员要定期会面，医疗记录要求正确、完整和随时可供查阅，以及诊断和治疗设施随时可用。直至今日，所有这些标准仍然是医院监管的要素。医疗品质与病人安全发展历程请参见本书附录一。其中，联合委员会是最大的医疗保健认证组织，致力于医疗品质提升与病人安全。

监管和认证往往被看作一回事，尽管它们之间是互补关系，但是，它们的目的不同。监管涉及的是对既定原则、规则或标准的强制遵守——由当局制定，目的是对具体活动进行指导或管理。从广义上讲，外部监管机构包括一系列实体，这些实体在业绩提升、医疗品质和安全方面对医疗保健组织的行为进行监管或影响。这些监管机构包括州和/或联邦实体，负责对州和/或联邦政府出台的标准、规则和法规进行监督，确保遵守。

认证是指批准盖章，用于验证一家机构是否符合特定的规则、法规和标准。认证组织的任务是通过制定标准和执行标准来推进高品质病人医疗和病人安全。

最终，认证属于一种降风险策略。前提是，如果机构能按照标准把"正确的事情做妥当"，那么与没有这些标准相比，错误和不良事件发生的可能性一定会更少。当这些标准和规则与机构文化融为一体时，人们一直期望的高安全标准就出现了。

在大多数医院，认证的一些基本要求是安全工作的主要驱动力，此外，认证往往还涉及医保支付、保险覆盖以及声誉。其实，它与监管同样重要，具有相同的威力。美国的医院领导和医生都认为,联合委员会是病人安全变革和发展的最重要的驱动者。事实上,在推动高品质安全行医方面,人们认为认证比错误报告制度或公众意识更有效。

然而,医生依旧享有的高度自主权导致他们对监管方案和标准化有不满和抵触情绪。因此,尽早与那些将受到新规则和新法规影响的临床医生合作至关重要。

1999年,美国医学研究所(Institute of Medicine,IOM)发表了具有里程碑意义的报告《人非圣贤,孰能无过——构建更安全的医疗保健体系》。10年之后,Wachter评估了病人安全运动的进展,他认为可能会出现的情况是,州监管机构、联邦政府、联合委员会、国家品质论坛、美国CDC的国家医疗保健安全网络(National Healthcare Safety Network,NHSN)以及各种标杆管理组织要求医院为同一问题收集不同数据或实施不同解决方案。如果没有步调一致的努力,那么总有一天,医疗保健提供者和管理者会不愿意将具有竞争力的举措和要求付诸实施。

不幸的是,监管的历史充斥着行事过头以及意外后果的例子,这两者对韧性和创新性都不利。例如:联合委员会在出台美国国家病人安全目标(National Patient Safety Goal,NPSG)时并没有拿到支持该政策实施的证据。此外,美国医学生毕业后教育认证委员会(Accreditation Council for Graduate Medical Education,ACGME)住院医师工作时间限制也是在没有仔细评估工作流程、沟通以及对病人交接影响的情况下出台的。最终,工作时间限制对病人安全的提升作用并未得到证明。

如果都能做到"无害为先",那么就足以防止医疗错误、保证病人安全,就不需要有与日俱增的病人安全运动。自20世纪90年代中期以来,病人安全这一领域一直在成长。总体策略可归纳为6点:标准化的优质行医、跟踪医院内不良事件、披露医疗保健提供者的表现力、改革支付体系、对医疗进行协调和整合、增强医疗健康提供者的责任心。

监管和认证有利于病人安全工作,这一点已经得到证明,但是在确保更大范围的品质改进方面,监管和认证的作用不大。制定规则时应注意清晰明了,监管必须尽量减少成本和浪费,允许用一定的灵活性来应对医疗环境变化,依从性必须具备可观察性或可测量性。

第三节 破局妙招

(一) 高可靠性概念

在1986年切尔诺贝利核事故和1988年伦敦Clapham枢纽列车事故之后,"安全文化"的广义理念诞生了。

医疗保健组织必须继续采取持续的、综合的方法来进行监管和认证,目的是提升和维持医疗保健品质和病人安全。然而,医疗品质提升和病人安全计划本质上属于被动执行过程,而病人安全文化是让团队成员养成主动关注过程。在我看来,我国大多数医疗保健组织还处于"执行病人安全文化"阶段,要达到"主动关注病人安全和高可靠性理念文化"还需要努力(图11-2)。

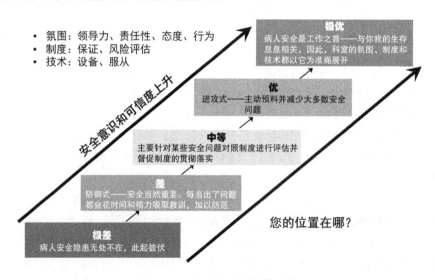

图 11-2　病人安全可靠性阶梯

安全文化是由员工个人的信念、态度和担当来确定的,是整个团队共有的、在工作场所的日常工作中表现出来的东西。许多研究人员都试图对团队应该努力实现的"理想"特征下定义,目的是达到并维持最佳的病人安全文化。

2005年,美国医疗保健研究与医疗品质署(Agency for Healthcare Research and Quality,AHRQ)召集了一组来自医院系统的、致力于高可靠性理念应用的领导人,制作了一份文件,文件叙述了这些理念在医疗保健领域的应用。

高可靠性模式的宗旨是将精力放在提高业绩的新方法上。Weick 和 Sutcliffe 描述了有助于提升组织机构韧性的 5 个高可靠性特征：

- 对一线操作保持警觉心，赋予一线工作者权利——能够专注于一项特定任务，同时对工作环境的复杂性保持关注。将重心放在战术或者说操作层面上，从上至下学习与行动。快速识别异常和存在的问题，并主动消除潜在的错误。
- 对所面临困难和问题，拒绝简化解释或视而不见——认识到系统可能会随时以从未预料到的方式出现故障。抵制对任务执行和常规程序做过度简化。这并不意味着高可靠性组织非要把简单事情复杂化，而是意味着鼓励全体成员主动去思考和发现可能出问题的环节，而不是假定那些错误和潜在失误仅仅是一些单一原因所致。
- 对故障保持高度关注，提前预测故障事件——专注于预测和消除灾难，而不是在灾难出现后做出反应。不放过任何一个小的偏差，不局限于对这些问题进行简单的分析，把每次故障当作更大问题爆发前的潜在表现，分析原因，识别和应对更大的问题。
- 集思广益，尊重专业人才——团队成员和组织领导者服从于团队中对该情况知识最丰富的人。最有经验的人或是在组织中身居高位的人往往并不拥有应对危机最关键的信息。高可靠性文化要求各级员工乐于分享信息并且相互关注。打破组织间的等级制度，充分挖掘各级组织专家的意见。
- 保持组织韧性——承认可能会出现人为失误，承认高危复杂系统的差错不会完全消除，但通过积极对出现的问题进行分析，预想可能发生的事，通过保持必要的冗余和"闲置资源"，保持应对突发情况的灵活性。当意外事件发生时，可以提高操作韧性和灵活性。通过接受失败，以积极和不追究责任的方式总结经验教训，持续寻找根源和系统问题，永无止境地追求完美。

Pidgeon 和 O'Leary 认为，一个致力于安全的机构应该具备的三大方面：其一，对隐患的共同关心和关注态度；其二，针对隐患实事求是的且有韧性的规章制度；其三，通过监测、过错分析和反馈制度对规章制度（或组织学习）不断进行反思。

James Reason 因其倡导的安全文化模式而享誉天下，该模式由 4 个部分组成：错误报告文化、公正文化、韧性文化和学习文化。这 4 个部分相互作用产生了知情文化。**错误报告文化**依赖机构（科室或医院）的组织氛围的存在——人们报告错误和报告"未遂"错误的意愿。**公正文化**是一种信任氛围，这种氛围鼓励人们提供安全相关信息，不过，要搞清楚可接受行为与不可接受行为之间的分界线。**韧性文化**是指机构从传统的等级模式向平等模式转变的能力——在危急时刻，把控制权移交给现场的任务专家。最后是**学习文化**，学习文化是指，当一家机构有意愿和胜任力就安全问题下正确结论时，并在必要时有实施重大改革之意愿。

根据 Reason 的说法，知情文化是一种安全文化。其组成部分的特征是机构组织对风险和隐患是知情的，采取了更加安全的举措，提示该机构存在安全信念和规范。一家机构组织是否拥有成功的安全文化取决于其一线员工是否愿意报告错误和报告未遂错误。愿意报告错误这种意愿又取决于员工是否知晓管理层会对自我报告会给予支持和褒奖。

就像切尔诺贝利核事故为安全文化理念的批判性研究和定义注入一剂催化剂一样，1999年美国医学研究所（Institute of Medicine，IOM）发表的报告《人非圣贤，孰能无过——构建更安全的医疗保健体系》也犹如催化剂，将人们注意力集中在提升病人安全和更高品质的医疗保健方面。这份具有里程碑意义的报告声称美国每年有44 000～98 000名病人死于医疗过错，这引起了医疗保健界的关注。这份报告还包含有许多建议，不过，其最终目标是在医疗保健组织内部创建安全制度，在提供医疗的过程中强调安全行医。

有人认为，医疗保健业与企业风马牛不相及，将企业的安全文化理念引入医疗保健业是天方夜谭。事实上，两者最大的不同是：**在医疗保健界，经历不安全行医的是客户（病人），不是员工（医疗保健提供者）自己**。还有一点不同的是，受医疗保健意外影响的通常是个体，不会是重大的群体性灾难。

> 世界上有老飞行员，也有不怕死的飞行员，但没有不怕死的老飞行员！然而，有不怕死的外科老医生，不过，短命的是他们的病人……

尽管许多作者认为，目前人们对安全文化还没有一个明确的通用定义，但是一个强大有效的安全文化都应该具备几个共同特征。

Wiegman认为安全文化往往与集团层面或更高领导层的共同价值观、与监督和管理相关的严肃安全问题、该机构组织各级所起的作用、对工作行为的影响、安全行为与奖励之间的关系、承认安全问题并从中吸取教训的意愿以及相对的持久性、稳定性和抗变性有关。Singer等人对安全文化的组成部分有相似的描述，提出**安全文化的特征如下**：

- 由机构组织的最高层领导对安全承诺进行阐述，并将其转化为各级的共同价值观、信念和行为准则。
- 有必要的资源、激励措施和奖励，目的是履行承诺。
- 把安全视为首要任务，其他一切优先事项（财务、新技术等）都排列在病人安全之后。

- 对在安全一侧犯错①的人员给予奖励。
- 员工之间和整个团队人员之间有频繁、坦诚的沟通。
- 对错误持开放态度(允许犯错,允许改正),这一点显而易见。
- 组织学习是分析错误的有价值的制度性方法,而不是专注于对个人责备,同时为制度承担责任。

此外,用什么方式来识别错误、报告错误并将其传达给相关人员或受影响的人员,在很大程度上取决于病人安全在医疗机构文化中的扎根深度。

毫无疑问,病人安全文化还有很长的路要走。美国最近的证据表明,大约 1/3 的病人会有不良事件,6%属于严重不良事件——病人的住院时间延长、出院时留有永久性或暂时性残疾或功能障碍。

(二) 安全文化的属性

如果安全文化的这些组成部分具有可识别性,人们能认识到安全文化是什么,不是什么,那么,加强医院安全文化的关键要素是什么呢?

Sammer 等人回顾了林林总总的属性,将它们分为 7 种亚文化——领导力、团队协作、沟通、学习、注重证据、以病人为中心和公正文化。

1. **领导力** 贯穿文献的一个共同主题表明,**领导力是设计和养育安全文化的关键要素**。有效领导力(机构组织层面的和单位层面的)的影响至关重要。安全文化必须从首席执行官(院长、科主任)开始,此外,还必须渗透到医疗保健系统的各级层面。伟大的领导人物懂得如何行使态度规范和行为规范,对不可避免的人为错误做最佳防范,因为人类的天性是容易犯错,更何况在极其复杂的环境中工作。领导者有大量机会通过创造心理安全(信任)环境来增强安全文化,允许团队成员随时表达关切。

在联合委员会(Joint Commission,JC)的标准手册里关于领导力的一章讲的是领导力与病人安全、组织管理机构、首席执行官、高级管理人员以及医务部门和临床科室领导的关系特别大。JC 的标准手册要求这些领导小组通过营造一种信任和公平的氛围来鼓励员工对风险和不良事件进行报告,从而创造一种病人安全文化。这包括对支持安全所需的资源分配、讨论和报告安全问题和迹象、制定计划保证并提升安全表现力,尤其是与高风险或好发问题相关的安全表现力。

---

① 英文里有一句名言"to err on the safe side",意思是"请把错犯在安全一侧""两害相权取其轻"或者"安全第一"。它告诉人们做事不可能不偏不倚走在正中间,偏和倚都属于过错。哲学思维告诉你宁愿把错犯在安全这一侧,千万不要像赌徒那样心存侥幸心理。

Allan Frankel 开发的病人安全领导 WalkRounds™（Patient Safety Leadership WalkRounds™）在病人医疗部门实施后，为领导者提供了一种非正式的手段：领导者可以与一线员工讨论机构组织中存在的安全问题，鼓励员工报告错误。领导者可以借此机会关注安全问题，并与一线员工建立联系，既可以就安全问题教育高级领导层，还可以向一线员工展示上级领导对创建病人安全文化的承诺。与那些借病人安全为名讨论各种其他主题的人相比，**那些在查房过程中只关注病人安全的领导人在创造病人安全文化方面一定会更容易成功。**

病人安全查房（Patient Safety Round，PSR）模式是徒步查房，有一些显著特点。PSR 的参加人员有科主任、病区或治疗组管理者、病人安全管理者以及病房的医疗提供者。该团队中还有来自药房、护理管理、设备以及病人权益维护者/家属代表。事先准备好问题清单，目标是保持对病人安全问题的关注。PSR 的成功归功于医务部门的主动领导，以及在 PSR 中获取到的信息，使得医生和高级管理层参与到过程改进活动中来。

领导直接参与病人安全的另一种模式是"认领一个单位"理念。在约翰霍普金斯医院，病人安全委员会制定了一项安全计划，重点是鼓励选定病区的工作人员识别和消除病人医疗环境中的潜在隐患。作为该计划的一部分，医院高层领导"认领"了一个病区，与该病区员工一起寻找安全问题，并授权员工解决安全问题。这种模式成功的关键是行政倡导者主动参与以及员工愿意公开讨论安全问题。

2. 团队协作　如果医疗工具靠的是医生的智慧、护士的共情心以及一些简单操作和药水，没有安全制度，也没有统筹协调，那么这样的医疗几乎毫无价值。随着医疗工具变得更越来越强大，技术越来越成熟，就需要高度专业化的团队来提供医疗。

医疗保健组织正在用日益复杂的治疗方法和技术来治疗病情日益复杂的病人。这就要求医疗保健提供者之间加强团队通力协作，创造一种**全体系的病人安全文化**。鉴于医疗保健业的跨学科特性以及医疗保健提供者之间通力协作之需求，团队协作对于确保病人安全、纠正错误和减少错误都至关重要。团队犯错比个体少，尤其当每个团队成员都清楚自己以及其他团队成员的责任时。团队提升了非医生队员加盟的重要性，缩减了医生的自主权（各行其是）。但是，为一个团队简单地搭建架构并不能自然而然地确保这个团队有效运转。**团队协作不是几个人拼凑时自动产生的结果，团队协作依赖团队成员为了一个共同目标而通力协作的意愿。**

美国国家航空航天局（National Aeronautics and Space Administration，

NASA)描述了一种组织架构的安全模式,包括尊重各行各业的专业知识人才。团队协作的这种属性是多学科协作,整个团队来自各行各业、各种层次,由各种个体组成。这种理念非常适用于医院场合。约翰霍普金斯医院做过的一项研究发现,如果医生、护士和整个医疗团队共同为每位病人设定具体的每日目标,包括每日的团队查房,那么 ICU 病人会康复得更快。

美国加利福尼亚州橙县的一家 Kaiser Permanente 医院通过在手术前实施团队安全任务布置(safety briefing),提升了手术室内的病人安全水平。这些术前任务布置显著改善了团队成员对病人安全和团队协作的看法,所有这些都涉及病人周转时间缩短和护理人员辞职率下降。

STEPPS 团队是由美国国防部和美国医疗保健研究与医疗品质署(Agency for Healthcare Research and Quality,AHRQ)共同开发的一种系统方法,旨在将团队协作融入实际工作中。设计的初衷是提高医疗保健的品质、安全性和效率,其基础是对团队协作、团队培训和文化变革历时 25 年的研究。STEPPS 的团队培训方案已经被誉为是优化医疗保健提供者之间团队协作和提升病人安全的一种方法。尽管团队培训方案已经改变了航空和核电等动态高风险行业的文化和结果,但是,团队培训有效性的证据在医疗保健业还处于积累之中。医疗保健提供者往往会对许多培训方案做出积极反应,但是,尚缺乏证据证明培训对重要行为结果和病人安全结果有帮助。Weaver 等人对 STEPPS 团队的培训方案做了一次多层次评估,结果发现,受过培训的团队在术前任务布置的质和量两方面以及在手术中高品质团队协作行为的使用方面都显著高于对照组。对病人安全文化和团队协作态度的看法也高于对照组。

3. 沟通　沟通在病人安全文化中是不可或缺的组成部分。为了确定美国国家品质论坛(National Quality Forum,NQF)10 条用药流程实施中以及安全行医文化实施中的有利因素和不利因素,人们在佐治亚州的几家医院做了一项研究,据报道,促进医院工作人员之间开放、清晰沟通的氛围,是促进病人安全文化的重要有利因素。人们认为应该建立一个公开透明的沟通渠道,让员工对报告过错没有后顾之忧,为员工提供有关病人安全举措的教育和培训,促进医院单位内部和医院单位之间的团队协作。

(1) 病人安全文化的障碍就是对变革的抵制,它与恐惧和不信任相关。不信任源于既往报告过错后遭受处罚的经历。恐惧是指担心职业困境(饭碗)、担心犯错、担心遭报复、担心被人疏远、担心被诉讼。在向联合委员会报告的"先兆"事件中,66% 以上事件的根源是沟通障碍。

（2）有效沟通的技巧之一是采用**结构化语言**，这一点在病人安全文化中至关重要。结构化语言的一个例子是"**复述**"，它为口头医嘱和关键结果的清晰、准确传递提供了保证。团队成员之间结构化沟通的另一个例子是**暂停核查**，目的是对正确病人正确部位实施正确操作进行验证。暂停核查是让外科医生的思维暂时离开其他任务，不过，暂停核查不是一把"万能钥匙"，它并不能预防所有个人错误或团队错误。

SBAR 最早是一种由美国海军研发的在核潜艇中使用的沟通技巧，于1990年代后期被引入医疗保健行业。SBAR 是**一种简洁的、结构化的、极为有效的沟通工具**（表7-8）。

作为医疗保健提供者之间的一种简单而有效的标准化沟通方法，SBAR 已经被医院和医疗机构采用，几乎可用于临床各领域。SBAR 是一种促进病人安全的工具，因为它有助于人与人之间通过一种共同期待相互沟通。工作人员和医生可以利用 SBAR 方式交流病人信息，提高效率。

安全任务布置（safety briefing）作为一种简单易用的工具被认为是另一种方法，一线员工可以使用它来传达有关日常工作中的潜在安全问题的信息。安全任务布置理念源自医疗品质改进研究所（Institute for Healthcare Improvements）的药物系统理想化设计（Idealized Design of the Medication System，IDMS）团队。其目的是提升员工的安全意识，形成一种安全文化。IDMS 团队发现以下因素对安全任务布置的成功至关重要：

- 安全任务布置必须是非惩罚性的。
- 安全任务布置必须简短。
- 提前确定拟讨论的安全问题清单。
- 安全问题必须易于使用。
- 安全任务布置必须适用于所有病人的安全问题。

以单位为基础的综合安全计划（Comprehensive Unit-Based Safety Program，CUSP）是一种结构化的安全改进战略框架，它融合了沟通、团队协作和领导力，创建并支持一种可以预防伤害的安全文化。该计划的特点是基于证据的安全行医、员工培训工具、领导参与和工具，目的是加强医生、护士和医疗团队其他成员之间的团队协作。CUSP 的关键举措包括：

- 安全科学教育。
- 对病人安全文化的评估。
- 与资深管理人员合作。
- 从团队缺陷中学习。

- 工具利用率,包括提升团队协作、沟通和其他制度的清单。

CUSP 首先在基石项目(Keystone Project)中大规模应用,该项目从 2003 年初开始在密歇根州的 100 多个 ICU 中部署了 CUSP 方案。该方案针对的是 CDC 推荐的 5 种基于证据的操作,目的是降低中心静脉导管相关血行感染(Central Line-associated Bloodstream Infection,CLABSI)的发病率。感染率显著下降的研究结果于 2006 年 12 月发表于《新英格兰医学杂志》。从此,AHRQ 宣布将 CUSP 扩大至美国全境,降低医院获得性感染(Healthcare Associated Infections,HAIs)发生率。已经有多篇基石项目研究报告发表,这些研究报告一致认为 CUSP 方案的使用有显著的品质提升。

4. **学习文化** 当机构组织的文化是从错误中学习并将品质提升融入其文化中时,表明医院内存在学习文化。学习文化在员工和医务人员中建立了安全意识,并通过教育培训机会为学习环境创造了条件。教育和培训应该包括高可靠性理念、安全文化评估的价值和表现力改进课程。一家基于信息的医院不仅有从失败中学习的机会,而且有从成功中学习的机会。医院应该公开透明地对已确定的关键安全指标做报告,并及时分享结果。学习文化采用"根本原因分析法"来研究医疗错误和未遂错误。随着医院安全文化的逐渐成熟,学习文化在识别和改进潜在的不安全流程方面会变得更加积极主动,目的是防范错误。学习文化懂得对成功采用欢庆和奖励策略。

5. **基于证据的决策** 人们认为基于证据行医(包括标准化流程、协议、核查表以及指南)的机构和组织是一种具有病人安全文化的机构。

医疗保健领导人把航空业视作一种安全典范。飞行员在每次飞行前使用标准化的核查表,目的是确保飞机、系统和机组人员准备就绪并按预定要求运转。虽然医院不是飞机,医疗保健业也非航空业,但是在任何高风险工作开始之前,必须有一个健全的流程来审核安全的重要组成部分。病人的情况变幻莫测——无论是治疗选择、着手治疗抑或对治疗的反应。不管病人有哪些显而易见的可变性,已经有证据表明全面核查表的实施可降低并发症发生率,提升团队协作力,应该予以鼓励。在人类福祉受到威胁的医疗保健业,使用简单的安全核查表有助于减少错误,保证表现力和安全标准,为更有效地利用资源和提升医疗结果提供支持。

医生自主各行其是的医学模式和医学"艺术"依旧在盛行。在医疗工作中融入最佳规范和标准化往往有很大难度。并非所有医生都把核查表看作一种有效的工具。人们普遍认为,高素质、受过良好教育的专业人员不容易犯遗忘或沟通不到位等简单的"低级"错误,因此他们对核查表的抵制越演越烈。核查表并不能取代专业知识和技能，相反，如果核查表设计得当、实施正确，它可以节省时间，有利于团队的更好协调，最大限度地减少重复劳动，确保必要设备随时可用。

有些人不相信外科核查表的有效性，对其支持证据持怀疑态度。作为回应，美国医疗保健研究与医疗品质署（Agency for Healthcare Research and Quality，AHRQ）委托一个由兰德健康（Rand Health）、加州大学旧金山分校和约翰霍普金斯大学的研究人员领导的团队对其证据进行检查，目的是为重要的病人安全措施（Patient Safety Practices，PSP）提供支持。AHRQ 的结论是，术前核查表[世界卫生组织（World Health Orgnization，WHO）核查表、外科病人安全制度（SURgical Patient Safety System，SURPASS）核查表、通用预案和麻醉检查表]鼓励一种平等的基于团队的方法，加强沟通，捕捉未遂错误，以及对潜在并发症的预判。这些因素有助于预防外科相关错误和外科相关并发症。由于这些发现，AHRQ 强烈鼓励采用基于团队的外科核查表执行制度。

越来越多的证据表明，外科核查表应该实施。然而，外科核查表的开发和设计不能一蹴而就，也不是所有核查表都能显示出业绩优势或能提升业绩的可靠性。开发和设计过程需要分析核查表的使用背景，对遇到的问题或操作做全面评估，这需要标准化、领导力和团队成员的积极性（当然是那些被要求使用核查表的团队成员）。

6. 公正文化　公正文化是安全文化的一项重要特征。公正文化承认"是人，都会犯错，总有一天会犯错"这一事实，从而促进安全文化。因此，人们认识到，对有些错误，其解决方案不应该附带针对个人的严厉惩罚，其实，制度本身就可能存在缺陷。不过，人们清楚地认识到，日常常见的人为错误与公然或故意违规之间是存在区别的，对后者可以而且应该以更严厉的方式处理。

7. 以病人和病人家属为中心的医疗　以病人为中心的文化把病人和家属看作医院存在的唯一理由。病人安全文化的一个重要方面是病人及其家属参与到该过程中来。

在提升医疗品质和安全性方面，病人和家属可以参与的方式有无数种。

- 不要把家属看作访客，要把他们看作提升医疗品质和病人安全的盟友。
- 创建与病人安全议题有关的病人和家属咨询委员会，并任命病人和家属在病人安全委员会任职。
- 将病人和家属的法律顾问纳入创建制度与方法团队，以提高出院计划中和其他医疗交接中的病人安全和医疗一致性。
- 让病人和家属参与教材研发和员工导向培训（Staff-Oriented Process）。病人关于就医经历的故事可以带来深深的触动。
- 请病人坐下来分享有关就医的经历,让他们参与员工导向培训。
- 将以病人和家属为中心的理念应用于快速响应小组(Rapid Response Team)。

在参加由消费者促进病人安全赞助的芝加哥病人安全研讨会上,来自不同人群的 21 名参会者接受了采访,讲述了他们作为住院病人的经历。对这些参会者采访意见的一篇分析揭示了三点发现:医疗保健提供者内部沟通和关系的影响及意义,病人和家属对医疗保健提供者的信任度和期望值,以及以病人为中心的意义和应用。该研究得出的结论是,成功的、强化以病人为中心的医疗为目的的规划需要采用多视角思维,包括听取那些经历过因可预防性医疗过错造成伤害的病人和家庭成员的声音。一位与会者尖锐地提醒人们,可预防性医疗伤害结果带来的效应是长期的,失去的东西是多重的:

> 失去是一块洞穴般空旷之地,充满了痛苦以及对无法复原的东西的眷恋。失去以特殊的方式定义了你的人生,这是其他任何东西都无法等量齐观的。你开始懂得了这段旅程,感到惶恐不安且猝不及防,有时太清楚了:一种被抛弃的恶心感、在你短暂忘却后回忆时的恐惧感、挥之不去的缺失感,以及某人死去的悲不自胜和命如草芥之感。

引自:Hovey R B, Dvorak M L, Burton T, et al. Patient safety: A consumer's perspective [J]. Qualitative Health Research, 2011, 21(5): 662-72.

第四节 本章小结

- 责备文化是问"谁干的",开放文化是问"为啥这么干"。
- 要求团队中人人关心病人安全核查表,这种团队性外科安全核查表的实施能降低病人死亡率和并发症发生率。
- 医疗保健要求训练有素、技术娴熟的工作人员,利用可靠的高品质数据,在合理的规章制度、良好的政策方略下工作。
- 水满则溢,月盈则亏。"好"的"敌人"是完美。追求"最佳"或"完美"的解题方案可能会适得其反,导致对一个有效但不太完美的解题方案的排斥。对完美解题方案的孜孜追求往往会使你裹足不前。
- 医生自主各行其是的医学模式和医学"艺术"(艺术无法做到规范化和标准化)使得规范化和标准化行医的实施面临窘境,规范化和标准化行医是安全文化的一大关键特征。

用自行车从幼儿园接送外孙女引发的联想：

提升外科病人安全的一个简单易懂且有深度的考量源于用自行车从幼儿园接送外孙女引发的联想。每次去天山幼儿园接孩子时，我都会提前在幼儿园门口等候。当许多孩子从幼儿园大门涌出时，我会通过衣着、体态、容貌、举止等证据注意对孩子进行识别，她也会在人群中用同样的方式寻找识别我——一种"双识别模式"，这样才不会接错孩子。在上车骑行之前，我会自然而然、不由自主地检查宝宝座椅是否在自行车后座上固定牢靠、孩子面色如何、孩子有无不适、安全帽是否戴好、安全带是否系牢。我不可能不做这些核查——不做这些核查就一定会"感觉哪不对劲"。我不做这些核查，就不会上车骑行。上车后我缓慢骑行，一路全神贯注关注交通信号灯，目不转睛地盯着来往车辆和行人，甚至还需要眼观六路、耳听八方，随时注意高空坠落物等不测。

像安全接送外孙女一样，这些安全理念在医疗保健行业的安全文化也同样存在：

- 在病人麻醉前抵达手术室，一方面可以就特殊要求与麻醉医生或护士沟通，另一方面也是体现对麻醉医生和护士的尊重。
- 如果没有验证病人是否正确、治疗方案是否正确、操作名称是否正确、操作部位是否正确，那么就会"感觉哪不对劲"。对有意识清醒的病人要做一次"双识别"，例如，在手术等待区。
- 如果没有确定环境、所有设备和流程都正常运行且安全，就会"感觉哪不对劲"——一种"强迫症"。
- 如果同事没有把全部心思放在安全医疗中来（核查搭档是否全神贯注、判断其参与度），就会"感觉哪不对劲"。
- 在为病人提供医疗或操作（包括外科手术）之前，所有这些"感觉不对劲"都会让当事医生停下来把问题解决了。
- 在治疗期间或外科操作过程中要密切注意病人局部（手术野）、病人生命体征、环境（设备、器械）、助手等的情况或变化——态势感知，随时调整改变你的对策。

（汤文浩）

第十二章 优质文档是医生手中的矛与盾

> 你的所作所为是你的第一道防线,你的记录是你的第二道防线。
> 劣质文档容易导致不利于医方的判决。
> 在细节之中,上帝与魔鬼同在。

第一节 文档贵在详细、真实

我阅读过许多关于优质文档(good documentation)能避免诉讼的事实传闻和文章。对这一观点我不敢苟同,优质文档很少能避免被起诉。不过,在庭审中,优质文档容易导致有利于医方的判决,甚至有可能帮助你把这桩案件驳回。

(一) 详细

诚然,优质文档是有力辩护的基石。至于何为优质文档,许多医生之间一直流传着这样一句话,在病历书中你写的东西"越少越好"。这句话的逻辑是,你写的东西越少,能被患方抓住的把柄用来扭曲和用来对付你的东西就越少。

然而,法律界人士对此有不同的看法。以蛛网膜下腔出血这种颅内出血被漏诊为例,你的文档最好提到一些关于蛛网膜下腔出血这件事。从法律界人士的角度来看,最好是考虑到了某事——你使用了判断力,是判断出错,而不是根本没有考虑到某事。此时的判决通常会偏向有利于医方。

然而,粗心的医生甚至不会意识到颅内出血最终会出现有利于患方的判决。因此,在病历书写方面请摒弃"越少越好"这一导向性理念。相反,要认识到写得越多,对你的案子判决越有利。

（二）真实

文档的重要性不言而喻，但是，无论如何我还要再次强调，文档实在太重要：**绝对不要篡改病历**。每当你回过头来"完善"你的病历，它就反会过来在你的脖子上套一根绳索。

> 千万不要篡改你的病历！因为在法庭上，这属于"伪证"！还要杜绝你的记录与其他医疗记录（如护理记录或医嘱）之间存在事实上的矛盾冲突，除非你能自圆其说。

不管你认为这份病历有可能对你造成的不利局面有多大，觉得有必要对其"动动手脚"，但是，与改动病历相比，不改动的病历其实是非常站得住脚的。优秀的律师能让糟糕病历中的缺点转化为优点。一旦你对病历的改动被人发现，它对案件的不利影响是任何人都无法帮你开脱的。

有时，在被起诉之前很久你就注意到了病历中的错误，你更正错误的方法有两种：①在不正确的文字上画一条横线，写"错误"两字，然后写上更改的日期时间；②另添加一段补遗。但是，一旦被起诉，就不应该添加任何补遗。

如果有人要求你为一名几个月前你诊疗过的、你已经不记得的病人补写一份病历，你也愿意为该病人重新写一份病历，请一定依据现有材料诚实书写。

在这种特殊情况下，最明智的做法是写最简短的文字，亏待这位病人，而不是一份会被误解为造假的病历。事实上，从法律角度看，无论如何都不要拖延病历书写，其结果是文档不全。在病人的结果不好、有可能导致诉讼的情况下，尤其如此。

（三）文字清晰可辨

如今已经进入电子病历时代，需要手写病历的情况很少，除非医院的 HIS 系统发生了严重并发症。但是，如前文所述，你还是可能在打印出来的文档上添加简短文字，此时，就应该注意字迹的清晰可辨。

医生以"龙飞凤舞"的笔迹被众人所知。尽管不要求你是一位书法家，但是，在法庭上，文件记录无法辨认可能会对你不利。如果没人能读懂你写的东西，你怎么为自己辩护？往往会出现这样的情况：医生在创建文档后短时间内能够阅读和解释自己的笔迹，但在数月或数年后自己也无法辨认。

因此，如果你对自己糟糕的文字书写品质心知肚明，并且文字书写品质没有希望提高了，那么最好采用其他方式做文档工作。计算机化的文档工作已经非常普及。在如今的高科技时代,出现难以辨认的记录简直是不可理喻。

(四)阅读文档与撰写文档同样重要

在优质文档中占比很大一部分的是利用好既往文档中那些有价值的东西。如果你看到一位最近刚出院的病人前来门诊随访,你必须做的一件事就是复习住院记录。如果你看到的是一位新病人,你必须做的一件事就是要求病人出示并查看前一位治疗医生所写的记录。如果病人是第10次来你这里就诊,你就应该了解前9次的检查结果。如果你没有阅读所有这些有价值的文档,那么这些文档的价值在哪里呢?

从法律角度来看,法官和陪审团希望医生能利用所有现有信息,为病人的诊断提供帮助。陪审团不会接受工作繁忙或工作人员不称职之类的托词。医生在制定诊疗计划时都要求在信息全面采集后做决策。如果你没有这样做,而且病人被误诊,那么你的过错就与病人的误诊存在因果关系。

(五)电子病历中的拷贝反映的是医院管理这一深层次问题

一种情况下的优点在另一种情况下往往是缺点——太阳越大,阴影越大。计算机化的文档有诸多优势,带来的是病历拷贝问题:女病人病历中出现"两侧睾丸和附睾无触痛、无结节",男病人腹部手术记录中出现"卵巢和附件正常"。为了减少此类错误,医院管理者就应该要求公司在对电子病历进行编程设计时,将某些文档项目设计成"强制填写"或"不允许拷贝"的模式,例如:手术记录中的"术中所见"、入院记录中的"专科情况"等栏目。

第二节 知情同意文档

许多案件的胜诉或败诉是知情同意问题。如果有优质知情同意文档,甚至可以避免或减少一些诉讼。如前文所述,当病人需要做手术时,医生需要填写一些表格,证明病人对该医生做该手术履行了知情同意。

有些医生把这项重要工作(对病人的关注)下放给护士或下级医生去做。我知道时间对你来说可能很宝贵,但是,请勿差遣他人替代你与病人签署知情同意书。知情同意书不仅仅是在填写好文字的一张纸上签个字那么简单。它是与病人恰当沟通的关键环节。你应该向病人讲解该术式或操作以及最可能出现的不良结局,同时,依旧说服他们在这张纸上签字。在与病人签署知情同意书时不要只用医学术语，要使用通俗语言、简笔画以及其他各种必要的方式，目的是把可能发生的事情解释清楚。

如果你或医院有标准化的表格式知情同意书，请尽可能在表格上用下划线、画圈和插入（也可以在这里加入前文提到的手绘图或图表）。你在预打印的知情同意书中添加的任何个性化东西都表明你在向病人解释这些风险方面做了不懈的努力。

此外，仅仅因为医院要求病人在一份知情同意书上签字，并不意味着你不需要亲力亲为做这件事。你或许知道，在你第一次向病人谈及风险和获益时，病人往往可能并不太在意。病人有否认不良结果可能性的倾向（这种事情不会发生在我身上吧），他们期盼的是一个美好结果。

因此，你关于知情同意方面的支持文件越多越好，包括证人。这些证人可以是病人的家人、护士和其他工作人员。如果护士有护理病历，请确保护士在知情同意谈话期间也在场，并让他们为此书写文档。

在你的病程记录中，还必须对你的知情同意谈话做一番扼要记载。最好包含比较多的细节，而非简单的"已经做了知情同意"。你在病历中描写得越明确，对法官和陪审团来讲可信度就越高。

尽管看似有点啰嗦，但是，你的知情同意告知次数越多越好——从门诊初次见到这位病人时就应该开始了。在病历中对告知的记载次数越多越好。当陪审团成员看到你在知情同意方面的这么多次记录时，他们会认为你是一位非常细心的医生。

一些医生甚至（在病人完全知情和同意的情况下）会对整个知情同意谈话过程进行录音、录像。然而，如果一个病人因为你从未告诉过他们一种不良结果而起诉你时，你会有无法否认的证据。不同的人会以不同的方式不遗余力地保护自己。

第三节 被起诉之前，销毁你的日记

许多医生都有写日记的习惯，可以是私人日记，也可以是医疗日记。对于有些人来说，这是他们的生活经历日志。对于其他人来说，这是一张用于信息、读书研究或病人随访目的及其医疗问题的列表。

为什么写日记不好呢？任何有日期的东西都可以成为对你不利的证据。例如，你在日记中写了与朋友出去喝酒。几年后，你被起诉，患方律师发现在你为其当事人提供治疗之前的一天晚上你有"饮酒狂欢"。我可以向你保证,他们会利用这些信息把你描绘成一名距离戒毒中心只有几步之遥的"酒鬼"医生。

如果你是一名有着仔细做病人日志习惯的医生,你无法预测你那无辜的日志会怎样被断章取义地扭曲从而对你构成不利影响。

因此,如果你保存有这种或那种类型的日记,那么现在就把它处理掉。此外,不要保存几个月前、记载有病人信息的私人日志。最好是根本不保留任何含有病人信息的私人日志。让患方律师能找到的控告你的东西越少越好。

如果你一定要保留一份你感兴趣的病人日志,以备将来写文章时使用,请不要留有病人的名字和日期,一定要笼统。

此外,要注意是否存在其他种类的日记,例如你的线上日记。你有百度、腾讯或微博账号吗?根据你所在的司法管辖区,患方律师可能会要求你提供所有账号密码,并搜索这些网站,寻找你留下的、可以被他们利用的蛛丝马迹,将其作为对你不利的证据。并不是说你不能使用这些现代交流方式。但是,**一定要意识到你所写的或发布的任何东西,特别是有关病人和诊疗方面的话题,最终都可能在法庭上被大声读出来。**因此,在网上的举止要专业,在你写之前,要想想自己:"这些话大声读给法官和陪审团听会怎样?"

> 一定要注意你在网络上留下的电子足迹,以免你在法庭上的陈述与你在网络上留下的只言片语自相矛盾。
>
> 若要人不知,除非己莫为!

你公开说的每一句话,无论是通过发表评语还是撰写文章,都是可搜索的,并且可能在法庭上被用来对付你。此外,请注意,有些网站是不受同行评议保护的,那么,你在案例分析中给出的那些"天真无邪"的评语意见可能会被患方律师利用,可能针对你的诉讼恰好与其中的一个话题吻合。例如,你在书面证词中说了一件事,但与你在微博上发表的看法不同。患方律师指责你在书面证词环节撒谎,这可能会让你陷入十分尴尬的境地。

还有一点,在工作中使用互联网时要当心。许多医院会对你的上网记录进行跟踪和存档,精明的患方律师会传唤这些记录,并找到你在为病人提供医疗之前(甚至在为病人提供治疗期间)访问过的个人网站和医疗网站。一定要认识到你会留下电子足迹,你的这些电子足迹可能会被追踪,然后被用来对付你。至于法庭上允许利用哪些东西,各家的法律规定不一,有些地方比其他地方更开放。

此时,我的忠告可能看上去有点不可思议,或许甚至有些极端,但是,要不了几年，随着患方律师越来越熟悉社交媒体，当一位医生被起诉时，这些问题可能会越加普遍。我们需要对医生提前发出警告，否则他们今天所犯的错误或许会在将来某一天诉讼发生时被用来对付他们。

第四节　本章小结

- 医学文档贵在详细、真实。劣质的文证会使你深陷案件泥潭。
    - 你写得越多越好。描写你在做出诊断之前的思维过程。记录你与之交谈过或联系过的所有咨询人，包括你打电话的次数、咨询人回复的次数以及详细通话信息。
    - 切勿篡改病历。
    - 要求病历记录清晰易读。
    - 将你自己记录和其他医生的记录读一遍。
- 全面记录知情同意沟通过程。知情同意书的结果（签字）固然重要，但是，**更重要的是过程**。当差遣他人代劳时，一定要三思。
- 如果你还未被起诉，并且你有一本病人日志或日记，请将其销毁！如果你正在考虑创建一本病人日志或日记，请打消这个念头。如果你坚持写一本病人日志供将来出书使用，请不要使用姓名和日期，坚持笼统的原则。
- 在临床医疗中，经典的原则之一是**未亲眼见到病人，请勿给出诊疗意见**。在如今的网络时代，远程会诊已经习以为常。但是，我还是想给你提一句忠告：将社交媒体当作一种交流工具使用，一般不要在社交媒体上为病人下诊断或制定治疗计划，更不要发表情绪化的言论。
- 在互联网网站上写任何东西发表评论意见都要审慎。在法庭上，你的意见可能会造成不利于你的作用。想象一下，你写的所有东西在法官和陪审团面前大声读出来会是什么效果。
- 也不要自认为采用匿名就可以不负责任。对方律师可以向法院施压，要求你提供公共社交媒体账号和密码。

（刘从兴）

第十三章
有效沟通的要诀与技巧

> 天时不如地利,地利不如人和。
> 铁冷了打不得,话冷了说不得。
> 刀伤易治,口伤难医。

从病人安全的角度来看,医疗团队成员之间、医疗团队成员与病人和病人家属之间的沟通需要标准化,其重要性毋庸置疑。医患关系是临床医疗的"基石",医患关系有赖于相互信任和相互尊重,建立和维护这种关系的核心原则是沟通。有证据表明有效的医患沟通可以提升病人结局,提升病人和医疗保健提供者双方的满意度。本章目标是为读者提供一些基于证据的见解,以及同行评审文献中一些经过验证的成功理念,期望这些见解和理念能为医疗保健提供者之间的沟通、医疗保健提供者与病人及其家人之间的沟通提供帮助。

第一节 美国的研究结果

外科并发症对病人的伤害往往源自医疗团队内部的沟通障碍,而非发生在手术室内的技术性并发症。美国外科医师学会对已结案索赔所做的研究令人刻骨铭心,该研究显示因技术错误导致的外科并发症仅占总诉讼事件的50%左右。在因外科伤害引起的所有索赔案件中,约有25%归因于术前、术中或术后沟通障碍。

有效透明的沟通除了对确保病人安全有毋庸置疑的影响之外,美国医疗保健体系改革建议将支付方式与病人满意度评分挂钩,例如与"医院消费者对医疗保健提供者和医疗保健系统的评估"(Hospital Consumer Assessment of Healthcare Providers and System,HCAHPS)系统挂钩。

虽然大多数医生都自认为是"沟通高手",其实,在与病人沟通方面接受过正规培训的医生不足20%。**大多数医生被起诉的原因是病人对医疗保健提供者的沟通不满。**病人会打心眼里认为他们的主管医生能提供高品质医疗。具有讽刺意味的是,对于病人接受的是否为高品质医疗,病人感受到的主要预测指标与客观指标(医疗品质和医疗安全)并没有必然联系。相反,影响病人对"医疗品质"评价的因素是他们对与医疗保健提供者沟通品质的主观感受。病人在他们生命中最糟糕的时刻前来就诊,理所当然地会感到焦虑和胆怯。一次开放、坦诚、透明的沟通有助于建立一种真正的医患"伙伴关系",这种关系为病人医疗中的"共同决策"过程打下了基础。

第二节　破局妙招

(一) 医疗保健提供者之间的沟通原则

近年来,在促进医疗保健行业的有效沟通方面,人们开发并验证了多种工具。SBAR首字母记忆法(表7-8)早年用于军事协议(海军核潜艇技术)之中,如今作为一种简单有效的结构化语言,SBAR框架已经在医院和医疗机构中采用,目的是在临床上让医疗保健提供者之间的沟通标准化、清晰准确地表达期望事项。

口头沟通的基本要求是及时、准确、有指导作用、容易被理解。在口头沟通中,信息接收方的正式复述可确保接受方对信息的理解程度。这种双向有效沟通方式与专业航空的安全核心原则十分相似。复述是一种经过验证的结构化语言,用于清晰准确地提供口令和重要的实验结果。在临床上,清晰易懂的结构化沟通的另一个典型例子是外科暂停核查,它是联合委员会强制要求执行的通用预案的一部分。

(二) 医患沟通的原则

关于提升沟通品质的基于证据的方法已经有大量文章发表。为什么说提升沟通技巧对外科医生来说很重要?多项研究表明,与病人的有效沟通可降低索赔和诉讼发生率、改善临床结局、提高病人对所推荐治疗方案的依从性、降低非计划性再入院率、提升病人对所接受的医疗品质的主观感受。一项具有里程碑意义的研究数据表明,75%的住院病人说不出他们经治医生姓甚名谁。其余25%能够说出他们经治医生的名字,但是,正确率只有40%。

1. **先和蔼地做一番自荐** 医生可以通过在关键时刻做一番正式介绍,让病人对沟通品质和医疗品质产生与众不同的深刻感受。介绍内容包括医生的姓名,最好同时给病人分发一张名片,扼要介绍自己在该病人医疗计划中的地位,并就自己的培训和专业知识水平背景做一次扼要介绍。AIDET首字母记忆法是一种基于证据的、经过验证的、成功的医患沟通框架(表13-1)。

> 在采集病史时,病人更喜欢医生坐着而不是站着。病人认为坐着的医生更具有同情心。
>
> 有了巧舌和诚意,你能用一根头发牵来一头大象。

表13-1 AIDET首字母记忆法:医疗保健提供者与病人及其家属有效沟通的一种标准化沟通框架

英语首字母	英语词意	中文解释
A	acknowledge	致意——用友善的方式主动迎接来人。面露微笑地看着他们。如果你认识他们,请直呼他们的名字。你传递给他们的第一印象最重要、最持久。与病人及其家人建立良好的关系。 示例:"早上好,张女士。欢迎您来中大医院乳腺中心!看到预约后,我们一直在等您,感谢您的光临。能否麻烦您花点时间确认一下,这是您的最新情况吗?"
I	introduce	介绍——礼貌地介绍一下自己。告诉病人你是谁,以及你会如何为他们提供帮助。介绍你自己所处的角色,具备的职能、经验以及技能等。陪伴他们去他们想去的地方,而不是用手一指。 示例:"张女士,我也姓张。今天我会为你做一次肿块穿刺检查。我是一名从业40年的外科医师,从事乳房外科20多年,每次专家门诊大约做10例此类检查。我们医院的医生都说我的乳腺治疗技能是一流的。你有什么问题要我回答吗?"
D	duration	持续时间——概述预期的耗时和等待时间。定期保持联系,缓解长时间等待的心理感受。让他们知道是否会有拖延,并告知对预计时间的现实期望。必要时,为不必要的等待时间提供解决方案 示例:"胡主任需要处理一名急诊病人。他知道你在等他给你看病,他让我转告你,他可能需要30分钟才能过来给你看病。你愿意等一会儿,还是愿意出去办些事,过会儿再来?"

续表 13-1

英语首字母	英语词意	中文解释
E	explain	解释——解释告诉病人预期可能发生什么。把所有拟采取的步骤告诉病人,回答病人的所有问题。识别并减少病人的焦虑和不确定性,抽空给予帮助 示例:"这个穿刺大约需要 10 min。第一步是给你打局部麻醉,然后必须等待 2 min 才能穿刺切取组织标本。如果依旧有疼痛,你可以用嘴说,手不要动,可以吗?"
T	thank	感谢——说"谢谢!",用标准套路结束与病人的交谈,养成一种感恩心态。酌情使用奖励和表彰手段 示例:"谢谢您选择我们医院。""谢谢您对我医术的信任。""感谢您抽出宝贵时间来我这里看病——能为您服务是我的荣幸。" 采用标准套路结束与病人的这次沟通和互动:"今天我还能为你做些什么吗?"

2. **尊重与倾听** 有些经过验证的理念能增强病人被倾听和被尊重的感觉,这些理念如下:

- 在进入检查室或病房前一定要敲门。
- 护士应该尽可能参与医生的查房。联合查房提升了病人对医疗中团队合作重要性的感受,有助于护理人员在往后与病人的互动中强化医生的诊疗意见。
- 在整个面谈过程中,始终穿着得体,保持严格的专业精神。
- 使用统一的沟通框架。用 AIDET 首字母记忆法在见面介绍和结构化内容方面做标准化沟通。
- 坐下来与病人"视线处于同一水平"。这有助于建立病人的信任感,不会被看作医生傲慢、居高临下或高人一等。与病人坐在同一水平意味着"**我有时间陪你聊**"。
- 使用非语言沟通方式强调对病人关切的重视和理解。保持眼神交流和积极态度,例如微笑待人。
- 在病人就诊期间,切勿察看手表或时间。察看时间给人的主观印象是时间紧迫,这会对面谈品质产生负面影响。只要医生没有用非语言方式暗示时间紧迫,病人对医生投入的高品质时间的看法与面谈花费的绝对时间无关。
- 为病人提供记事本,鼓励他们把需要询问护士和医生的问题写下来。这种策略提升了病人被倾听和参与医疗计划的感觉。
- 向病人扼要清晰地说明预期情况,分享常规时间安排信息,例如预期的医生查房时间等。

- 一定要经常纠正面谈的方向,向开放式问题引导,要让病人"复述"重要内容,目的是了解他们的理解和感知程度。
- 不要用专业术语,应根据需要用通俗语言解释医学专业术语。
- 根据谈话内容为病人做一个最后总结,重复所谈论的核心要点,鼓励病人遵守治疗方案和随访预约。
- 告诉病人家人手术后哪位医生会把术中情况告诉他们,以及他们应该在哪等候。一定要在手术结束后及时把术中情况向病人家属通报。想象一下,当他们的"亲人"正在接受外科手术时,候诊室里的家属是多么焦急、如坐针毡。
- 使用"AIDET"首字母记忆法完成与病人和其家人的谈话:"感谢您的时间和耐心。您的所有问题我都回答了吗?今天我还能为您做些什么吗?"

3. 共同决策(shared decision-making) 共同决策的理念是要求在病人和外科医生之间建立真正的伙伴关系。只有将病人的想法和个人价值观纳入最佳治疗选项决策中,才能实现这一点,尤其在不存在唯一正确医学答案的情况下(外科医生会面临许多不确定性)。

有趣的是,在这个快速发展的领域,研究表明参与自己医疗方案决策的见多识广的病人往往会选择创伤更轻、风险更小、成本更低、整体结局更好的替代治疗方案。对病人来讲,共同决策与共情心和怜悯心紧密关联。

还是让我们面对现实吧:即使你不具有共情心,全然受**功能兴趣和经济利益**驱动,你依旧应该注意让你的病人参与到他们的外科医疗决策中来。研究一再表明,与病人的有效沟通与法律索赔和诉讼发生率较少、临床结果更好、病人对所推荐治疗方案的依从性提升、计划外再入院率减少以及病人对所接受的医疗品质感觉提升有关。

显然,长此以往的"家长式"医疗模式(由外科医生单方面决定病人的最佳治疗方案)已经过时,必须由一种现代团队协作模式取而代之。我们的病人有权直言不讳。如今他们对我们说:"请勿越俎代庖!""没有我在场,有关我的事请免谈!"

显然,一种强有力的成功的病人-外科医生伙伴关系的基础是相互信任、尊重、完全透明以及采用共同决策对待所有相关治疗。

怎么知道是否成功地实施了共同决策呢,有什么诀窍吗?只要我与一个病人做的是一次长时间的面对面交谈,我就知道我已经成功了。通常还会有多个工具和辅助物品、模型、放射影像以及绘图。其中一次对话至少持续了 20～30 min,甚至更长。

当病人最终回答:"医生,我来这里真的是想做手术,但是,在你告诉我一切之后，我宁愿继续采用非手术选项。"我会很诧异，而且这种情况不少见。每当遇到这种情况时，我都会心灰意冷。然后，我会让下级医师取消明日的手术预约单（之前，我错误地认为病人会在我们谈话后选择手术），然后，面带微笑与病人告别。

我为什么会面带微笑？

因为我知道在那一刹那，我或许是这个世界上最有效的"共同决策专家"。我知道我的谈话改变了病人的生活——不管我们医院的管理者是否乐意。

4. **关键**不仅在于你说了什么，还在于病人听进了什么　当人们存在心理压力时，他们的思维往往会不清晰。对大多数人来说，健康问题都会使他们的心理非常紧张。病人往往会提出问题，但没有听清楚或没有听懂你的解答。他们貌似在倾听且点头示意，其实，他们什么都没有听进去。**如果病人不明白医生对他们说的是什么意思，那么就是沟通失败。**显然，在这种情况下，你无能为力。医生要做的事太多，没有必要一而再再而三地唠叨。即使有太多的事项需要嘱咐，病人也无法集中注意力。

但是，有一些策略能加深病人对你交代内容的理解。除了前文提到的"复述"外，与文字相比，画图能更好地帮助病人理解诊断。此外，请病人的一位朋友或亲戚亲临现场，让他们也倾听你的嘱咐，这有助于提升病人最终理解他们需要做什么的可能性。

> 你必须尽最大努力与病人进行有效沟通。有效沟通除了对病人的健康有益外，还降低了你被起诉的概率。

5. **语言沟通方面的特殊障碍**　我国是一个多民族国家，在大城市，我们时常可以见到外国人前来就医。因此，医生很可能会面临语言不通的病人。在病史采集过程中对病人的了解不够会导致出现医疗过错。在需要的情况下，找人翻译符合医方的最佳利益。只要有沟通不充分的地方，就必须请翻译。也可以备一部翻译器。美国医院认证联合委员会（Joint Commission on Accreditation of Hospitals，JCAHO）规定每家医院都必须提供翻译，费用由医院承担。

诚然，如果病人不会讲普通话，人们会有利用家庭成员当翻译的冲动。尤其在诊室环境下，这可能是从这种病人那里获取信息的常用方式。但是，这样做有一些缺点：①会说普通话并不意味着能恰如其分地翻译医学术语；②家庭成员可能会故意不准确翻译，原因是多方面的（经济、情感……）。

总之，语言不通是与病人沟通的主要障碍之一，这是潜在的责任来源。尽你所能来解决这些问题对防止诉讼大有裨益。

6. 对外科手术病人，还需要注意几点
- 绝对不要碰病人及其家属的"红包"，那是"烧红的烙铁"。
- 手术前几分钟是你进行"外交公关"和提高安全性的另一次机会。
- 手术前一定要读一下你记录的东西。
- 烦请你从手术开始就待在手术室里或手术室附近（以便随叫随到）。
- 万勿超专业范围行医。
- 手术室的文化问题。
- 在手术中，要注意定时将病人的情况变化通报给其家人。
- 在离开手术室时一定要与家属中的每位成员打招呼、交谈，感谢他们到场。
- 在你确信病人完全苏醒、情况良好、已进入复苏室前，在你将病人的情况向某人交代、把病人托付给他以防不测前，绝对不能离开医院；即使在此后，也要做好随时赶回来的准备。
- 手术结束后，要口授或书写手术记录，甚至应该在你的下一台手术开始之前完成。
- 一旦出现并发症或不测，要坦诚披露，并加倍关心。切忌谎话连篇、躲避、隐瞒。

第三节　本章小结

避免沟通中的常见误区，这些误区可能导致诉讼或者不利于你的胜诉。专业的外表加上主动友善的问候与介绍会给人留下第一印象，为在相互信任、相互尊重基础上建立持久关系奠定基础。在当前这个以病人为中心的医疗时代，**外科医生必须从优秀的技术大师转变为医患关系中的"真正合作人"**。

- 沟通问题不在于你说了什么，而在于病人听到了什么。因此，重复很重要。请病人复述你所说的内容，确保他们的领会无误。
- 使用标准化的沟通框架后，能显著促进医疗团队内部以及医生与病人之间的有效沟通。基于证据的沟通工具增加了病人及其家人对医生的信任度，促进他们参与共同决策并拟定治疗计划。此外，已经有证据表明沟通的品质与病人对医方提供的诊疗品质的评价是一致的。
- 在医疗保健行业，一些有前景的标准化沟通新策略是书面核查清单和标准化的口头沟通策略(如"复述"以及术前任务布置/术后任务执行复盘①,该理念借用的是民航业机组人员管理方案)。

- 结构化的沟通是外科病人安全的重要技术工具。人们已经用首字母记忆法设计出了几种标准化沟通框架(例如 SBAR、AIDET),旨在促进医疗保健提供者与病人及其家属之间的有效沟通。在临床上,术前"暂停确认"和"复述"是标准化沟通的成功例子,其特点是清晰、准确、不含糊其词。
- 为不会说普通话的病人找一位合适的翻译员。
- 记录你与病人的知情同意沟通,要求记录细节、有针对性(**不要笼统,要针对病人的具体情况**)、有多项证据以及护士和你在多处记载。
- 如果出事了,致歉或许可以有助于避免诉讼。

(张亚男)

---

① 术前任务布置(perioperative briefing),又称沙盘推演,是在第一位病人推入手术室前的一项外科医疗团队的全体活动。目的是与团队中的其他成员分享当天外科任务信息:一天的手术病人简介、团队各成员的任务、预计需要格外关注的技术问题或后备支持问题。术后任务执行复盘(perioperative debriefing)由回顾目标—评估结果—反思过程—总结规律四步组成,是在当天手术全部项目或活动结束后,对已经进行的项目进行回顾,对经验和教训进行总结,讨论当天工作的正面成绩和问题所在。团队成员可以借此机会谈谈他们的体会,提出围手术期医疗品质和病人安全的改进意见。

第十四章

交接：病人安全的"潜在隐患"

> 世上无难事，只怕有心人。
> 安全第一。
> 两利相权从其重，两害相权从其轻。

在医疗保健界，"交班"并不是一个新词。多年来，护士一直有交接班工作，因为护士一直是轮班工作制。此外，救护车与急诊室、急诊室与病房以及手术室与病房都存在病人交接问题。一些医学专业科室（如麻醉科和ICU）也已经实施并完善了一段时间的交接班制度。在本章，"交接"、"交班"和"转手"这三个术语都是用来描述完成轮班的医疗提供者（医生、护士等）与即将接管病人的临床责任医疗提供者之间对重要病人的临床信息进行移交。

这个世界的许多国家都采纳了缩短低年资医生工作时间的政策。2002年，美国医学生毕业后教育认证委员会（Accreditation Council for Graduate Medical Education，ACGME）在美国所有医学专业引入了低年资医生工作时限为每周80小时这一政策。2009年，欧洲工时指导准则（European Working Time Directive，EWTD）在英国全面实施，将低年资医生的工作时间缩短至每周48小时。缩短工作时间的理由是，由低年资医生长时间工作疲惫所造成的医疗差错有可能会减少。

有道是优点越明显缺点越显著：低年资医生工作时间的缩短会导致频繁轮班、连续医疗时间缩短、频繁病人交接以及病人交接期间信息丢失风险增加，可能对病人安全构成不利影响。在外科，24小时的长时间值班是常态，其优点是医疗的连续性。针对缩短工作时间对培训和医疗连续性带来的影响，人们，尤其是外科界，还在不断抗争。据估计，在新西兰，平均每位内科病人每次入院需要经过6名医生的手，而外科病人平均每次入院需要经过10名医生的手。其他研究表明，自从美国引入缩短工作时间的制度后，每位病人在5天住院时间内平均有15次交接，人们对这种交接频繁的主要担忧是信息丢失风险及其由此带来的对病人安全的影响。

2004年,英国医学会出版了《安全交接与安全病人》一书,为低年资医生提供了交接班指南。该指南建议,交接班应在固定时间进行,要有足够长的持续时间,最好将"手机置静音",并且应该由团队中年资最高的临床医生监督。他们建议,在交接班时应该有信息系统支持并且可以查看临床信息(如查看检验结果和X线片)。

2007年,英格兰皇家外科学院颁布了其病人交接指南,进一步提出信息传递的最基本标准。这份指南要求在病人交接中,最基本的信息应该包括病人的姓名和年龄、入院日期、病区、主管医生、目前诊断、重要检查结果或待定检查结果。

第一节 交接班研究现状

(一)交接培训

医疗保健行业对交接班的主要担忧是,交接不符合要求可能会给病人安全带来风险。每次交接都有出错的风险,研究表明,病人也会对频繁交接表示担忧。交接工作仍然是病人安全链上的薄弱一环,信息可能在这一环节出现丢失、失真或被误解。交接培训不是本科阶段或毕业后阶段的学习课程的正式部分,因此,在不同医疗机构和不同部门之间交接培训的差异甚大,人们对交接培训要达到的目标知之甚少。最近对16所(50%)英国医学院进行的一项调查显示,81%的受访者认为交接是一项重要的教育问题,需要进行专门培训。然而,81%的受访者不同意将交接培训作为一项重要内容纳入本科教育。由于缺乏交接培训方面的公开证据,因此,医学院对交接培训问题的反应存在分歧意见。

(二)交接内容

1. Patterson的7个概念框架 为了降低病人的风险、提升交接工作的品质,我们必须首先了解交接的目的是什么,才能对各种改进或改变的效果进行评价。除了信息传递外,Patterson和Wears评估了信息交接的有效性。他们认为交接应该环绕下列7个概念框架:

(1)信息处理:信息处理的主要作用是把嘈杂的信息变成准确的信息传递。该框架是交接班评估中最常关注的框架之一。交接的主要目标之一是准确的信息传递。强化该功能有几种方法，包括使用复述或在书面或电子概要的基础上补充口头信息。

（2）套路式叙事（stereotypical narratives）：套路式叙事的关键点是对病人病情做有意义的概括，把非同一般之处凸显出来。请前来接班的医生像接力棒一样把他们在概要中对病情的理解传递下去。

（3）复原力（resilience）：复原力的目的是对信息传递做交叉检查。鼓励接班医生向交班医生提问，避免任何误解。鼓励参加者公开提问是交接班应有的氛围。

（4）问责制：问责制保证了责任和权力都得到移交。把任务直接分配给具体个人，任务清单可以为问责制提供支持。这个框架的评估方法就是在轮班结束时评估任务的完成情况。

（5）人际互动：人际互动强调交接班过程参与者互动的重要性，每个人对眼下讨论的病人都可能有不同的看法。在多学科交接中这一点尤为重要。

（6）分布式认知：分布式认知要解决的问题是交班方式会如何对整个接班团队产生影响。采用白板辅助沟通，将通信设备（手机）移交给接班团队，可能有助于交接班的平稳过渡。

（7）文化规范：文化规范就是交接班的氛围。这可以通过为交接班提供组织支持来强化，例如设定专门的交接时间、让两班之间有重叠时间、充足的人员配置为交接提供支持、在交接班时将手机置于静音状态。

3. Jeffcott 的三大关键支柱　Jeffcott 等人提出了交接班的三大关键支柱，其中有些与 Patterson 等人提出的框架有重叠。这三大关键支柱分别是：信息传递、责任和问责的移交，以及团队及其工作背景（临床环境）（表 14-1）。交接班时的信息传递可能需要更严格的研究来对信息传递过程和结果数据进行评估。责任和问责需要更多的工作来对这一方面做界定和发展，临床环境需要转化研究来诠释变异。

表 14-1　病人交接培训的三大支柱

交接要素	相关理论	对教育的启示
信息传递	以自以为是的直观判断：医生在交接班时往往不会就重要信息进行沟通。他们并非不知道应该沟通哪些东西，而是高估了自己的沟通技巧。这种以自以为是的直观判断导致他们不太可能去验证接班医生对情况是否完全了解	沟通技巧培训，鼓励提升对所传递信息的核查和理解

续表 14-1

交接要素	相关理论	对教育的启示
责任和问责的移交	代理理论：病人无法得到做出正确判断所需的信息，因而无法知道医生的行为是否符合他们的最大利益。这种"代理的问题"是医生有可能推卸职业责任。这概述了职业态度对安全交接的重要性	对劣质交接的后果进行讨论，提升职业责任感
团队及其工作背景	协调成本：日益复杂的制度增加了协调成本（可以是时间成本，也可以是财务成本），包括信息管理成本和沟通成本	关于助记符设备、交接班清单和确保安全行医的制度教育

（三）交接效果评估

尽管对交接工作及其目的界定因其性质不一存在难度，但是，另一个难点是评估交接效果和改革效果。尽管研究交接对病人安全重要性方面的文献不多，但是，所用的方法十分广泛，包括调查、对模拟交接班直接观察以及对数据收集工具的监测。

调查可用于了解交接工作的某些方面，例如医生知识、行为和态度、对交接过程的总体满意度，并且可以深入探寻其文化规范。然而，用调查方式来判断信息传递的准确性受回忆偏倚限制。

Bhabra 等人创造了许多虚构病人，设置了交接所需的数据点。然后，让低年资医生在与他们日常交班相同的环境下对这些病人做模拟交接班。交接工作由在场的两名观察员录音并直接评分。这种方法允许观察员对整个交接班过程进行分析，并利用录音在观察员之间取得共识。目前尚不清楚这种模拟实验是否贴近自然情况，观察员的在场是否对正在参与研究的低年资医生的交接工作有影响，从而带来一定程度的观察者偏倚。因此，在将这些调查结果外推到真实临床时必须谨慎。

另一种方法是对真实临床使用的交接班文件进行收集和分析。这可以对信息的书面传递做直接评估，对交接工作没有直接影响。然而，这种方法的不足之处是它无法获取口头交接内容，可能会低估信息传递量，因为其中有些信息可能是口头完成的。

（四）信息传递方式

交接方式或信息传递方式仍然是人们争论的焦点。然而，人们有一种共识，单纯的口头交接往往是不够的，**口头交接有比较高的信息丢失风险**。Bhabra 的研究表明,单纯口头交接在第一次交接后就有66%的相关信息丢失。在交接时做笔记,信息丢失量仅为8%,如果采用预先打印的计算机记录,信息丢失量就减少至0%。

Ferran的研究发现,当医生使用自以为是的交接单进行交接时,只有72.6%的信息得到了交接。8%的病例未移交出生日期,2%的病例未移交病人身份识别符。随着标准化交接方式(要求使用预印交班本)的引入,移交信息从72.6%显著提升至93.2%。他得出的结论是,标准化交接方式是频繁轮班医生积累交班信息的实用方法,无须定时坐在计算机面前输入信息。

第二节 破局妙招

全球性医生工作时间的不断缩减意味着交接班工作不但会持续下去,而且其频率会增加。**交接班依旧是病人安全链中的薄弱一环**,交接班存在几个显而易见的短板:培训、功能定位、评估和信息传递。

提升病人交接工作的关键之举可能在于交接技术方面的培训以及认识到**劣质交接会给病人带来风险**。医学院不认为交接工作培训是一项本科教育内容,这很有启发意义。医学院毕业后的医生必然会马上面临交接班工作,因此,我们很难理解安全有效的交接工作培训不应成为本科课程的一部分。尽管人们对提供这种培训的时机仍然存在不同意见,但是,一些研究人员和教育工作者已经致力于开发适用于医学生教学的交接工作培训。

Darbyshire基于Gagne九大教学事项设计了交接工作培训课程,这些事件反映了交接工作的三大关键点(表14-2)。该课程的特点是小组讨论、角色扮演、讲义小册子和交接工作视频,并得到了选择该课程医学生的良好反馈。这种交接班培训课程的模式似乎很稳健,有可能成为一个很好的框架,其他医疗机构可以在此基础上创建适合其当地情况的培训课程。

表14-2 与Gagne九大教学事项和交接培训支柱有关的课程结构图

课堂结构图	Gagne九大教学事项	交接培训支柱
导课		
呈现一个有难度的交接班 学习目标	1—引起学生注意 2—阐述目标;学习目标	责任和问责

续表 14-2

课程结构图	Gagne 九大教学事项	交接培训支柱
小组讨论		
探索学习者自己的体验 引导式讨论	3—唤起对先前知识的回忆 4—呈现教学内容	所有三大支柱
角色扮演		
引子 练习 同行反馈和辅导员反馈	5—提供学习指导 6—展现学习行为 7—提供信息反馈 8—评估学习结果	信息传递
第二次小组讨论		
注重实际和结构	3 和 4	有利于交接工作的制度
第二次角色扮演	5、6、7 和 8	信息传递
视频	1、2、3 和 4	信息传递 有利于交接工作的制度 一些责任和问责
多学科团队角色扮演	6、7 和 8	所有三大支柱
结课		
对交接培训的参与并反思	9—加强记忆和学习迁移	偏向于所有三大支柱

毫无疑问，提升交接工作品质的关键在于培训和教育，然而，如何衡量交接工作品质以及干预措施的效果，还有很长的路要走。目前，在衡量交接工作品质方面还没有经过验证的工具。

虽然交接工作的最佳方式仍然未知，不过，人们一致认为交接工作应该结构化。已经开发出并在临床上使用的结构化模型有几种。临床上常用的是 SBAR 和 SIGNOUT 两种。

SBAR 首字母记忆法（表 7-8）最初由美国军方开发。为了适用于医疗交接工作，人们在实施前对它做了修改，它是标准化沟通和促进病人自主的有效工具。Telem 等人评估了外科住院医师对 SBAR 培训的反应，发现外科住院医师对这种交接方法总体满意。SIGNOUT 是一个首字母助记忆缩略词，由疾病（sick）、识别数据（identifying data）、综合医院病程（general hospital course）、当天的新问题（new events of day）、全身健康状况（overall health）、预期可能发生的情况和计划

(upcoming possibilities and plans)、要完成的任务(tasks to complete)构成。在一项针对实习医生和医学生的调查中,SIGNOUT 的满意度得分高于 SBAR。无论使用何种标准化方法,我们都建议外科病人参照 Ferran 的要求采用最基本的标准化交接方式传递信息。

电子病历的引入使得交接班软件的开发成为可能,交接班软件可以与医院 HIS 系统集成,将病人身份识别符、生命体征、实验室结果和临床病程记录下载到标准化的交接班模板中,以提升交接班的工作品质。这种系统的优点是它允许数据标准化,从现有记录中提取数据,从而避免了重复数据输入之需。研究发现,医生报告查房时遗漏的病人更少了、花在病人身上的时间更多了、交接工作的品质更好了。

无论哪家医疗机构,英国医学会关于交接班临床环境的指导仍然具有其意义。
交接工作要求：
- 在固定时间举行,时间长度要足够。
- 最好将"手机设置为静音"。
- 由在场的年资最高的临床医生监督。
- 让轮班之间有重叠。
- 可以查看实验室结果、X 线片、临床信息,上网和打电话。
- 有可以查看所有相关病人的信息系统支持。

第三节　本章小结

病人交接依旧是病人安全的薄弱一环,与频繁交接工作有关。病人交接频率增加带来的风险是连续医疗时间缩短,只做口头交接会有很高的信息丢失风险。目前,病人交接有如下几块短板:
- 培训。
- 对交接班的定位。
- 交接效果的评估。
- 信息传递方式。

然而,尽管存在上述这些短板,但该领域的研究正在蓬勃发展,并且在以下几方面取得了进展:
- 开发教学方法。
- 设计评估工具。

- 信息传递的标准化。
- 软件开发为病人交接提供支持。

下列目标仍然遥不可及,但却是未来的努力方向:

- 基于课程的病人交接培训。
- 经过验证的评估工具。
- 通用病人交接模式。

(胡浩霖)

第十五章

重视知情同意的"过程"

> 我以为别人尊重我,是因为我很优秀。慢慢地我明白了,别人尊重我,是因为别人很优秀;优秀的人更懂得尊重别人。对人恭敬其实是在庄严你自己。
> 嘴上无毛,办事不牢。
> 击水成波,击石成火,激人成祸。

第一节 生命伦理四原则

世界医学会《日内瓦宣言》(Declaration of Geneva)用"我的病人的健康将是我的首要考量"这句话约束医生的行为,《国际医学伦理守则》(International Code of Medical Ethics)也要求:"医生应当根据病人的最佳获益向病人提供医疗服务。"依据世界医学会《赫尔辛基宣言》(Declaration of Helsinki),医学伦理可以概括为具有指导意义的四大原则:

1. **医疗行善** 又称"慈善原则",是指主动做干预性善事——不以获利为目的;助人为乐;救人一命,胜造七级浮屠。英美法律中的"好人法",也是鼓励主动做好人、好事。

把病人当亲人:闭上双眼,把躺在病床上的病人想象成你的父亲、女儿或妻子,甚至可以把他想象成你自己。此时,你会如何应对?为什么对病人的处理会有别于你关爱的家人?请记住你自己作为一位病人时的体会,或当你的父母住院时你的感受,尽量表现得棒些!凭"良心"做事。

2. **无害为先** 又称"无害原则"、"有利原则"或"获益原则",是指采用无伤害或尽可能小的伤害的手段诊断或治疗病人。如今"微创"手段风靡全球,切记:新疗法一定会伴随新的并发症,并发症就是伤害!"己所不欲,勿施于人"是儒家的经典妙句之一。我奉劝你谨慎对待新疗法或试验性治疗:千万不能成为第一个吃螃蟹的人——被扎得满嘴出血,也不要落伍成最后一个——坐失一饱口福的良机。

3. 尊重自主　又称"尊重原则",是指病人行为能力基础上的知情同意。医生有"风险性告知""医嘱性告知"的义务。病人有拒绝治疗和知晓病情走势的权力,以及对治疗选项和治疗地点的选择权,说到底,这些都属于最基本的"人权"。

4. 公平正义　又称"公正原则",是指社会上的每位病人都应该享受公正平等的医疗资源(如移植器官、血制品),不应该把对其他人来讲有限的资源浪费在对某个病人的医疗上,尤其是终末期疾病(如晚期肿瘤)病人和特权阶层病人。

第二节　法律对知情同意的要求

《中华人民共和国医师法》第二十五条规定:"医师在诊疗活动中应当向病人说明病情、医疗措施和其他需要告知的事项。需要实施手术、特殊检查、特殊治疗的,医师应当及时向病人具体说明医疗风险、替代医疗方案等情况,并取得其明确同意;不能或者不宜向病人说明的,应当向病人的近亲属说明,并取得其明确同意。"

因此,真正意义上的知情同意书签署不应该是在一位一知半解、匆匆忙忙和处事青涩的第一年的住院医生与一位已经注射了术前用药或焦急不安的病人之间进行的、在一张纸上签一个名字的仪式。

知情同意是医生和病人之间的一种讨论——**共同决策过程**,期间,医生必须向病人解释拟行术式的最常见风险、并发症、替代方案和获益。对知情同意是否合格的评判标准是"如果一位理性的人在原告所处情景之中,以同样的方式被告知同样的事情,这个理性的人是否会同意采用该术式"。

1. 签署知情同意书对医生的要求　自己有能力完成这种手术(操作)的人员,或者在这种手术的知情告知方面受过专门培训的人员。

有些专科操作(如白内障手术或择期血管造影)有很高的特定风险,需要履行知情告知的医生对该手术有全面的了解,才能与病人做知情告知。

2. 签署知情同意书的时机

(1) 一份有效的知情同意书,要求病人(事前遗嘱、医疗授权书或病人代理人)必须同时具备:

- 有做特定决策的民事行为能力(如不存在痴呆症等疾病)。

- 做决策前接受了足够的信息——在完全知情情况下做决策。
- 不是在被迫无奈情况下做的决策。

（2）在急诊情况下获取病人的知情同意时，上述最后一条会成为问题，因为少数病人在知情告知过程中获悉手术操作的一些细节时会有犹豫或疑虑。如果这些犹豫或疑虑出现在拟定手术当日，病人或许会感觉到是"在被迫无奈情况下做决策"，因为一切安排已经就绪。

（3）明智的知情告知是从门诊接诊病人时开始，并且在之后的入院和查房过程中屡次提及风险和获益。

（4）知情同意书无限期有效，因此，知情同意书可以预先签署，前提是在等待期间病人的情况没有改变，关于拟定干预方式或替代疗法也没有新信息出现。

（5）如果知情同意书是预先签署的，更好的操作方式是在手术前对知情同意书再做一次确认。

3．告知哪些内容　像所有文证一样，知情同意书也是写得越多越好。不要仅仅填写表格。

（1）对拟定手术做一番简介（性质和目的），包括所采用的麻醉方式。如果是局部麻醉，还要告诉病人手术中病人可能有的感觉。

（2）不要使用医学术语，采用在场人员都能听懂的语言和术语，利用书籍、图片、手绘图、视频片段帮助在场人员理解。

（3）为了让病人在知情的情况下做决策，要提供足够的信息。包括该手术的风险和获益（包括预计获益、严重风险和常见风险），特别要把有可能使病人"打退堂鼓"的那些风险告知病人（例如直肠癌的肠造瘘风险和阳痿风险），还应该兼顾每个病人的具体情况，如工作职责、家庭问题、宗教信仰和保险覆盖范围等事宜。

人们对风险告知的程度（例如癌症晚期的预期寿命是否应该如实告知病人）还存在争议，不过，一般认为：

- 关键一点是，医生的责任是让病人知情。
- 应该将严重不良事件的风险告诉病人。
- 应该把有可能动摇一位理性病人决策的重大风险告诉病人，因为有些风险会让病人望而生畏、拒绝做手术。
- 对病人直接提出的问题，应该清晰明了地依法告知其实情。
- 对发生率大于1%的并发症应该提及，对发生率低于1%但医生认为比较严重的并发症也可以提及。
- 对一些极其罕见的并发症，不必常规提及；然而，如果病人问及某种并发症发生的可能性，医生必须如实回答。

- 在外科手术前,每个病人的知识储备不同,对拟行术式(及其风险)的了解程度莫衷一是。研究支持全面坦率地提供相关信息,因为这些信息对病人做决策具有积极作用或中性作用。医生有责任为不知情的病人解释重点,鼓励病人提问题,目的是让病人在知情的情况下做不偏不倚的决策。
- 其实,罗列一串可能出现的并发症清单对许多病人来讲毫无意义,除非医生事先"把功课做好"使得这一连串并发症对一位外行人来说简单易懂(如用"细菌感染"代替"腹膜炎")。最好能就这些并发症对病人今后的潜在影响情况做一番解释(如脓毒症、腹腔残余脓肿或粘连性肠梗阻)。
- 知情同意在病人的眼里很重要,他们希望医生能提供所有直接相关信息。有些病人或许不希望谈论风险问题,不过,请勿妄加揣测。**医生必须假定所有病人都希望全面了解风险和获益**,家长式的揣测并不可取。然而,如果病人确实不愿意谈论风险问题,医生就应该尊重病人的意愿,并将这种情况在病历中记录在案。
- 要把并发症的发生频率告诉病人,这有助于病人记忆。比较清晰的表达方式是比例(如:1/100 或 4/1 000,而不是 1% 或 0.4%),百分比有时不容易被理解。同时告知获益的频率,以便病人权衡利弊。

(4) **每种替代疗法的风险和获益**:与推荐疗法做比较。

(5) **什么都不做的风险和获益**:尤其在择期手术——不做手术就是维持现状。不做手术是否有自行缓解之可能?强调外科手术在病情解除中的作用。

4. **由谁来判断病人的民事行为能力** 如果对病人签署知情同意书的能力存在疑问,高级职称医师应该就该病人是否能签署知情同意书给出评价意见,并在病历中将高级职称医师认定的"无民事行为能力"意见记录在案。如果高级职称医师拿不定主意,应该咨询第二意见。

5. **对无民事行为能力的病人,应该请谁来代理**

(1) 由法庭指定的监护人全权代理,在出示有效监护关系文证的情况下,为非常规医疗签署知情同意书。

(2) 由病人在丧失民事行为能力之前委托的医疗保健代理人来代理。

(3) 如果病人没有监护人,也没有委托医疗保健代理人,可以由下列 7 种人(按代理权递降为序)代为签署知情同意书:
- 病人的配偶。
- 病人的成年儿女,如果病人有多个儿女,则听取大多数儿女的意见。
- 病人的父母。
- 病人的成年兄弟姐妹,如果病人有多个兄弟姐妹,则听取大多数兄弟姐妹的意见。
- 病人的成年亲属。
- 年龄≥18 岁、已经签署过"密友宣誓书"的病人的朋友。

■ 由伦理委员会选定的(不是在医院工作的)一位持证的临床社会工作者。

6. **急诊情况下,病人无法签署知情同意书,也找不到代理人,怎么办?** 高级职称医师必须在病历中记录病人存在的急诊病情以及为拯救病人生命或健康需要采取的术式,并注明在符合要求的人员到达后及时补签。

《中华人民共和国医师法》第二十七条和《中华人民共和国民法典》第一千二百二十条:"因抢救生命垂危的患者等紧急情况,不能取得患者或者其近亲属意见的,经医疗机构负责人或者授权的负责人批准,可以立即实施相应的医疗措施。"

7. **察言观色,通过"复述"判断病人的理解程度** 在履行知情同意程序过程中,外科医生要目不转睛地注意病人的面部表情和肢体语言,随时准备调整语气语速。在重点处,要停下来,让病人复述,例如:"刚才我讲的您听清楚了吗?您能把我刚才讲的话再说一遍吗?"

8. **见证人** 情绪紧张的病人往往会忘却在签署知情同意书时的对话,明智的做法是让家庭成员在场,他们会为你们的共同决策做证。也可以让其他医疗保健专业人员作为签署知情同意书的见证人。这些都是你的额外保护措施。显然,良好的文证对于强有力的辩护至关重要。

第三节　请勿信口雌黄!

> 如果一个医生走上邪路,他就成了顶级罪犯,因为他兼有胆魄和知识
> Sherlock Holmes
> 见 Arthur Conan Doyle 爵士著《花斑带之谜》(1892 年)

让我为你描绘一幅场景,这幅场景每天都在这个世界各地医院、诊所和医生诊室反复上演。张夫人是一位 49 岁患有慢性胆囊炎胆囊结石的女士,与她的专家医生会面,讨论腹腔镜胆囊切除手术问题。这位外科医生技术精湛,受过规范化培训,多年来一直从事肝胆外科工作。

张夫人受过良好教育,她花了不少时间在网上研究了她那位主刀医生以及主刀医生为她推荐的手术方式。她带着一份打印的具体问题清单来到专家门诊。

问:"陈主任,我做这种腹腔镜胆囊切除手术发生胆管损伤的风险是多大呢?"

这位外科主任不假思索地答道:"1‰~2‰。"

问:"胆总管残留结石的发生率是多少?"

答:"1%~2%。"

问:"胆管狭窄、胆汁漏等不良事件或不良结果发生的概率是多少呢?"

答:"1%~2%。"

问:"你是怎么知道的?"

答:"这类手术我已经做过几万例了,怎么会不知道!"

这些话似乎每天在重复。我敢打赌,接下来的一位病人李夫人的问题的答案也会是1%~2%。1年以后,王夫人的问题的答案依旧是神奇的1%~2%。

问题是,这位外科主任是否前瞻性地收集分析了**自己医疗组**与腹腔镜胆囊切除相关的特定并发症的总病例数(分子)以及已经实施该术式的总病例数(分母),并逐月、逐年计算并发症发生率?如果情况是这样,"1%~2%"这一估计并发症发生率应该会随时间和病人的合并症情况有所波动。例如:"上个月,腹腔镜胆囊切除的并发症发生率为3.4%,去年全年551台腹腔镜胆囊切除术总并发症发生率为2.8%。我目前该术式的中转率在平诊病人中为1.3%,在急诊病人中是翻倍的。这些真实数字每个月、每年都在变化。此外,在大于70岁的病人、在有糖尿病等合并症的病人中,其发生率也各不相同。"

你觉得这要求太苛刻吗?难道病人不应该期待得到(理应得到)一个更加明晰的答案吗?在美国丹佛健康中心Stahel的团队每周都以标准化方式对所有外科并发症、医疗过错和其他不良事件做一次收集和回顾。为了透明起见,他们会每月印发一张业绩卡,以反映该科室每位外科医生的工作量和工作品质。该业绩卡允许整个团队的合伙人了解,它披露了每位外科医生的真实数字和统计数据。如果没有这种客观业绩卡,那么,在上文例子中,那位陈主任简单地用他臆想的并发症发生率1%~2%来打发病人就天经地义吗?否则,他的数据是从哪里来的?仅仅凭猜想吗?抑或是一个小小的善意谎言,意在消除病人的顾虑?

也许正确(诚实)的答案应该是:"我真的不知道我的并发症发生率,不过,谢谢你的询问。"

如果你知道民航飞机的机长介绍有关他自己的飞行记录时间不诚实,你会考虑登机吗?

我不会。

更糟的是,如果这位机长甚至不知道他自己的飞行记录时间是多少呢?

那就太可怕了。

现在想象一下,如果本章开头的那位假想病人知道她的主刀医生陈主任只是在编造数字,那么她会有什么感觉?再仔细想想,2%就是在1%的基础上增加了

100%。也就是说,相同的估计数值,病人发生并发症的风险可能翻倍。

当看到这位外科医生(或今天在执业的任何一位外科医生)已经实施过"数万例"相同的外科手术时,我们显然遇到了麻烦。

让我们先假设,一位高于平均水平、日理万机的外科医生或许每年能做约1 000 台外科手术。他需要花 10 年时间才能达到 10 000 台手术这一门槛。不过,这个数字还包含了多种不同的外科手术术式。即使外科医生一天都不休息,马不停蹄地工作,即使不需要一辈子,也需要数十年才能完成 10 000 例相同的手术。这位虚构的陈主任竟然张口就是"数万例",我们可以肯定地说,若要完成这一离奇的手术量,没有哪位外科医生能如此长寿。

事实是:如果我们的不诚实没有被人识破的次数越多,我们就会自以为是、陶醉于自己胡编乱造出来的数据之中。甚至在我自己的临床实践中,人们在夸大外科手术统计数据方面也存在与生俱来的诱惑力。

成为一名优秀外科医生的第一步是搞清楚并理解与我们外科能力相关的详细基础数据。这里面包含了所有"坏数据":可预防性的和不可预防性的并发症、判断错误、技术错误和病人选择错误、手术时机错误、病人计划外再入院、结果不佳以及病人死亡。

有了这些数据,紧接着是唯一合乎逻辑的第二步:我们从此再也不用编造数据了。

做到了诚实对待病人,我们就在**共情心**方面上了一个台阶。

第四节 知情同意举例

以直-乙状结肠交界处癌伴急性肠梗阻为例,这种病人的治疗选项和可能结局有下列几种:

- **保守治疗**(不做手术)。只要没有全身炎症反应综合征(Systemic Inflammatory Response Syndrome, SIRS)或腹膜炎表现,少数病人能自行排出粪便,肠梗阻得以暂时缓解,可以在肠道准备情况下做择期手术;但是,大多数病人会因为时间的拖延发生营养不良,甚至出现腹膜炎而被迫进行急诊手术,而且随着梗阻时间的延长,肠襻水肿会加重,成为吻合口愈合的不利因素。
- 通过肠镜放置**结肠内支架**或留置**肠梗阻减压导管**使肠梗阻暂时缓解,为肠道准备情况下的择期手术赢得时间。其缺点是:金属支架的费用高昂,肿瘤在支架扩张后有出血、穿孔、支架移位等并发症,稠厚粪便依旧会影响该部位的通畅性;肠梗阻减压导管的缺点是非常容易被粪块堵塞,需要每日经导管做结肠灌洗,病人只能食用无渣流质。
- 切除肿瘤后做一期吻合,不做近侧肠襻预防性造瘘。优点不言而喻,缺点是吻合口漏的发生率＞30%(相比之下,在择期手术,该部位的吻合口漏为10%～20%)。一旦发生吻合口漏就需要行Hartmann手术或横结肠造瘘术(此时的升结肠和横结肠内一般都有粪便,所以不主张做回肠造瘘)。
- 切除肿瘤后做一期吻合,加做近侧肠襻预防性造瘘。优点是不必担忧吻合口漏所致的感染,缺点是需要在6个月后再次评估并做造瘘口还纳手术。
- 切除肿瘤后做Hartmann手术。优点是不必担忧吻合口漏所致的感染和造瘘口还纳等问题,缺点很可能是终生结肠造瘘;还可以出现造瘘口相关并发症。

第五节 本章小结

　　知情同意是一种共同决策过程。知情同意书是由病人自己或由其代理决策人代表病人心甘情愿做出的一项决定。由于医疗活动是专业知识严重不对称的活动,这就需要我们安心坐下来耐心解释,让病人在知情的基础上签署同意书。

　　与病人和/或其家属谈话是一项在科学层面和艺术层面都有高要求的社会活动。知己知彼,百战不殆。负责谈话的医生在科学层面至少应该具备两方面的资质;其一是对该病人的病情和全身情况有全面深入的了解;其二是对拟实施的治疗方案、可能结局和变数有充分认识。在艺术层面,医生既要把病情的严重程度和潜在风险以及治疗选项交代清楚,又不至于把病人吓跑(把可能的获益讲明白!)、对医生选择的方案言听计从。因此,我认为与病人和/或其家属进行谈话的最恰当人选应该是主刀医生自己!年轻医生应该积极参与年长医生每次的"谈话"过程,从中汲取医患沟通的"艺术精髓"。

　　理想的知情同意书应该由主刀医生亲自签署,在宽松的氛围下,从容不迫地与病人及其家人讨论手术适应证、替代方法、得益、预期术后经过和潜在并发症,其签署过程应该包含告知、理解、同意三要素,一定要把"有可能左右一位理性病人决策的重大风险"及其发生频率如实告知病人。
- 民事行为胜任力的保证(确保病人在面谈时具备接受、分析和表达意见的能力)。
- 核实细节(病人没有搞错)。
- 确保病人知道你是谁以及你的职位。
- 对该病人拟行治疗的病情说明。
- 用通俗的语言解释所推荐的治疗方案,还应该包含替代治疗方案(甚至转院的权利)的选择及其可能结局的讨论；讨论建议的麻醉方式。
- 详细地、合情合理地叙述可能出现的获益和风险，既不要夸大，也不要缩水。
- 最重要的是，知情同意书应该提及如果不治疗会发生的结局。
- 病人或其代理人的所有问题和关切都应该得到妥善答复或处理。也就是说，知情同意书应该包含获益、风险、替代选项（不治疗）及其优缺点三大内容。
- 给病人留出时间和余地做最后决策。
- 核实病人是否理解了一切，并且没有其他疑问。
- 清晰全面地将双方达成的一致意见记录在案。
- 关键是如实告知绝对不能低估或高估所涉及的风险，如实告知"新"或"实验性"术式，甚至要告知你的"学习曲线"。
- 急诊时的知情同意书签署会有些匆忙，但是，决不能敷衍塞责（偷懒、图省事、搪塞、走过场）。

（尤承忠）

第十六章

第二意见在外科中的地位

> 兼听则明,偏信则暗。
> 任何真正的智慧都在于审慎倾听。
>
> Kenneth Macksey

过去,只有少数特定阶层的人士掌握信息和知识,因此,医生普遍被看作是法力无边的"半仙"。如今,时过境迁,医生需要与病人共同拟定治疗决策——共同决策。遗憾的是,在医疗界,许多对话都发生在两种视角截然不同的参与者之间。在提出一种治疗方案时,外科医生依据的是知识和经验,而病人考虑的是他(她)对拟议治疗方案的希冀和恐惧——对话在不对等的基础上开始。

本章重点介绍如何避免这种立足点不同所致的不理解,结果导致意想不到的和不希望出现的情况。有人断言,有了对外科手术目标、结果和并发症的清晰理解,病人和外科医生就可以同舟共济、同心协力,更好地应对手术的潜在危险、实现他们的共同目标。在外科,第二意见(second opinion)就能促进这种理解。

第二意见与我们目前临床上所做的术前讨论或疑难病例讨论制度具有相似之处,又不完全相同,因为第二意见强调咨询医生给出的是不受他人意见影响的"独立意见"。

第一节　病人什么时候会采取法律行动

遗憾的是,在外科医生与病人之间,有利于共同理解的坦率讨论并不总是会发生。从病人的法律角度来看,他目前的问题是由外科医生过失造成的。从外科医生的医学角度来看,这个病人的法律问题属于疾病自身原因或已知的不可预防性医疗并发症。司法程序既耗时又费精力。在美国,医疗责任诉讼平均需要耗时5年才能解决,医生和病人都感到很痛苦。双方都感觉是受害者——病人受到了医疗保健系统的伤害,外科医生受到了法律体系的伤害。

(一)大多数医疗责任诉讼背后存在三种可预防性驱动力

- 病人不切实际的期望值,这种期望值往往是由主刀医生、另一位病人或媒体创造。
- 出现了某种并发症,该并发症往往是不可预防性并发症,这种并发症在外科医生眼里习以为常,但是病人会感到出乎意料(因此被视为外科医生的过失)。
- 病人和/或其家属气不打一处来——医生态度恶劣、盛气凌人、高高在上。

这些误解是沟通不畅所致,是病人通过法律体系寻求报复的原因。当沟通陷入僵局时,第二意见有助于理解,同时满足病人家属和医生的需求。

(二)第二意见有助于病人增长见识、有利于有效沟通

第二意见对病人和外科医生来说都是一种宝贵的工具,双方都应将该工具当作一种决策助手。第二意见为患方深入了解情况和期望值的确定提供了机会。

当病人对所推荐的外科手术犹豫不决时,就应该寻求第二意见。在疾病处置方面存在不一致意见时,第二意见就显得尤为重要——无论是否需要加强对病人的宣教以帮助病人做出决定,抑或是他的家人对外科团队的沟通或信任存在疑虑,外科医生都应鼓励患方去获取第二意见。就所推荐的外科治疗方案来说,第二意见是加强病人教育的一种手段。

外科医生应该随时准备把第二意见作为外科手术共同决策过程的一部分来讨论,目的是帮助病人了解拟议手术的风险和获益。

最后,当外科医疗过程中出现意外结果时,第二意见可以帮助外科医生梳理该医疗团队固有的主观偏倚。

(三)第三方付款人对第二意见的推动

第二意见运动起初主要是由美国医疗保健第三方付款人(政府医保部门和私营健康保险公司)推动的,目的是节省成本。但是,从成本角度来看,其结果令人大跌眼镜。

1972年,加利福尼亚州联合医疗保健计划最先引入外科第二意见,将其作为其医疗机构的一种潜在成本节约措施,自此,第二意见要求成了一种趋势。

1977年,马萨诸塞州的医疗补助计划同样强制要求其医疗机构在某些类型的择期外科手术之前获取第二意见。《新英格兰医学杂志》发表了在1 597名病人研究中第二意见的改变结果:

- 180名病人接受了不同于第一意见的第二意见。
- 在这180名病人中,有82名寻求了第三咨询意见,70%的第三咨询意见支持病人采纳第一意见。
- 全部病人中有8%被医方拒绝手术。目前尚不清楚这群病人被医方拒绝做手术的原因,但是,该文的作者认为,或许是病人的合并症、外科诊疗方法的变化和外科医生的个人技术、培训以及经历的变化在其中发挥了作用。

当第二意见作为一种强制要求时,报告中的有效性众口纷纭。2003年,加利福尼亚州立法机构通过了参议院第228号法案,要求工伤赔偿病人在接受脊柱手术之前必须获取第二意见。这份经过充分酝酿的强制要求是对不断上升的医疗成本的回应:加利福尼亚州工伤赔偿金在这份强制要求出台前的10年中增加了两倍。不仅加利福尼亚州的工伤赔偿体系支付的赔偿金远远高于其他各州,而且加利福尼亚州的脊柱手术率似乎也远远高于国家标准。此外,根据工伤赔偿"重返工作岗位"标准的定义,加利福尼亚州脊柱手术病人的结局受到赔偿体系的质疑,因为与不做外科手术的脊柱损伤病例相比,接受脊柱手术的工人的"重返工作岗位"率较低。

加利福尼亚州还对参议院第228号法案所起的作用进行了强制性核查。该核查得出了三点重要意见:
- 与其他保险公司采用的核查计划相比,强制要求第二意见对成本的影响微乎其微。
- 尽管看上去成本略有下降,但其中大部分归因于手术推迟。研究表明,手术推迟经常发生的原因是病人和/或外科医生未能理解该法案的要求。
- 第二意见与第一意见的一致率为71%,对照组(未参与加利福尼亚州工伤赔偿体系的工人)为66%,两组无显著性差异。

该核查的结论是,强制要求脊柱手术获取第二意见使该系统增加了不必要的管理人员,节省的成本不足挂齿。

(四) 病人对第二意见的看法

所有医疗保健都是从病人开始的,病人的每次遭遇都裹挟着病人权益法案。"病人权益"这个词在1970年代初由美国医院学会使用,如今许多医院都有各自版本的病人权益。在非急诊手术前,医保付款人、病人和外科医生都应该探讨下面5个问题:
- 是这个病人吗?
- 主刀医生和手术团队对吗?
- 处置方法或术式对吗?
- 手术部位对吗?

- 该手术的时机对吗?

或许,美国医学之父 William Osler 爵士有句话最恰当:"对病人来说,一个为自己治病的医生就是个傻瓜。"①这句话与今天的病人是什么关系呢?

今天的病人比以往任何时候都容易获取医疗保健信息,然而,如果不是潜心医学研究多年,病人往往无法了解医学的深层知识、客观现实和背景,也就无法对医疗步骤做出足够的明智决定。听了 Osler 的忠告,病人就找到一位称职的医生咨询,让该医生指导他们完成决策,从中获益。

互联网赋予了病人很多东西。输入"外科第二意见",运行 2022 年版谷歌互联网搜索,可以获得 1 500 多条关于该主题的参考文献。在网络浏览器中键入任何疾病或外科术式的名称,病人可以针对医生所推荐的治疗方案的利弊进行即刻讨论。

到 1990 年代后期,在美国,许多外科第二意见已经被病人看作似乎是一种公正的医疗保健信息来源。通过调查,Wagner 发现在 1999 年有五分之一的医疗保健就诊是为了获取第二意见。据报道,不同人群存在差异,未购买保险、未受过教育和不会说英语的病人获取第二意见的比率比较低。

关于第二意见利用情况,虽然最近没有新的调查报告出炉,但是,在当前这个信息时代,可以想象这种咨询方式只会增加不会减少。有些人认为,从互联网上获取信息可以使医生与病人在公平的环境下玩游戏。这种推理认为病人会提升他们的医疗和外科治疗结果,因为他们成了病床边的研究人员,有助于医生了解满足其特定需求的正确的诊疗方案。

(五) 21 世纪的"线上咨询意见"

长期以来,研究人员一直致力于开发软件来帮助临床医生做鉴别诊断。今天的医学生用掌上触摸屏电脑为教科书提供补充。这种便携式工具利用给定的临床信息,围绕一连串体征和症状进行聚类分析运算,为可能的诊断创建一张列表。人们仍然希望计算机能像为国际象棋大师带来帮助那样为医疗保健做些事——为每条信息赋值,不受教条和武断意见的影响。反过来,每个病人都会从这位最伟大的诊断学家那里获益,这些信息会为所有临床医生及其病人提供帮助。

但是,医学生和住院医师的上级医师会很快发现这种方法的危害。并非所有

---

① 给自己看病的医生容易因为偏倚出现过错,应该听取另一位医生的"第二意见"。这句话的意思是:病人就是病人,不要稍了解一点医学知识就自以为是,要听医生的话。

症状都千篇一律，医学这门艺术是学会如何对病史和体格检查中重要线索进行评估。同样，高效的临床医生必须学会优先考虑重要的客观数据。怀疑论者可能会争辩说，临床信息网站主要是作为一种市场推广工具为诊所、医院或外科医生提供服务的。病人有什么能力对这些网站提供的大量信息进行处理、做出有关其医疗保健的最佳决策？

鉴于我们对医学上日新月异技术变化和治疗方式变化耳闻目睹，成为一名医生是一件激动人心的事。然而，现实情况是：没有一位医生能够跟上这些变化的步伐。这种治疗选择方面的快速演变可能会给病人和外科医生带来困惑。

美国外科医师学会（American College of Surgeons，ACS）为病人提供了几个重要问题来询问他们的主刀医生：

- 我的外科手术适应证是什么？
- 有哪些替代治疗方法（如果有的话）可供选择？
- 如果我不做手术，可能的结果是什么？
- 有哪些潜在风险？
- 预计这种手术能把我的健康或生活品质提高到何种程度？
- 这种手术是否有残留效应？

（六）外科医生对第二意见的看法

聪明的外科医生都清楚世界上不存在所谓的"小手术"。只有初出茅庐的新手和门外汉才会有这样的认识。每个手术都存在并发症"雷区"，即使是最平常的"微创"外科手术也必然会遇到并发症问题。幸运的是，现代手术已经变得安全高效，90%~95%的手术结果是"良好"或"非常好"。不幸的是，这仍然意味着还有高达5%的手术结果会让病人和外科医生犯愁。

第二意见为外科医生提供了一种工具来增进医患关系和工作效率。事实上，有许多第二意见是由外科医生主动提出的。

第二节　破局妙招

（一）选择"正确的手术"和选择"正确的外科医生"

病人和外科医生正在开始一段关系，外科手术可能会带来终生后果。正如在一次大宗购买或家居装修项目之前与商业促进局或消费者权益保护团体核实一样，应鼓励病人对外科医生和医疗保健机构做类似的尽职程度调查。

Eric A. Rose 医生的大作《第二意见——哥伦比亚长老会外科指南》，旨在通过各种外科程序赋予病人权力。无论所推荐的是什么手术，Rose 医生都建议病人搞清楚两个重要问题：

- 我们要解决的问题是什么？
- 拟行的外科手术或术式能解决这个问题吗？

（二）对主刀医生和外科临床工作做一番评估

对某位特定的病人来说，很难确定某一位外科医生是否为正确人选。这种选择背后有多种人际因素。对病人及其家属来说，同样需要牢记，这种关系超出了与主刀医生关系的范围，还涉及外科团队和医疗机构。

Rose 建议病人及其家属对工作人员和诊室做一番观察，然后问自己：

- 预约是否按时？
- 他们对你尊重吗？
- 你在诊室环境中感觉自在吗？
- 医生对待你是否很匆忙，抑或医生看上去很匆忙？
- 医生是否要求你带家人或朋友一起来？

还要鼓励病人及其家人就特定手术方式问题提问：

- 你做过多少例此类手术？
- 这些手术的结果如何，你对结果好或结果优秀是如何界定的？
- 最常见的并发症是什么？如何处理？
- 这种并发症会对我的最终结果产生什么影响？
- 你能介绍几个病人给我谈谈他们的经历吗？
- 你与哪些人轮流值班，周末、晚上和急诊是谁来处理？
- 哪位医生负责向我传达结果？
- 我的麻醉师是哪位，为什么选择他？他的背景怎么样？手术前我能与他见一面吗？
- 你会为我推荐哪种麻醉，为什么？
- 就这次手术的麻醉和止痛，我有哪些选择？
- 我什么时候可以恢复到做某事的程度（如工作、运动、跳舞、瑜伽、性生活等）？

ACS 等组织强调，病人完全有权寻求额外的医疗意见，可以就医疗计划向另一位医生咨询，也可以放弃原来的经治医生把所有医疗转移到另一位医生手下。在以病人为中心的医疗保健体系中，选择医生完全是病人的特权。

在不需要获取第二意见的情况下，也可以给病人一些忠告。ACS 建议使用这段话：在与你的主刀医生讨论过这些问题后，如果你确信外科手术是最适合你病情的治疗方案,你可能不需要获取第二意见。但是,如果你对是否应该做手术有疑问,或者怀疑推荐该手术的医生不是一位合格的外科医生,你就可以寻求第二意见。

(三) 何时需要获取第二意见

今天的外科医生不会因病人提出"想咨询第二意见"感到有威胁或被冒犯。美国医学会(American Medical Association,AMA)指出,医学界有"提供此类意见的道德义务"。各种医学组织,包括 AMA、ACS 和美国骨科医师学会(American Academy of Orthopaedic Surgeons,AAOS)都为外科医生提供第二意见制定了指南。

制定每份指南的基本立足点是第二意见是以病人需求为中心。根据 AMA 的表述,"医生应该在他们认为第二意见有助于病人的医疗时推荐病人获取第二意见"。

1. 可以做外科共同决策时　第二意见在择期外科治疗或亚急诊外科治疗中经常可以见到且不可或缺。对病人拟行的和正在进行的诊断和治疗来讲,这类咨询意见为病人和外科医生提供了确认意见和提出建议的机会。必须强调的是,**在有生命威胁或肢体威胁等急诊情况下,第二意见则是一种奢望**。然而,在择期手术,第二种意见无论是对外科医生还是对病人来讲都是一种教育工具。外科医生和病人都同样会从审慎的第二意见中受益。

2. 无法做外科共同决策时　有时,病人、家属与手术团队之间会出现不可能对话的情况。例如,当存在危及生命或危及肢体的病情时,病人必须信赖医务人员。病人可以感到放心的是,经过认证的医院和外科中心内的医务人员都经过了全面的审核,这些医务人员都必须通过性格、教育和培训等复杂背景的审核。此外,医生必须满足越来越多的先决条件才能获得省市医学会专业委员会的认证,行使他们在医院里的特权。这种医生权利或专业委员认证证据是医疗机构和保险公司所要求的医疗品质过滤器。在危重症或损伤等紧急情况下,这些认证是品质保证的唯一依靠。

3. 当一种手术有可预测的并发症发生率或死亡率时　第二意见会让病人和外科医生感到如释重负。这些风险得到确认符合医患双方的利益,还为病人及其家属创造了更多的提问、提出关切以及讨论其他治病手段的机会。

(四) 为病人获取第二意见提供帮助

如果病人希望听取另一位外科医生的意见,主管外科医生有法律和道德义务为这位病人提供其医疗记录。AMA 警告说,由于病人自己提出需要听取第二意见,医方终止医患关系是不合适的。当看到一位病人前来就诊的目的是寻求第二意见时,第二意见医生应该核查该病人的病历,并为该病人的诊断和治疗提供独立意见。这种情况要求病人必须拥有渊博的知识,并同意第二意见医生与主管外科医生做进一步沟通。

(五) 共同决策的地位

如何做共同决策、知情同意和病人宣教才能减少术后咨询第二意见之需求?

由于知情同意是一种共同决策过程,病人及其家人需要清晰地了解外科医生所推荐术式的风险和获益。血栓和感染等常见风险需要特别列出。此外,关于常见风险发生后如何应对的讨论有助于确保病人在发生并发症后不感到惊恐。对特定手术相关的特定风险,需要有人用通俗的语言向病人及其家人解释。要为病人提供一些宣教材料(如宣传彩页、宣传册子和视频),作为面谈内容的补充。主刀医生有责任为病人指定一些适当的参考工具。

这种深思熟虑后的面谈会把病人的感受从意外事件变成一种意料之中的手术并发症。如果手术或术后康复的走向偏离了预定计划,这种术前宣教能降低病人和/或病人家属内心的挫折感和不满。

(六) 咨询医师(第二医生)的地位

外科医生应该帮病人找一位德高望重的可信赖的同道来提供第二意见。主管外科医生应该向他的病人和这位同道解释寻求第二意见的原因。提供第二意见的外科医生应该对该病人及其主管外科医生的诊断和治疗方案进行独立核查。如果第二意见与第一意见有出入,病人可以选择最适合自己的方案。如果这种意见分歧令人不安,主管外科医生就应该协助该病人获取第三咨询意见。

咨询外科医生必须就他是否愿意对这位寻求第二意见的病人的医疗承担责任做出个人决定。如果提出寻求第二意见的是病人的主管外科医生,此时,这位咨询外科医生就会陷入伦理学上的两难之境。在这种情况下,出于专业礼貌,有必要与病人的主管外科医生讨论这些选项。如果是在治疗过程的中间阶段、因并发症或因病情恶化需要寻求第二意见时,这种两难之境与深陷泥潭别无二致。此时,第一医生正需要有人建言献策"拉兄弟一把"。如果第二医生(咨询外科医生)接手了这个病人的医疗,还可能被视为对第一医生声誉或技能的威胁。在这种情况下,理想做法是,是否需要再听取第三意见是病人与第二医生之间的一次共同决策。**对每位特定病人来讲,病人的最大利益就是解决他们机体、精神、心灵和情感上的需求。**随着文化、社会和经济因素成为决策过程的一部分,这些解决方案可能因病人而异。最好能让病人的主管外科医生参与到这种决策之中,保持工作联系,这有利于该病人和其他病人眼下和今后的医疗。

(七)展望——医保支付改革

我们可以预期,随着医保支付方式与医疗结果挂钩——用服务价值代替服务量来对医疗保健经济做重新界定,加强对医生和医疗机构的医疗结果计量、审查和裁定,外科第二意见的使用会增多。这种支付体系要求我们的处置方案尽可能地符合相应指南或规约,偏离预案的个体化处置方案需要通过第二意见来确认其合理性。医疗保健提供者获得报酬的依据是由医疗保健付款人判断的更好的业绩,表现异类者可能会面临重大处罚,有些"可预防性"并发症会得不到医保支付。

医保部门应该意识到这种分歧及其可能引起的焦虑,应该为大多数第二意见支付费用,医保部门还应该认识到第一意见和第二意见可能会存在差异,在这种情况下,医保部门应该为第三咨询意见支付费用。当外科医生寻求第二意见时,主管外科医生应该将该病人的实情及其治疗计划与咨询外科医生做一番沟通。这位咨询外科医生也应该将他的意见传达给病人及其主管外科医生,并告诉病人已经做了沟通。

然而,我们医保管理部门在"为人民服务"方面要走的路还很长,请见第三节的案例1和案例2。

第三节 案例分析

案例1——关于同病种两次住院时间不得少于15日之规定

病情简介:一位病人在某大学附属医院分院住院期间确诊为结肠癌。由于希望找一家心仪的医院手术,病人办理出院后,来该大学附属医院本部门诊,要求住院手术。鉴于《基本医疗保险定点医疗机构医疗服务协议》第三十二条规定:"原则上同病种两次住院时间不得少于15日(危重病抢救、恶性肿瘤化放疗除外),否则,甲方(医疗保险管理机构)将视为分解住院拒付二次住院费用",因而,乙医院的外科医生不敢收该病人住院。结果,病人家属极度不满,在医院走廊内大发雷霆。

案例2——对有些病人的处置意见见仁见智

病情简介:在每年一次的体格检查后,一位64岁的房地产经纪人王先生被发现血前列腺特异性抗原(Prostate-Specific Antigen, PSA)升高。王先生的初级保健医生建议观察,王先生的妻子是一名护士,她坚持让王先生找一位泌尿外科医生听取第二意见。

这位泌尿外科医生为他做了进一步检查,取了活检,证实王先生患局限的、中度侵袭性前列腺癌。这位泌尿外科医生建议做达·芬奇机器人前列腺切除术,目的是"治愈他的前列腺癌"。他告诉王先生这种手术有尿失禁和阳痿风险。

王先生又去找一位泌尿肿瘤医生寻求第三意见,这位医生建议他做放疗。他告诉王先生,放疗的风险和获益与前列腺切除术相仿。

分析意见:通过咨询,王先生得到了三种不同的治疗意见,这使得王先生在选择外科时很困惑。他接下来该怎么办呢?这再次提醒人们病人玩的是一种不对称游戏:这三种意见对病人来说似乎存在矛盾,但是,每个医生都可以用他们的个人临床经验、证据和指南来为自己的意见提供支撑。在病人的选择并非"非黑即白"的情况下,病人可能会依据道听途说和完形①来做医疗选择。

案例3——再手术的病人应该寻求第二意见

病情简介:吴先生的妻子接受了髋关节置换手术。吴先生的妻子还没有出院,主刀医生陆医生发现她假体周围的股骨裂开了。陆医生建议再做一次手术来对骨折实施固定。

吴先生气不打一处来,希望咨询第二意见。咨询外科医生谢医生与吴先生一起看了他妻子的影像片,告诉吴先生在这种类型的髋关节置换术后这类并发症的发生率为1‰~2‰。谢医生还说,他遇到这种情况时也会用钢丝再做一次骨折固定手术。

谢医生当着吴先生的面口述了他的临床记录,并获得吴先生同意后,将记录副本连同一封信发送给陆医生。陆医生随后为吴先生的妻子处理了骨折,幸运的是这位病人的结果令人满意。

分析意见:**沟通缺陷以及病人期望值未得到满足或不切实际是病人寻求第二意见的主要原因**。这位病人出现了的问题在外科医生眼里不足为奇,是一种意料之中的并发症,但是,该并发症对病人及其丈夫来讲犹如晴天霹雳。这是一种典型情况,提示病人、病人家属与主刀外科医生之间的沟通存在缺陷,患方缺乏心理准备。尽管手术知情同意书对需要再次手术的可能性都做有表述,但是,病人及其家

---

① "完形"(gestalt)是一个视觉心理学名词,也称视知觉。简单地说,就是认为人会对一些形状有直觉,想当然地对不够明显的图形进行大脑加工、补全或者转译。例如,对于同一幅画,有人觉得是一个杯子,有人觉得是两个人脸,这是人脑的补形结果。

人对这种再次手术的理由要么没有听进去,要么就是未能理解。在出现并发症后,主管外科医生提出咨询第二意见,目的是确保获得病人的谅解。

案例4——等待观望的病人最好也寻求第二意见

病情简介:为了治疗甲状腺癌,林医生切除了王五的甲状腺。林医生在术前告诉王五手术可能带来声音嘶哑。不幸的是,该并发症竟然发生了。林医生坦然地把这个问题告诉了病人,手术记录记载手术中显露了喉返神经并且得到了保护。尽管如此,林医生还是建议王五就声音嘶哑的处理问题咨询第二意见,并将王五介绍给范医生。在做了检查、看了病历记录后,范医生同意林医生的意见,认为观察似乎是一种谨慎的选择,他打电话给林医生确认了他的理由。在观察了一段时间后,导致声音嘶哑的神经功能有所恢复,林医生感到心里踏实了,他希望王五对此也有同感。

分析意见:这是一种意料之中的并发症(林医生在术前已经做了告知,在甲状腺手术后发生了)。这位林医生提出了寻求第二意见之请求。范医生向病人强调,林医生对该并发症的处理是适当的。

第四节 本章小结

大多数诉讼由三种可预防性力量驱动:①病人不切实际的期望值;②发生了意料中的外科并发症,但是,在出现这些外科并发症后,病人感到五雷轰顶,同时病人感觉到存在医疗过错。③医生态度蛮横。

第二意见有利于病人了解情况、促进有效沟通。当病人对拟定的手术有疑问时,应该让病人咨询第二意见。重要的是要牢记,应该把第二意见看作病人持续决策过程的一部分,该过程对每个病人都是独一无二的。一定要提醒外科医生,尽管你已经做过上千例阑尾切除术,但是,对这个病人来讲,这是他人生中的第一次也是最后一次,病人会有焦虑和忧愁,这是正常的反应。通过获取第二意见,病人的这些关切会得到更好的解决。

病人可能比以往任何时候都更希望获得信息,这些信息大多都未经过过滤,会使不知情的病人产生偏见,特别当这些信息渗透着"微创""机器人""激光"等市场营销词汇时,这些词汇的目的是想方设法"兜售"未得到证据支持的解决方案。外科医生应该了解病人所获得的信息类型,引导病人到恰当的同行站点咨询第二意见,帮助他们做出决策。在某些情况下,外科医生应该为病人咨询第二意见提供帮助。

最后,聪明的外科医生都知道所谓的"小手术"是不存在的。每个外科医生都会有并发症,除非他是不开刀的外科医生。偶尔,从外科学、内科学或心理学的角度来看,这些意外结果的处理是有难度的。第二意见为外科医生提供了机会,以新的视角看待令人困惑和令人费解的临床情况,而不受持续治疗的偏倚的干扰。

（施鸿舟）

第十七章

外科并发症与死亡讨论会

> 正人先正己,己正人才服。
>
> 人非圣贤,孰能无过。过而能改,善莫大焉。
>
> 〔春秋〕左丘明《左传·宣公二年》
>
> 有一句大家耳熟能详的话:有些外科医生从自己的错误中吸取教训,另一些人从他人的错误中吸取教训,还有一些人从不吸取教训。并发症与死亡讨论会(Morbidity and Mortality Meeting,M&M Meeting,MMM)的目的是杜绝再犯。

祝你的病人都能挺过外科手术关,愿他们术后恢复顺利。遗憾的是,外科手术的总死亡率仍然不可小觑,并发症的发生率更不低。有道是:"常在河边走,哪有不湿鞋。"——你也出纰漏了!并且为此忙碌了一段时间——身心疲惫。

在一场暴风骤雨停歇后,是时间坐下来反思"错在哪里""如何杜绝重蹈覆辙"的时候了。正如 Francis D. Moore 所言:"你的手术团队应该面对每件错误、每桩不幸、直言不讳、指名道姓、采取防范措施。"

第一节 外科统计报表和并发症与死亡讨论会

Ernest Amory Codman 医生(参见附录二)是在波士顿麻省总医院工作时最先创建客观外科统计报表以及并发症与死亡讨论会(Morbidity and Mortality Meeting,M&M Meeting,MMM)的伟大先驱。他曾经说过:"我天生讨厌谎话连篇、自欺欺人、表里不一、装模作样、贪婪多欲和有失公允。"Codman 曾经结扎了一个病人的胆总管导致该病人死亡,他说:"我犯了一桩粗枝大叶的荒谬技术错误,我把胆总管给结扎了,竟然(在手术中)没有发现。"

1. 吃一堑，长一智　正如 Bosk 医生所指出的，外科 MMM 的目的是找出错误出在哪、把错误的原因落实到人，不过，要原谅他们的过错，然后，再讨论下一个病例，目的是让所有参会者对该事件产生深刻的记忆，今后不再重蹈覆辙。这一过程统称为外科 MMM 的 ABC 目标：找出问题的症结所在（assign accuse）、落实到人（blame）和承认错误（confess）。也就是 Bosk 医生所说的："责有攸归，宽以待人，铭记在心。"认识到**是人都会犯错**，承认这一点，然后是宽恕待人。

MMM 要求**客观地**分析错误和并发症，不是惩罚或羞辱某人，MMM 的目的是**教育人**，提升今后的工作品质。我想每位外科医生不会愿意重犯类似过错吧。无论你在哪里从事外科工作，都应该设法建立正规的 MMM 制度。如果你的同事对此不感兴趣，或者说你是一名"形单影只"的乡镇小医院的外科医生，请建立你自己的 MMM 制度！

2. 切莫待明朝，万事成蹉跎　只要有外科医疗团队工作的地方就必须常规举行 MMM，最好是每周定时举行，趁热打铁，及时寻找原因，哪怕只有一件并发症也值得坐下来讨论，因为随着时间的过去，人们的记忆和激情会减退。在讨论会上，全科的同事应该**客观地**就最近的全部死亡和并发症进行回顾性地分析和讨论。

在欧美发达国家的教学医院，针对实习医师或规范化住院医师的培养，每个科每周都必须举行一次 MMM。如果不能常规举行 MMM，那么这个科的住院医师培养计划就会不合格，不参加"并发症与死亡"同行讨论会会影响联邦付款人和某些第三方付款人的付款。不参加"并发症与死亡"同行讨论会会影响美国医学专业资格认证委员会（American Board of Medical Specialties）中的各个专业委员会颁发的认证证书。然而，就我所知，在我们国家，大多数医院的外科依旧没有定期举行 MMM 的制度，当事医生会想方设法把一切重大失策和失败都扫到地毯下面掩盖起来，让这些"丑事"随着时间神不知鬼不觉地无影无踪。还有一些医院，举行 MMM 仅仅是一种形式，好像是"趣味病例"或最新"成就话题"展示。这些都是不正确的做法！一场简短的"走过场"式的展示性案例报告不能算是一场真正合格的 MMM。

3. 畅所欲言，各抒己见　外科 MMM 的理想形式（表 17-1）是**与该病例治疗有关的人员都应该到场**，这些人员在讨论前应该复习全部病史细节，提前对发言进行彩排，把病人的病历和 X 线片准备好。对报告病例的住院医师来讲，言语应该客观中立。住院医师的任务是学习，并为他人学习创造条件，不要为受牵连的外科医生开脱或遮掩，你不是当事医生的律师。要知道在场的绝大多数人都不傻，不在理时，他们马上会察觉到。

表17-1 MMM的理想形式

MMM的理想形式
■ 每周定时召开MMM ■ 所有的实习医生、住院医师和外科医生都应该参加 ■ 所有的并发症和死亡病例，不管是谁的病人，只要是在本科治疗过的都应该拿出来讨论 ■ "一桩并发症就是一桩并发症"——无论其结局是良好抑或惨痛，都应该拿出来讨论 ■ MMM是一种民主讨论会。科主任的失误，"科里大佬"做的不体面事情，尽管有的并不严重，但是，都应该像年轻住院医师犯错一样拿出来曝光、讨论

（1）并发症的评估程式：先介绍病例，然后，主持人引导全体进入讨论环节以便获得一致的意见。这时往往会出现"冷场"，打破僵局的简单方法是指定一位高年资外科医生发表意见，例如："某医生，请您谈谈如果这个病人一开始就在您手下治疗，会出现同样的结果吗？"这是处理"冷场"的常用手段，激励发自内心的、全面的、深入的讨论。

讨论会上还可以提的问题是：

- 这"果然是并发症"？有些外科医生认为术中出血（多得需要输血了）不属于并发症，不过是技术上的不测，"天有不测风云嘛"，说不定哪天就"会遇到"。

- 分析原因：是判断失误，还是技术错误？对一个濒临死亡的晚期癌症病人做手术提示判断能力有问题，胆囊床出血不得已再次手术止血提示技术失误——第一次手术中止血不彻底。这两种错误常常交织在一起，难以区分：由于手术"太迟"，那位急性肠系膜缺血的病人死了（判断能力差）；创建的造瘘口回缩肠内容漏入腹腔（技术差）。要判断一桩并发症（如吻合口漏）是"技术差"（技术错误）所致抑或是病人因素（如营养不良或长期服用类固醇激素）所致，往往有难度。

- 还要分析这一过错是过度治疗抑或不作为。手术太迟或根本未做手术为不作为，手术做得太早或根本不必做为过度治疗。遗漏了损伤或切除太少为不作为，切除过多为过度治疗。阑尾切除后发生腹腔残余脓肿未再次手术为不作为，可以做经皮穿刺引流但做了开放手术引流为过度治疗。注意，在外科医疗过错鉴定当中，人们往往认为不作为过错比过度治疗过错严重，因为后者达到了这样一个境界："我们做了所能做到的一切，但是失败了"。

- 是否存在行为过错（参见第七章）？任何外科操作都有一定的错误发生率，但愿这种错误发生率很低。只有那些不开刀的医生才不犯错，但是，行为过错不能容忍。主管医生在周末不愿意被打搅而推迟手术，外科医生酒后开刀，这些都是显而易见的"行为过错"。如果一个外科医生一而再，再而三地出错，成了一种作风，可能就属于玩忽职守。

- 该并发症或死亡是属于可预防性？抑或属于潜在可预防性？每个病例都不相同，都必须进行个体化分析。

- 责任在谁？MMM不是法庭，如前文所述，出发点不是定罪，但是，讨论要有结果，要求在场的每位都明白怎样才能把事情做得更好。无论如何都不要谴责或埋怨(除非问题极其严重，MMM不是处理严重医疗过错的场合)，任何期望把责任分摊纳入品质管控体系的尝试都注定会失败——为了避免冲突，真相就会被掩盖，实情就不会浮出水面，这是人类的天性。然而，可悲的事实是，许多并发症和死亡的原因都是"制度衰竭"——问题暴露在前三排，根子都在主席台，也就是说医院像一条指挥、组织、监督、教育和道德构成的长链，现在这条链子上出现了"无数个薄弱环节"。

案例1

病情简介：凌晨4点，一位78岁的老妪在你被请来为他诊断急腹症前，其实已经处于感染性休克的临界失代偿期。她因血常规、心电图、腹部CT等检查以及请心内科会诊已经在急诊内科折腾了2个小时，遗憾的是，没有做尿常规和血生化。请你会诊后，你决定收入病房准备做急诊剖腹手术，但是全身麻醉需要了解病人的电解质等生化结果。病房的血标本在夜间是后勤服务人员每隔1小时来病房收取一次，前一次收取标本的人员刚离开，你和病人只能再等1小时。检验科值班的检验师眼皮惺忪地从床上爬起开机预温需要时间。等拿到电解质报告时，手术室值班的后勤服务人员又去送另一位病人了。最后，你决定自己把病人推入手术室。就在此时，你又发现你开列的亚胺培南西司他丁属于"特殊抗生素审核"药物，相关"大人物"还没有批复。麻醉医生插管不顺利又延长了病人的缺氧时间……

分析意见：一位本来就弱不禁风的耄耋老人外加病魔缠身，能承受多少此类折腾？制度衰竭之常见远远超出你我的想象，只要稍稍环顾一下我们的周围……美国医学研究所(Institute of Medicine)在《人非圣贤，孰能无过——构建更安全的医疗保健体系》一文中有一段话强调了这一状况："该报告的主要结论之一是，大多数医疗过错不是由某个人的粗心大意或特定群体的行为造成——不是'某一败类'的问题。更常见的情况是，错误是由制度缺陷、流程缺陷和条件缺陷所致，这些缺陷使得人们容易犯错、未能针对错误制定预防措施。"

- 达到标准医疗水平了吗？众所周知，"标准注意"(参见第七章)就是"看菜吃饭"，对不同的病人给予不同的处理。"标准注意的好处就是有多种备选项目"，也就是说标准注意是一个谱，见多识广的、临床经验丰富的外科医生会从中选出最佳医疗处置措施。以乙状结肠憩室炎穿孔局限性腹膜炎为例，从Hartmann手术(保守的外科医生)到乙状结肠切除吻合(大胆的外科医生)都是被认可的标准注意(超一流外科高手或许会选择腹腔镜灌洗法处理这种病人，只不过……)。对结肠急性穿孔部位做一期缝合修补就不属于标准注意。评估的方法很简单:"同意一期缝合穿孔的人请举手。"没有人举手,当事外科医生只能夹着尾巴灰头土脸地离开会场,他知道他选择的术式不是同行们认同的标准注意。当然,当事外科医生可以出示文献来证明他选择的术式在其他地方得到认可的情况。也可能是我们科里的外科医生孤陋寡闻、过于教条、太保守,甚至完全错了!

- **证据外科**。介绍病例结束时,这位住院医生应该出示文献,点出"现状"和存在的争议,强调今后遇到类似病例,有哪些处置方式可供选择,应该怎样选择。
- **当事外科医生**。讨论结束时,与该病人治疗相关的年资最高的外科医生应该表态,可以选择出示其他地方被接受的文献依据。不过,在这种场合,最得体的应对方式是坦诚地叙述经过,低调地承认可能存在的过错。表达下次再遇到类似病人时,会如何处置?**站起来认错,你会赢得在场所有人的敬意**。如果你不诚实,想方设法隐瞒真相、拒绝接受多数人的意见、谎话连篇,那么你就会遭到无声的蔑视,有损你的名声(或许会得到某些阳奉阴违者的同情之言)。不如勇敢地站出来认错!

(2) 并发症的评估结论与改进措施:最后,主持人做总结发言——是否存在过错?是否采用了标准注意?对今后工作有何建议以及改进措施?如果你是科主任,总有一天你会成为科主任,不要总讲些空洞无聊的话,结论要客观、明确,在场的人不傻。其实,**在外科任何专科,MMM 是否客观务实,反映的是科主任的精神面貌及其伦理内心世界**。

一位饱经风霜、"以临床一线为家"的外科医生会经常遇到这类层见叠出的难题——如何看待和分析并发症(不管这些并发症是由他们自己造成的,还是由同事造成的)。并发症不外乎两类:一类是该术式的已知结局或可能结局,也就是说本来就无法预防;另一类恰恰相反。任何并发症只能是其中的一类。每个案例都应该做个体化分析,有些案例可能依旧找不到答案。

第二节 当今 MMM 的复杂性

1. **"肇事者"往往涉及多人或制度问题** 20 世纪下半叶和 21 世纪初的技术爆炸,不同药物和手术方式唾手可得,医疗工作者高度专业化,医疗保健系统越来越复杂,参与病人诊治的学科和医疗工作者越来越多——参与某个病人医疗过程的往往是来自多个不同学科(急诊、外科、麻醉科、消化科、ICU)的多位医生(夜间或周末医生轮班),一名医生又往往参与处置多名病人,使得医疗保健系统的人际关系错综复杂。

2. **制定有效的、减少错误的策略** 过错的应对方法包括通过跨学科的专业知识对过错识别与报告制度做进一步改进,对错误做标准化分类,了解机构和制度的薄弱点、信息系统的缺陷,然后筑建安全防火墙,而不是让某人来承担责任。

看看下列案例:

案例 2

病情简介:男性,69岁,在一次机动车碰撞中发生多发伤,包括创伤性脑损伤和四肢多处骨折。由于长时间在 ICU 住院治疗,他在住院的第14天做了气管切开,以便撤离呼吸机。6个小时后,大约晚上9点,护士发现新建气管切开导管处有漏气,呼吸治疗师和床边护士不停地疲于应付。他们已经将该问题汇报给值班医生。该值班医生应该怎么做?该值班医生是否应该去看一下病人把这个问题解决了?是否应该请麻醉医生会诊对病人做经口插管同时将气管切开导管拔除?是否应该在病历中记一笔同时将处置方案口头告知 ICU 团队和早晨查房的人员?不管该病人目前的实际情况是否稳定、情况是否良好,是否都需要把这个问题告知放置气管切开导管的主刀医生?

分析意见:在这个例子中,其实就是要到床边去看一下病人,在病历上记一笔,目的是让医生早查房时讨论这个问题。然而,就在早查房之前的那个清晨,病人咳嗽时把气管切开导管咳了出来,氧饱和度迅速下降。在床旁尝试将气管切开导管重新插入,未能成功。由于气管插管无法完成,病人最终因呼吸骤停死亡。MMM 认为这属于一桩经典的可预防性死亡案例,应该从中吸取教训。

找出问题的症结所在(assign accuse)、落实到人(blame)并承认错误(confess)是外科 MMM 的一贯经典做法,确定相关责任医生和其他医疗保健提供者,让他们为所发生的事负责,要求他们承认错误,然后原谅他们,希望他们以及参会的其他人员永远铭记这件事,今后不重蹈覆辙。当然,还要在他们的记录中记上一笔,描述事件的发生经过,其原因有可能是懒惰、未能为病人提供优质医疗服务。另一方面,当今21世纪的做法是对错误采用**制度预防**,这需要制定一份全院性的不涉及重大决策的"新建气管切开病人的管理策略",并对"新建气管切开漏气紧急处理策略"进行修改,纳入主刀医生检查以及气管切开导管更换或重新插入方面的内容。然而,这需要投入大量人力、物力来跟踪问题,观察政策的有效性,并随着时间的推移对政策进行修改。

一篇论文研究了这种全系统管理策略对创伤病人常见错误和常见并发症的有效性。Gruen、Jurkovich 及其同事回顾了美国一家医院10年间2 594例创伤死亡病例品质改进分析带来的经验教训。经典外科 MMM 认为这些死亡病例中有

2%（n=53）死因是医疗过错,23%（n=601）是通过创伤严重度评分筛查确定的。另一项同行审查选择了这 654 例（601+53）死亡病例,确定 64 例死亡（占总死亡数的 2.4%）存在导致死亡的过错或"不良事件"。这些作者研究了过错的模式,包括临床医疗错误类型以及过错发生的场合和时机。明确强调占主导地位的是治疗错误,主要原因是未能遵循既定的医疗预案（制度问题）,过错常见于 ICU 和初始复苏期间。作者进一步建立了一种全系统管理策略——制定政策来应对最常见的错误,并发现这种政策的实施和跟进在减少或消除某些过错（但不是全部过错）方面非常有效。文章清晰地表明制度纠错法在减少错误方面是有效的,不过,也强调制度纠错不是一种简单易行的解决方案,制度纠错本身也会失败。

第三节　本章小结

众所周知,条条大路通罗马,自作聪明的人善于用"事后诸葛亮"的眼光看问题。提交到 MMM 的病例和事件都错综复杂。但是,在杂乱无章的现象背后必然存在具有教育意义的、应该得到披露的真相（参见第七章）。

总之,即使是在最高端的医疗保健体系中,也会出现可预防性死亡和可预防性错误。职业行为中的最新挑战是提升沟通技能和根除交接错误,这两个因素对并发症、不良事件和结果都有影响。错误模式可以识别,减轻这些错误的策略可以制定,机构的预案能有效地减少错误的发生率,但是把医疗过错降至零依旧是医疗保健界"传说中的世外桃源"。

（吕建鑫）

第十八章

《通用预案》的盲点与要点

> 我从不搞例外,例外就是破坏规矩。
>
> Sherlock Holmes
> 见 Arthur Conan Doyle 爵士著《四方签名》(1890 年)

尽管外科安全核查表〔包括世界卫生组织(World Health Orgnization,WHO)的"安全外科救命"核查表、"外科病人安全制度"(SURgical Patient Safety System,SURPASS)核查表和《通用预案》(Universal Protocol,UP)〕得到了广泛实施,但是,总体依从性似乎令人大失所望,我们依旧期待着可预防性不良事件和外科并发症发生率的全球性下降带来的一波巨大影响。本章拟对美国联合委员会(Joint Commission,JC)《通用预案》的"盲点与要点"做一番探讨。

第一节 《通用预案》及其实施现状

1. 《通用预案》的内涵 《通用预案》设计的初衷是确保病人身份正确、拟行术式正确和手术部位正确。从本质上讲,《通用预案》由下列三大组成部分:
- 术前核对验证。
- 手术部位标记。
- 在"下刀"前做"暂停确认"。

尽管术前核对验证和手术部位标记是在术前等待区实施,但是,在手术开始之前还需要完成"暂停确认"。《通用预案》的所有这三步的目标都是**确保病人身份正确、术式正确和手术部位正确**。后来"暂停确认"的内容有了拓展,其实是对这一制度的庸俗化。包括核实病人体位是否正确,相关文件、诊断图像、器械和植入物,以及术前需要使用的抗生素和其他基本药物(如使用β受体阻滞剂)是否已经准备到位。值得注意的是,《通用预案》也适用于手术室外的各种介入操作场合——需要病人签署书面知情同意书的各种有创操作。

2.《通用预案》的具体缺点和先天不足使病人依旧处于围手术期并发症和外科"不允许事件"的风口浪尖之上　美国国家品质论坛(National Quality Forum, NQF)把手术部位错误和手术病人错误等5种"不允许"外科事件定义为"外科严重应报告事件"或"绝对不应该"发生的事件。《通用预案》应运而生,从2004年7月1日起已经在美国全面实施,但是,手术部位错误和手术病人错误依旧时有报告记录。Clarke对2004—2006年度30个月中宾夕法尼亚州报告的手术部位错误、手术病人错误和手术术式错误进行了分析。发现手术部位错误有427份报告,其中56%属"未遂"事件。在该研究系列中,31例手术部位错误做了正规的"暂停确认"但未能成功预防。Jhawar做过一项美国全国性问卷调查,目标是估计美国执业神经外科医生中手术侧错误(左右错误)以及颅脑与脊柱外科手术中手术平面错误的发生率。在138名有回复的神经外科医生中,25%的人承认在他们的职业生涯中曾有过在头部错误侧做手术切口的经历。此外,在执业超过5年的神经外科医生中,35%的医生在其职业生涯中有过腰椎手术平面错误。一项对美国国家医生数据库(National Practitioner Data Bank)的已结案的索赔案例的回顾性研究显示,每年的手术部位错误依旧在1 300~2 700起。大多数研究手术部位错误和手术病人错误发生率和频率的研究都存在缺陷,包括与对医疗过错索赔限制选择相关的选择偏倚,这可能仅仅是"冰山一角"。为了克服这一缺陷,Stahel研究组对含24 975例医生自报不良事件的医生保险数据库做过一项前瞻性研究分析。在《通用预案》实施前后的6年半时间段内,共有25例手术病人错误和107例手术部位错误。导致手术病人错误的主要原因是诊断错误(56%)和沟通错误(100%),而手术部位错误的主要原因是判断错误(85%)和在手术前未履行"暂停确认"(72%)。非外科专业也会存在操作病人错误(wrong-patient procedure),导致不良结局。这些数据强调,尽管《通用预案》已经实施,但是外科"不允许事件"依旧存在,并且**这份广泛实施的强制性预案并不能确保病人的安全。**

《通用预案》的每个部分都隐藏着其有效性和依从性容易出现问题的地方。可以说,如果《通用预案》退变成了一个纯粹的"木头人"摆设,那么外科医生的注意力就会背离为病人提供安全外科医疗服务的初衷。此外,对手术部位做的标记不恰当或不准确是手术部位错误的另一个主要原因。最后,"暂停确认"理念的持续拓展使用,包括抗生素和静脉血栓栓塞预防(所谓的"拓展性"暂停确认)等次要安全问题,使得《通用预案》的宗旨庸俗化——一种"狼来了"现象可能导致外科团队对相关预案的依从性和可信性下降。

手术部位错误的另一个被低估的风险因素是在同一名病人身上同时进行多个手术的情况下,它会分散手术人员对某一手术"暂停确认"的注意力。此外,有些解剖位置无法做恰当的手术部位标记,属于"黑匣子"部位,可能会增加手术部位错误的风险。最后,该体系的一个重大漏洞是《通用预案》未能在医学界全面实施——内科和家庭医学等非外科专业主要涉及的是操作病人错误(wrong-patient procedure)。基于这些见解,我们主张非外科专业也应该严格遵守《通用预案》。

3. 手术部位标记的误区　手术部位标记不恰当或不准确(如:手术侧/部位标记错误、未能对正确部位做精确标记以及标记方法不恰当)是手术部位错误的主要风险因素。我们的常规是**在手术切口部位画切口标记线**。

与手术部位标记有关的"典型"错误包括:

- 将手术部位标记工作下放给外科团队的低年资成员(例如实习医生),或不参加该手术的其他医疗保健提供者。
- 标记部位正确但标记方法错误,例如使用"X"做标记,可能被误解为"不是这一侧"。
- 受术前文件误导导致手术部位标记错误,例如门诊病历书写错误、住院病历记录错误、知情同意书书写错误以及诊断性检查标签贴错(如X线片标签贴错)。
- 手术部位标记不精确,例如:①解剖位置标记正确但未指定手术部位,例如四肢手术是做内侧切口抑或外侧切口;②肢体标记正确但未确切指定手术部位,例如关节、手指等;③在皮肤上对脊柱平面做了正确标记,但在手术解剖分离操作后在错误平面做了融合手术。
- 使用的是会褪色标记笔,在皮肤消毒准备过程中标记被洗掉。由于在皮肤切开之前看不清手术部位标记,可能导致医生对手术部位做错误猜测。
- 错误地在对侧做标记(写"否"或"不是该侧")会造成混乱和不确定性,尤其当标记难以辨认或部分洗脱时。
- 同一病人先前的手术标记有残留,在后续手术时,可能会干扰外科医生对正确手术部位的识别,例如多发伤病人在不同时间点做分期手术。
- 无法(或禁忌证)对手术部位做标记。

第二节　破局妙招

因技术或解剖位置等原因,许多特殊情况可能会妨碍手术部位的正确标记。例如在黏膜表面、在牙齿上做部位标记不切实际。此外,对早产儿手术部位标记被认为是一种禁忌,因为这存在永久性皮肤文身之风险。一些手术部位无法做准确的外部标记,包括内脏手术(内部器官)、神经外科(脑、脊柱)、介入放射(血管操作)和躯干部位的骨科手术(骨盆、脊柱)。极少数情况下,病人可能会出于美容原因或其他个人偏好拒绝手术部位标记。与对称的躯体外部(例如四肢、眼睛、耳朵)不同,"隐藏"的手术部位在手术前很难识别、确认和标记。

为了克服这些限制和潜在误区,必须有一种明确的替代标记方法。可能需要在术前和术中请放射科会诊,摄片确定正确的手术部位。例如:脊柱外科医生必须在术前影像片(CT、MRI)仔细阅读评估的基础上使用术中透视检查,目的是确保椎间平面的正确,避免在错误的椎间平面做融合,特别是当脊柱解剖结构有异常时;胸外科医生需要在术前对肺结节进行定位;普通科医生必须依据术前成像和/或"手术台上"的胆管造影,确保在腹腔镜胆囊切除术中正确钳夹胆囊管;对不可触及的乳房结节也需要采用影像手段做术前标记。同样,介入放射科医生容易把钢圈放错动脉。最后,神经外科医生在错误的脑部开刀也时有报告。

1. 术前核对验证的正确做法　令人震惊的是,约三分之一的手术部位错误和手术病人错误其根源在病人入院前。潜在的根本原因包括与手术部位有关的临床记录不准确、X线片标记错误、诊断性测试错误、病人身份搞错(同名同姓造成的混淆)。

操作前核对验证的基本要点是确认:①病人身份;②拟行操作的范围;③手术部位。每位病人都通过一个腕带明确识别,腕带上标有病人的姓名、出生日期和住院号。将手术同意书给病人过目,并详细说明拟行的外科术式以及主刀医生的姓名。只有在所有相关信息得到确认后,才让病人在同意书上签字。作为术前核对验证的一部分,主刀医生对手术部位做标记。最后,核实团队对拟行术式的理解与病人所期望的是否一致。在将病人送入手术室之前,通过核查表核对验证所有文档和相关信息是否准备到位、准确和完整。

2. 手术部位标记的正确做法
- 手术部位标记必须由外科团队成员、会出现在手术"暂停确认"现场并且会参与手术全过程的持证从业人员实施。**最好由主刀医生亲自来做。**
- 手术部位标记必须在将病人送入手术室或任何其他操作区之前、在术前等待区完成。
- 应尽可能让病人在意识清醒状态下参与手术部位标记过程。
- 手术部位标记必须清晰明了,我们最常用的方法是在皮肤上标记"切口线",然后签上标记医生的姓名首字母。当然也可以用"YES"、"是"、"正确"或"这里"等定义明确的标记术语。确切的标记方法必须符合特定医疗机构的相关要求。
- 最后签上外科医生姓名的首字母来对手术部位标记进行确认以示负责。如果外科医生姓名的首字母是"N.O."，则属例外，以免与"no"混淆，暗示不应对标记部位做手术。
- 必须使用不褪色标记笔，用消不去的墨水在皮肤上做手术部位标记。使用可褪色标记或可移除标记（例如在石膏或敷料上贴标记或写标记）都属于不正确标记法。
- 部位标记所采用的标记墨水必须能在皮肤消毒后，在做皮肤切口时依旧清晰可见。
- 术前标记所用的标记墨水或标记笔不需要无菌，未灭菌的标记笔不会增加术后感染风险。
- 必须在切口附近或切口处做部位标记。通过手术部位标记必须让手术侧、手术平面和手术部位清晰显示，尽可能做到这一点。标记时应该考虑的问题是，手术会做在躯体哪一侧、哪一面（屈面/伸面、内侧面/外侧面）、脊柱哪个平面、特定指/趾或特定病变。
- 对手术部位无法做精确标记的所有病例要提高警惕（参见第一节"手术部位标记的误区"内容）。
- 了解手术部位标记的禁忌证，包括早产儿（永久性文身风险）、黏膜表面、牙齿以及因个人原因拒绝做手术部位标记的病人。
- 在无法做手术部位标记的情况下，要采用清晰明确的替代方法。包括术前和术中放射学定位，以提高对手术部位判断的正确性。

3. **手术"暂停确认"的正确做法** 《通用预案》的最后一部分是在手术开始之前在手术室进行的手术"暂停确认"制度。"暂停确认"是对病人身份、手术部位和拟行术式准确性的最终重述和确认。此外，在此阶段，还要确认病人的体位正确与否、围手术期抗生素的需求、有无过敏史，以及相关资料、诊断结果、外科器械、植入物和其他相关设备等的准备到位。以下几点是手术"暂停确认"成功之关键所在：

- 外科团队的每个成员都可以提请"暂停确认"，通常由不直接参加手术的特别指定人员（如巡回护士）提请。
- 两次"暂停确认"制度是指第一次是在病人清醒状态让病人参与核对验证（此称"清醒状态暂停确认"），然后在切皮之前再做一次"暂停确认"，目的是避免在核对验证后在术野皮肤准备和铺巾过程中造成手术部位错误。
- 每家医院的"暂停确认"流程都必须标准化。
- 外科团队的所有直接相关人员（外科医生、麻醉医生、巡回护士、洗手护士等）都必须积极参与"暂停确认"。
- 在"暂停确认"期间，不影响病人安全的所有常规工作和活动都一律暂停。
- 如果同一病人有多个手术要做，就必须在术中多次重复提请"暂停确认"。

第三节　本章小结

《通用预案》的主要目的是减少手术部位错误和手术病人错误的发生。然而，美国的数据告诉我们，虽然《通用预案》得到了广泛实施，但是，这份标准化的预案并未能阻止可预防性严重并发症和"不允许事件"的发生。本章讨论了该系统中潜在的技术误区以及已认定的漏洞和薄弱环节。所有医疗机构的所有专业（不仅是外科专业）都应承诺把《通用预案》作为标准化的医疗品质保证工具。各医疗机构都应该对手术部位标记实施规范的标准化，避免个别从业者在手术部位标记方面各行其是。

《通用预案》成功实施的最终决定因素是外科团队全体成员的担当和"认可"。手术部位标记方式不当和不准确是手术部位错误的主要原因。应该让病人参与手术部位标记过程，鼓励他们向自己的外科医生询问在手术室是否有规范的"暂停核查"程序。我们的远期目标是教育我们自己、下一代医疗保健提供者和我们的病人，努力创建一种一如既往的可持续性病人安全文化。毫无疑问，这需要一种**医生主动**的团队行事方式，目标是创建一种可持续的长期病人安全文化。

（钱　益）

下篇
医疗过错诉讼的应对

第十九章

医疗过错诉讼的心理应对

> 人人都想改变世界,但没有人想改变自己。
>
> Leo Tolstoy

医疗过错诉讼的经济负担是大多数美国人耳熟能详的事情,尤其是对成为诉讼对象的人来说。担心被起诉会导致对病人做过度检查和过度治疗,据某些经济学家估计,这笔费用约占美国全部医疗保健支出的四分之一。此外,尽管医生赢得了绝大多数针对他们的案件,但随着赔偿金额的飙升,保险费也随之上升,许多医生被迫退出执业。整个医疗保健体系都感受到了诉讼带来的经济负担。然而,诉讼对医生自身带来的影响如何呢?

如你所见,医疗过错诉讼程序是一条漫长的路,风险无时无刻不在。然而,我希望你通过阅读这本书,从现在就着手准备把那些原本令人困惑和沮丧的经历处理好。

当医患沟通办公室给你送来一份医疗过错诉讼传票时,你会从头凉到脚。尽管你前面的路似乎漫长而灰暗,但是行之有效的应对方法还是有的。最好把你能够体会到的伤害和愤怒搁在一边。像律师那样来应对这件事,不涉及私人恩仇,把它当作一出游戏。**胜诉方往往是拥有最棒律师的、准备充分的委托人。**

诚然,听起来容易,做起来难。人们往往会引用统计数据,在美国,80%以上的案例是医方获胜。但对于我们医生来说,只要被起诉了,在某种意义上我们就已经输了。

第一节　历时漫长的法庭诉讼会带来巨大的情感失落

时间是医生最宝贵的资产,在案件方面医生需要白白浪费许多时间。我在本章后文会谈到,医生需要花许多无畏的时间与律师讨论如何撰写书面证词以及如何为出庭做准备。况且,离开律师办公室后,医生需要花更多的时间去探索与该案件相关的问题。

对于大多数医生来讲,一旦被起诉,诉讼就成为一种挥之不去的梦魇。案件没有任何动静的"肃静"时刻仅仅是暴风雨来临之前的暂时平静。即使是远离案件的闲暇时光也不会真正闲着,因为案件会不由自主地一遍又一遍在你脑海中萦绕,让你思索着难以预料的不良后果。

医生的担忧主要是经济损失大小以及职业生涯是否会就此终结。在中国大陆,有关医疗过错的法院判决的赔偿金或调解赔偿金几乎都由医院法人来承担(医院统一为医生购买医生职业责任险),不过,随后医院通常会要求当事科室或个人承担总金额的 20%～50%。对情节严重者,当事医生也会面临行政处罚,如高职低聘,甚至暂停执业。

怎样才能把这种情感过程当作一场战略游戏全盘接受,像一场围棋比赛?人们达到这种境界的方式迥异。经历多次诉讼后,或许能达到这种境界。

第二节　Kübler-Ross 悲伤五阶段模型

当第一次听说自己被起诉时,你会不知所措。好像突然被人打了一记闷棍,不知道如何是好。这就是我撰写这本书的初衷——在这个阶段,你非常脆弱,需要指导。

有一个好模型能概括此情感过程。它的基础是 Elisabeth Kübler-Ross 模型,Kübler-Ross 在她那部《论死亡与垂死》(*On Death and Dying*)一书中描述了悲伤五阶段。并非每个人都会经历所有这五个阶段,但每个人都会经历其中的至少两个阶段。

1. 否认　否认是一种有意的或无意的拒绝接受与拒绝关注相关真相、信息、实情等。这是人类很自然的一种防御反应。有些人在面对一桩难以示人的伤害时,可能会陷入"否定"阶段不能自拔。当然,有些事情无法强求,该来的总会来,该走的也无法挽留——灾祸并不是想躲就能躲避的。

在被起诉的最初震惊后,医生往往会否认情况的严重性。或许是医生们对自己的清白过于自信,以至于他们认为这个案子会就此"销声匿迹"。虽然律师可能会告诉他们"销声匿迹"是不太可能的事,但是有些当事医生依旧会拒绝面对实情。结果,他们未听从律师的忠告,未尽到自己作为当事人的责任。

另一种情况是医生对一桩糟糕案件的否认。例如,在一个存在明显医疗过错行为或没有专家愿意出庭为他们的行为做辩护做证的情况下,他们的律师或许会建议走调解之路,而且当事医生坚持走法庭审判之路(如前文所述,他们认为法庭审判有较大的胜算率)。

与一位富有同情心(但愿)的律师合作通常可以帮助医生明白自己的处境,摆脱否认心理。事实上,优秀的律师除了履行法律职责外,还可能兼具心理科医生的双重角色。然而,有些医生心里很抗拒,非常固执,往往难以从否认阶段走出来。遗憾的是,这种医生不少见,这可能会对他们的案件带来非常不利的影响。有否认心理的医生不愿意听从任何劝告。那些不愿意接受劝告的医生甚至可能会在他们的案件开始之前就对案件带来了不利影响。

2. 愤怒 愤怒有不同的表现方式。人们处理郁郁寡欢的方式可能是对自己或对他人撒气,尤其是那些身边人。知道这一点后,每当遇到情绪非常糟糕的人发怒时,有助于你保持超然、不予理会。

与我交流过的许多医生一提起早前的诉讼依旧会耿耿于怀。也就是说,愤怒的情绪需要很长时间才会完全消除。有些医生在庭审时依旧会气不打一处来。

他们为何会发怒呢?显然,医生是对被起诉感到怒火中烧。但问题可能更复杂。医生可能会对病人起诉他们以及患方律师接受该案子心怀不满,可能是对"制度"义愤填膺,因为是制度创造了一种扰乱他们生活和临床工作的局面。然而,更常见的情况是,医生怨恨自己。他们会在一定程度上责怪自己做了或未做某件事,发生了本来可以避免的不良结果,最终导致诉讼。

无论当事医生把怒火发向哪里,如果不小心,就会在书面证词环节和庭审环节表现失态。怄气会影响思维的清晰。法官和陪审团也会对你产生偏见。

医生在法庭上应该以一种平静且能自控的面貌出现。一位我行我素不计后果的医生给人的印象可能恰恰就是那种容易犯医疗过错的医生。切记,法庭上的表现能决定一切。你必须压低你所感受到的怒火,做出理性辩护。

为此,怒火管理至关重要。克服心中怒火的最有益方法之一是向其他曾经被起诉过并胜诉的医生取经。注意，我在第二十章第二节会要求你不要与任何人谈论此案，除了你的律师和你的配偶。此时你依旧不应该向外人透露此案的细节。诚然，你可以谈你被起诉的感受，并从处于相同位置的其他人的经验中学习，但不要把你正在进行的诉讼细节透露出去。有些医生需要专业人员提供帮助。不要羞于寻求咨询，**咨询可能成为一种挽救你职业生涯的举措**。

3. 恳求 从前，面对死神时，恳求阶段可能是向人们信仰的上帝讨价还价。面对不太严重的伤害时，可以恳求或寻求通过谈判方式妥协。例如，当面临关系破裂时说"我们还能成为朋友吗？"。恳求很少能成为一种可持续性问题的解决方案，特别当这是一个生死攸关的问题时。

我不认为在这种情况下与上苍公开讨价还价有同样效果。然而，当事医生的"精神自我"往往能起到这样的作用。例如，当事医生可能会私下发誓"等这个案子结束了，我决心成为一名更好的人/医生"。

这种讨价还价会延伸至医生的行医工作之中，"如果我采用防御式医学①，那么我就不会被起诉，不会重蹈覆辙"。你想到了避免诉讼的所有办法，但是，对手头的问题依旧一筹莫展。你说服自己，这些改变会让自己成为一名更优秀、更安全的医生。虽然恳求阶段不一定会对你目前的案子带来什么大的害处，但是它会分散你的注意力。讨价还价妨碍你接受现实。

4. 消沉 消沉又称预感性悲伤（preparatory grieving）。有消沉情绪很正常，这意味着你正在朝着完全健康地接受你的处境的正确方向前行。从某种意义上说，消沉是一种"善后"彩排。消沉阶段有着不同含义，它取决于涉及的是什么人。它是一种对情感依附的接受。有心里难受和遗憾、有担忧、有前景未卜等感觉都不足为怪。消沉表明这个人至少已经开始接受现实。

整天闷闷不乐有其积极的一面，这意味着你正处于悲伤的最后阶段。

我见过许多医生，每想到自己的案子就会眼泪汪汪，持续数周或数月。他们的恐惧和挫折感以外露为主，很难隐藏。但是，如果在整个庭审过程中都流露这种情绪，那么这对你的案子是毁灭性的。**如果你在庭审过程中泪流不止，那么法庭会怀疑你的胜任力**。

此时，你的律师往往能扮演一个重要角色，他能给出指导意见，让你对自己的案件和自己充满信心。诉讼过程的挫折会使你出现自怜感，一旦从这种自怜感中

---

① 防御式医学（defensive medicine）是指在疾病的诊断和治疗中，医生的主要目标不是病人的健康，而是自我保护，努力避免可能发生的医疗失误和法律诉讼。

走过来,你就会变得更为坚强、成为一名更好的医生。

5. **接受** 同样,这个阶段一定是因人而异。尽管从广义上讲,接受就是一定程度的情感超脱和客观。垂死之人可以比他们身后的亲人提前很久进入这个"接受"阶段。

关键是"情感超脱和客观"。作为医生,我们尝试以"情感超脱和客观"方式行医,目的是确保对患有灾难性疾病的病人实施最佳治疗。"情感超脱和客观"并不意味着我们医生不在乎,然而,看问题客观是做出明智决策的关键。

"情感超脱和客观"之信条也同样适用于诉讼带来的情感创伤。面对诉讼,如果你能容忍你的处境,那么提示你正处于接受的最后阶段。你可能不喜欢这种情感创伤,但是,为了治愈这种创伤,你必须承认被起诉就是生意场上需要付出的那部分成本。只有这样,你才最能代表你自己行事。搞清楚了这些游戏规则,现在你已经对玩好这种游戏并设法赢得游戏有备而来了。事实上,这种游戏很不好玩。人们总是容易退回到最初的否认和愤怒阶段。

第三节 Maslow 需求五层次模型

Abraham Maslow 创建了另一种心理模型,它有助于解释为什么在正常情况下以无私方式行医的医生在医疗过错诉讼的胁迫下会改变自己的行为。这种心理模型在他的著作《人类动机理论》(*A Theory of Human Motivation*)《走向存在心理学》(*Towards a Psychology of Being*)中都有着墨。在文章中,他提出了人类动机与行为的一种基于需求层次的理论。

Maslow 的需求五层次模型可以用来解释防御式医学出现的缘由,以及消除防御式医学的难度。需求五层次理论的基础是,需求未得到满足会促使人类产生动机——人类只有在满足基本低水平需求的基础上,才能满足无私的高水平需求。为了做出无私之举,一个人必须满足前四种匮乏性需求(deficiency needs),从最基本的需求开始,这四种需求分别是:心理、安全、社会和自尊。也就是说,如果你需求的东西没有得到满足,动机就会来填补。必须满足前四种需求后,一个人才能达到自我实现这一最高需求层次。根据 Maslow 的需求层次理论,如果一个人感受到了威胁,那么在这一需求解决之前,任何更高层次的需求都不会受到关注。下文对需求的每个阶段做一简要说明:

1. **心理**(psychological) 包括呼吸、食物、水、性生活、睡眠、内稳态和排泄。

这些都是生命存在的基本需求,是生命的基石。除非这些基本要素都得到满足,否则人们在动机尺度方面不会有进一步的举措。

2. 安全(safety)　包括身体、就业、资源、家庭、健康和财产等方面的安全。下一步的目标是避免身心伤害。在安全方面,人们守护着自己的资源。在另一种意义上,你会关心自己的恐惧和焦虑,并因此试图创建秩序和结构。

3. 社交(social)　又称爱的需求或归属需求,涉及友谊、家庭和性亲密。这在比较高级的需求中是最重要的,因为其重点从自我向外转移至与他人互动方面。你在寻求一种群体意识,可能会尝试在一个团体中工作。

4. 自尊(esteem)　包括自尊、自信、成就、尊重他人以及被他人尊重。一旦一个人有了归属感,下一个就是对自我重要性感觉的需求,并为自己的工作感到自豪。

5. 自我实现(self-actualization)　包括道德、创造力、自发行为(spontaneity)、解决问题、不带偏见和接受事实。Maslow 认为,这是需求层次的巅峰,也是人类个体能够充分发挥其潜力的位置。到达这个层次的人,通常是通过真理、正义、智慧来寻求做更有意义的事。然而,根据 Maslow 的说法,只有一小部分人能达到这个层次。

在压力条件下,人们可以退回至较低的需求层次。Maslow 的假设是,如果你在这五个层次等级链的某个环节遇到了大问题,那么你可能一辈子都会专注于某种需求。

第四节　对医生来说,财务安全和自尊是防御式医学的最大推手

Maslow 模型很好地诠释了医生的行为。除了基本生理需求外,医生还会寻求安【感。因此,他们会购置房产、人寿保险、伤残保险、医疗过错保险和健康保险。许多年来,在大多数情况下,医生们一直经历着金钱困境,出现了 Maslow 所述的匮乏。因此,他们有通过更高收入和创造资产来抵消匮乏的动机。

医生的工作环境在很大程度上是团队性的,需要与护士、下级医生、服务人员、病人通力协作。社会的需求对医生的工作有激励作用。但是,如果医保部门对医生的支付款进行不断扣除,同时医生的医疗过错责任保险费持续上涨,医生的养老金又不断下滑,那么医生可能很难继续成为**有团队精神之人**。因此,医生可能很难

与他们的领导和同事协作,在病人身上花费的时间就会减少。

同样,如果工作环境恶劣直至医生无法信任他们的同道和病人的程度,就很难想出办法来要求医生落实政府建议的"最佳诊疗规范"之目标(如果医生下一个需求层次是尊重)。医生需要强有力的支持才能达到这样一种层次——医生做事仅仅是为了在行医过程中有自豪感。最后,如果没有强烈的自信心,医生就无法实现他们医学生时期的初心——理想中的医学愿景(第五种需求——自我实现)。

根据 Maslow 对人类动机所做观察的解读,被起诉的医生可能会在需求五层次理论的第二层次(安全)遭遇挫折,从而促使医生酝酿财产保护计划、提升保险限额,并处于失去一切的极度焦虑之中。他们念兹在兹的很可能是医保支付额的最大化。此时,医生的优先考量是将高层次的需求转变为稍低层次的需求。只要他们继续从自我实现层次向后倒退,他们看待生活的方式就会不同于从前。他们会用与从前不同的方式行医。他们会放弃直觉和同情心。无私行医方式就不再是一种激励因素,直到医生能与这些恐惧和平共处。

那些设法渡过安全需求这一关的人依旧可能在之后的某个需求层次遇到问题。正是在这些地方,人们开始深陷防御式医学不能自拔,其原因要么是缺乏对同事、团队或病人的信任(社会需求),要么是对自己的能力缺乏信任(尊重需求)。无论如何,一旦把注意力放在这些匮乏性需求层次,就难以自拔,很难抵达自己的初心——把为病人提供最佳医疗当作自己的唯一兴趣爱好。

依据 Maslow 的假设——只有一小部分人能达到自我实现这一层次,如果把这个假设用于医生,那么,很遗憾,只有一小部分医生在行医中会实施无私的、富有同情心的诊疗。此外,当无法控制的力量(例如行政官员或医保机构)要求医生以一种与他们的理想相违背的方式行医时,那些已经抵达动机巅峰的医生可能会心灰意冷。

将 Maslow 模型与前文提到的 Kübler-Ross 模型联系起来看,被起诉的医生会同时在基本需求的多个层次遭受伤害。来自财务安全和自尊的威胁太大,即使是最无私的医生也无法置若罔闻。结果,他们经历了前文提到的 Kübler-Ross 悲伤五阶段。一旦被告医生进入接受阶段,把 Maslow 所述的那种匮乏感抛至九霄云外,他们又可以走向 Maslow 模型的更高需求层次——无私行医。不过,正如我在前文所述,匮乏性需求造成的创伤越大,康复所需的时间就越长。

第五节　本章小结

医生如何成功进入接受阶段(状态)呢？一如既往，时间是弥合情感创伤的关键。如前文所述，聘请一位优秀的、富有同情心的律师大有裨益。最重要的是，要有由朋友、家人和同事组成的坚强后盾，这也有助于你轻松过坎。下文列出了五种应对之策：

- **关注你的律师**：他们经手过许多你这种情况的当事人，他们知道如何用最佳的方式带你走完整个过程。
- **专注你的案子**：如果你能把精力放在细节上，就会减少不确定性，从而减少焦虑。
- **要客观**：你在有效行医中使用的情感超脱①完全适用于你的医疗过错案件。
- **学会玩这种游戏**：我知道这件案子与你的生活息息相关，似乎无法将其看作一场游戏，它是对手采用必胜之策的一场官司。你需要学会玩这种游戏并设法赢。
- **求助**：必要时，向朋友、同事、家人、律师和精神科医生求助。不要让你的问题把你的案子搞砸，对你的职业生涯带来不利影响。

至关重要的是，你要尽一切可能解决这些情感愈合阶段的问题，这是对被起诉的自然反应。自从你被起诉后，那是一段充满恐惧和不确定性的时间。要一步一个脚印走完每个阶段，不要惊慌失措。

（曹欣华）

---

① 情感超脱(emotional detachment)又称情感分离，是指在处理问题时，不带情绪或感情色彩，只关注客观事实。

第二十章 收到法庭传票后

> 面对法庭一定要注意以下4点:切莫心存侥幸,轻信他人承诺;切莫心存抗拒,拒绝到庭应诉;注重权益保护,事后积极救济;谨记"诚实守信"四字,切莫因一时贪念试探法律底线。

可怕的一天来到了。不,这不仅仅是一场噩梦。你办公室门口来了一位陌生人,他不是来找你看病的,他是来为你送传票的,通知你有一个病人对你提起了诉讼:这个病人你可能记得,也可能不记得了。

这种感觉如同头部遭受了一记闷棍、背部被捅刀以及内脏被人挖出一样。你脑海中会闪过一些想法,比如,"我工作会丢失吗?""我的钱袋子能保得住吗?""难道我是医疗界的一颗'老鼠屎'?"以及"我的职业生涯会就此结束吗?"。

你会感到心情沉重、困惑、失落和愤怒,这一点都不奇怪。当你有几分钟、几小时或几天的时间来接受这种不幸的经历时,你无疑会问:"接下来该怎么办?"

第一节 搞清楚医疗过错责任险相关条款

1. 把你的医疗过错保险单拿出来,回答下列问题 在中国大陆,大多数医生的保单都是医院购买的,因此,我们对那份保险单的必备知识就是每年支付一笔离谱的高额费用。但是,如果这份保单是你自己购买的,你至少应该搞清楚3项关键条款:保险单的限额、选择律师权以及拒绝调解权。

(1) 那份保单的限额是多少? 如果病人的直接经济损失估计比较小,并且法律对非直接经济损失(病痛折磨)有上限,那么你那份一百万元的保单限额会绰绰有余。一旦败诉,你也不会变得一贫如洗。

此外,如果这是一桩高经济损失案例(例如一个病人在ICU长期住院、工资损失、残障加上将来的收入损失),你需要了解,一旦你败诉了,你的那份保单能否提供足够的覆盖。如果你的那份保单不能提供足够的覆盖,你可能需要考虑通过调解解决此案以保护你的个人财产。

(2) **选择律师权**:是选择律师,抑或必须接受指派给我的律师?有一点很重要,你是否知道需要请求哪一位好律师。此外,原告往往同时起诉多名医生,包括你的医院法人。医院法人为你"指派"的律师往往与其他医生是同一位律师。如果你们几位是共用一个律师,就可能会出现利益冲突。如果你认为你与共同被告之间确实存在利益冲突,可以要求单独自费聘请自己的律师。一般来说,可以根据同事推荐、同行声誉和保险公司的推荐选择一家律师事务所为你代理。

常见情况是,即使你的保单上说你有选择律师权,保险公司也不会告诉你你有选择权,他们会为你指派律师,不会征求你对他们指派律师的意见。你需要提出问题,明确表示你是一位有主见的委托人,需要了解自己的权利。

保险公司的目标是将损失降至最低。拥有优秀的合格律师符合他们的最佳利益。因此,凡保险公司认可的律师事务所其能力都毋庸置疑。

(3) **拒绝调解权**:即使是低价的调解也是一种损失,因为它会上抬你在保险公司的风险状况,会增加你的医疗过错保费。太多的调解甚至会让你将来难以就业。

很多时候,漫长的诉讼带来的打击会把以前自信、求知欲强的医生完全变成另外一个人,坐等保险公司的摆布。这种做法有潜在危险性。**如果你还未被起诉,请尽最大努力在保单中纳入有权拒绝调解之条款。**

从技术上讲,为了减小大额判决之风险,你的医院法人或保险公司不是为你工作,而是为自己工作。如果他们认为从长远来看,低价的调解会为他们省钱,他们就会这样做。因此,如果你没有拒绝调解权,那么你就只能听从他们的摆布了。如果你有拒绝调解权,并且你认为胜诉可能性比较大时,那么你可以要求走庭审之路,不考虑医院法人或保险公司的意愿。

2. 如果医院法人为你购买了保险单并拟定了条款,还有哪些选择? 此时,你可能对保单中的条款没有发言权。在这种情况下,你有三种选择:

(1) **了解医院法人是否愿意做案件调解**:许多患方律师都不愿意将每个案件都打到庭审阶段。如果你所在的医疗机构将大部分诉讼案子都苦苦地打到最后,那么当你的医疗过错保险单中没有调解条款时,你可能会感到一丝欣慰。

(2) **购买自己的保单**:即使你的雇主为你购买了保单,你还可以自己再购买一份保单。有些医生之所以这样做,是因为他们认为:为自己做重要决定的筹码可能比收入削减更重要。

如果你和你的医院法人是共同被告（他们还控制着你的保单和你的决策能力），那么自己购买保单这项决策就变得更加重要了。当然，单独购买保单可能需要支付更高的费用。

（3）如果你正在找工作，许多人认为，如果有人能为我购买医疗过错保险，那是天大的好事。我要给出另一种观点：如果你能购买自己的保单，并且条款可以接受，让雇主给你一份更高的薪水来补偿，那才是天大的好事。

第二节 要避免的一些事情

1. 不要在书籍、期刊或在线网站上查找任何内容 针对起诉书对你的指控相关的信息，去查找一些相关信息来证明你的行为合情合理。这是一种可以理解的、无法抵挡的诱惑。

你可能会希望找到一些能支持该案件的资料，这有助于增强你的信心，因为这个时候可能是你人生的最低谷，不过，这可能会对你的这桩案件造成伤害。

原因如下：当证人在没有法官在场的情况下在法庭外，以及在庭审上宣誓做证时，患方律师会试图将你归结为信息的**权威来源**。换言之，他们会问你："你认为《Rose 急诊医学》或《Harrison 内科学》是权威书籍吗？""你办公室或你家有哪些你的专业书籍？"一旦你透露那本（些）书是你的权威消息源，患方律师在法庭上会用含糊其词的引文和断章取义的引文让你在被告席上无地自容，从而使你在案情中处于不利地位。

像念经一样，反复念诵这句话：**没有哪本书具有权威性来防止此类情况发生。**书籍在印刷时已过时。期刊也非真理，期刊上的文章往往存在研究缺陷，即使是《新英格兰医学杂志》。信息不断地在变。有一个查找信息的时间：就是在与你的律师会面之后。

患方律师会试图利用你的书面证词把你锁定为权威来源。当你把话题转向这个问题后，他们会问你在收到诉状后是否查阅过有关该案件的任何文献。你会说："没有，我只是根据律师的要求查找信息。"然后，你的律师（如果他是一位好律师的话）会反对患方试图发掘有关该问题的更多信息，从而把原告律师怼回去，一举两得。

2. 除了你的律师或你的配偶外，请不要与任何人谈论案件的细节 你可以与你的律师和配偶讨论案件的细节。然而,你与之谈论此案的任何其他人都可以被传唤或宣誓作为证人出庭做证。具体来说,不要和你的同事谈论这个案例,除非是同行评议。你在同行评议场合之外对他们说的任何话都不会受到法律保护,当然可以被用来对付你。

或许你会考虑与那位发现你漏诊阑尾炎的外科医生谈谈。但是千万不要。尽管他们说的那些话似乎对你的医疗是持支持态度的,然而,你永远不知道这些人是否会真心帮你。最好把这扇门关上,因为一旦打开,它可能会对你的案件构成严重伤害。

此外,也不要与原告或其律师接触。或许你认为你手头的"证据"或许能说服他们放弃该案。这只是或许。不过,这是一种冒险战术,这可能会造成案件继续下去的情况,他们此时不会接受你的无罪证据。如果你认为你有证据可以让该案件撤诉,那么请拿给你的律师看。

虽然你可能会认为在没有律师在场的情况下你们俩做一次交谈,这可能会改变患方的想法,让他们撤回这个案子,但是撤回案子的真正概率无穷小。最终的结果是他们会歪曲你的行为和言语,这对你的书面证词十分不利,会损害你的法庭形象。

3. 请勿销毁或改动任何证据　你可能自作聪明地认为往病历里添加一些信息可能会对你有所帮助。然而,原件的复印本很有可能已经存在于某个地方,你还被蒙在鼓里,这份复印件会在庭审时重新露面——刑事侦探界有一个著名的Edmond Locard物质交换定律:"凡有触碰,必留痕迹。"换言之,你只要做过某事,就一定会从现场带走一些蛛丝,同时留下一些马迹。修改后的内容很可能会与护理单、医嘱单、体温单不一致,造成前后矛盾,使得你在法庭上无法自圆其说、灰头土脸。

如果你有其他文证,例如个人日记,你认为这些文件可能会对你的案件有害,但现在不是销毁它的时候。或许你会认为没有人会知道你销毁了证据,然而,聪明的律师会知道——**若要人不知,除非己莫为!**

你一定不愿意被他人看作不诚实。**如果你篡改病历或毁灭其他信息的证据被曝光,那么你就会在此案中败诉。**不要冒这种险。你会惊讶地发现本来是可能赢的案件,有多少医生由于破坏了这个规矩,损失惨重,或者付出巨大代价后才得以调解。

4. 避免指责游戏

(1) **不要责怪你自己**:我知道经历诉讼过程在情感上毫发无损是不可能的,但是,你必须尽最大努力意识到大多数医生在其职业生涯的某个阶段都会被起诉,往往不止一次。仅仅被起诉,并不意味着你是一位庸医。

（2）**不要责怪你的病人**:医疗过错诉讼最糟糕的后遗症是破坏了医生与病人之间的信任。尽管很难把这个案子放在一边,但是,请尽量不要把你的病人看作"敌人"。

（3）**不要丧失你的同情心**:你的情绪很容易被诉讼带来的痛苦历程所左右,让你心生怨言。不要忘记,你当初为什么学医:为病人提供帮助。在我看来,富有同情心的医生是最好的医生。心怀嫉恨的医生、对病人漠不关心的医生,都是孬医生。尽管你遇到了各种困难,你还是应该想方设法保持（或重新点燃）你的同情心。同情心会让你保持理智,使你成为一名更好的医生。不要忘记,和昨天一样,今天你依旧是一位富有同情心的、能干的医生。

（4）**不要改变你的高品质医疗**:为医生开设的、为避免诉讼提供建议的课程有许多。遗憾的是,用"防御式医疗"来对待病人有时不一定是最佳医疗。

不要因为某位"专家"在课堂上这么说了,就跟着医事法学的建议走,其实这些建议与你为病人提供上佳医疗的愿景是背道而驰的。

被起诉会伤害你的自信心。不过,请不要让恐惧把你给吓住。请尽心竭力继续做好你多年来一直在做的高品质医疗服务。

这次诉讼可能是你一次不经意过失的结果。如果情况确实如此,请认识到你是人,不是神。人都会犯错。你可能会感到不公平,因为每天都有数十人（例如政客、医院的院长）在判断中犯错,这些错误对人们造成了不可逆的伤害,但他们却能免于此类诉讼,为什么医生犯错就会被起诉。但不幸的是,这就是我们的现实世界。

有时,你需要自省,判断是否需要对你的某些行医方式做一些改变,目的是为病人提供更好的治疗。有时,根本没有什么可以改变的。

有时什么都不应该做,因为你的"过错"其实是一个统计学上的真实世界,你履行的已经是最佳医疗方案。

第三节　如何选择律师

你已被起诉,正准备走各种法律程序。此时,你必须物色一名代理人（律师）。如何评估一名律师是否合格呢？就像有人要求你推荐一位好医生一样,回答这个问题并非易事,这个问题的回答带有相当的主观性。不过,你可以向你的律师候选人问几个问题,这些问题会有助于你的选择。

1. **你是律师事务所的合伙人吗?** 最好选择高年资合伙人,不过,任何合伙人都应该合格。这里的逻辑关系是,**出庭辩护律师通常是根据赢的大多数案件的历史背景来缔结合伙人关系**。除非这个人与该事务所的负责人有亲属关系,否则辩方出庭律师必须是合伙人关系。

2. **你代理案件的赢/输率是多少?** 询问该问题的原因显而易见。不过,这里有一个限制性条款,有些律师赢的概率高是因为他们挑选容易打赢的案件做,有些律师赢的概率不高是因为他们接了高难度案件。

3. **你有没有为类似我这样的案件出庭过?** 你应该聘请出庭经历丰富的律师,最好是主要专注于为医生代理而非为医院代理的合伙人。他们代理你这类案件的次数越多,就能越好地代理你的案件。不过,一名优秀律师一定能够学习医学,因此,即使他们既往没有代理过你这类案件,也不一定是无法通融的。

4. **你的大多数案件都是为医院做代理吗?** 如果答案是肯定的,那么,这家事务所就不适合你,因为医院往往容易选择调解方式结案。因此,如果律师把处理这种情况看作他们的主要"出庭经历",从医生的角度来看,这些律师在为案件出庭时可能会遇到问题。

此外,医院被起诉的原因往往是医疗过错出在了财大气粗的医院。医院往往不会作为医疗过错的唯一原因被提起诉讼。因此,既往主要代理医院的律师不会体会到当事医生面临的形形色色压力与紧张,因为他们很少经受过这种战火洗礼。

律师为医院做代理时,他们代表的是一家不露面的机构,除了金钱之外,没有任何风险。而为医生做代理则需要考虑多得多的个体情况,更多地考虑今后的保险价格以及保住行医执照等方面的问题。为医院做代理的律师可能不太关注诉讼的情感方面。

此外,在庭审之前和庭审期间,还会有许多心理矛盾,你需要聘请一位能游刃有余地应付这类案件并能赢得案件的律师。

5. **在过去的5年里,你的大部分案件是通过调解处理的吗?** 这也涉及出庭经验问题。尽管他是一位法学院毕业多年的律师,但是,如果他出庭的案件不够多,经验不足,很可能就是不合适的律师。

有大量医疗过错案件会进入庭审和判决阶段。如果你的律师既往处理的大多数案件是通过调解方法解决的,那么就可能尝试为比较低级别(容易)的案件做代理,从中获得锻炼。在遇到胜负难料但可以为之努力辩护的案件时,由于害怕败诉、害怕难堪,这种律师可能会劝你走调解之路。

6. 只要存在一丝利益冲突，你就一定要坚持找自己的律师，尤其当你的医院法人是你的共同被告时

（1）何谓利益冲突呢？假如在本案中你不是唯一的被告，多重辩护的情况会使事情变得异常错综复杂。医院或保险公司往往会为这桩案件中的所有共同被告指派同一位律师。从他们的角度来看，这能节省开支，因为这能减少重复劳动（同时节省工时花费）。

然而，如果你认为你的共同被告可能需要为某些过错负责，你就可能需要另外找自己的代理律师，尤其当你的共同被告是你的同事时。尽管我们会认为律师会公平对待每一位共同被告，但是，如果你的医院与律师有很多业务往来，这位律师的辩护策略可能就不会违背院长的意愿而是为你。

例如，有3名共同被告，医院法人、医生甲和医生乙，同时假设有多种辩护策略可以采用：①有利于医院法人；②有利于医生甲；③有利于医生乙；④平等兼顾所有共同被告的利益。如果为所有共同被告指派一名律师，那么最有可能的辩护策略是④（如前文所述，假如你的医院与这位律师有千丝万缕的联系，这位律师的辩护策略可能选择①）。然而，如果每位共同被告都自己找了律师，并且如果你是医生甲，那么最适合你的辩护策略一定是策略②。

（2）**案件中的被告越多，出现利益冲突的可能性就越大**。显然，作为被告，你依旧有必要与其他被告相互合作，结成统一战线。但是，在最后，正如我之前所说，**唯一为你着想的只有你自己**。总有那么一天，你获得"被告胜诉判决"这一最理想判决的前提是伤害你的某位共同被告的利益。

原告律师之所以起诉多个实体，部分原因是为了提升"发现其中有人存在过错"的可能性——"撒网捕鱼"比"钓鱼"容易有收获。此外，让被告相互攻击对原告有利。由一名律师来代表多名被告的好处就是这种"窝里斗"的情况不太可能发生。

（3）**当心医院法人这位共同被告通过各种手段把你"搞死"**：这一点都不好笑！你的医院共同被告可能是你的最大敌人，他们会使用的手段包括：

- 魔术证人（以前从未提到过的证人在庭审期间奇迹般地出现，将矛头指向你）：如果你雇用了自己的律师，这位律师至少会预料到这一点并为你辩护。
- 威胁你的工作岗位：你的策略应该是**宁愿丢掉工作，也不能在案件中败诉**。因为，一旦你的名字被输入执业医生数据库，就永远抹不掉了。
- 调解之压力：即使你是医院的一名员工，你也不必仅仅因为医院希望调解就同意调解。医院同意调解往往是图省事或由于金钱原因。但是，如果你的理由合情合理，最好坚持

走法庭判决这条路。切记,对当事医生来讲,调解就等于败诉。
- 补赔金(indemnification):如果你是医院的一名员工,并且你败诉了,那么,医院可能会追究你的责任。这称为补赔。以下是补赔的做法:假如你有一份100万元的保单,法庭判决是1 000万元,当事医生和医院负有的责任各占50%(两者互为连带责任人)。此时,医生的保单承保限额是100万元,另外400万元会由医院的保单承保,医院实际支付了900万元。此时,医院可以(有时确实会)追究你另外的400万元。

应该理解的是,医院更加财大气粗,能承担更大比例的责任。因此,即使是胜算很大的案子,医院也更倾向于采用调解方法结案。因此,你与医院之间是可能存在利益冲突的。正是出于这个原因,你应该有自己的律师。只要有一点利益冲突,就必须坚持自己找律师。

(4)如何为自己另外找一位律师,要点如下:
- 向你的保险公司代表提出咨询。
- 如果他们拒绝,就继续向他们的上级领导反映。
- 尽可能使用"利益冲突"一词。
- 如果你依旧遭到拒绝,就请你的律师回避。
- 你的所有请求都要以书面形式提出。

保险公司可能依旧会试图欺负你,让你按他们的说法去做。同样,在辩护上尽可能少花钱符合他们的最佳利益,他们不会愿意为每个人都指派一名代理律师。绝对不要对他们的拒绝逆来顺受。

在这种情况下,你可以按照上述步骤操作,还可以用提起违约诉讼来威胁保险公司。这些措施看上去很极端,但是如果能找到合格的代理人,那就是一项必要计策。

总而言之,你希望找一位好的、有出庭经验的律师,最好是一位经常为医生做代理的合伙人。你必须对你的代理人有放心感。有关诉讼的很多事情都是有压力的。最好聘请一位具有自信心、富有同情心、能关注你最大利益的律师,这种律师会有助于减轻你的许多焦虑。

第四节 本章小结

(1)收到传票时:
- 一定要了解保险单上的基本条款,如限定条件、同意调解条款以及允许自己选择律师。
- 在与律师会面前,不要查阅书籍、期刊或上网查找任何信息。

- 不要销毁或更改任何证据。

（2）如第一章所述，状告医生成功获得索赔需要满足四个条件：有责任、有过错、存在损害、过错与损害之间存在因果关系。

虽然通过替代的争议解决途径来调解案件能减轻诉讼压力，不过，如果你在美国行医，一定要注意，任何赔付款项都会上报至美国国家执业医生数据库(National Practitioner Data Bank，NPDB)。

（3）用本章第三节中列出的问题对你的律师做一次评估。

第一，是否存在利益冲突？你对这个律师不满意？如果情况不是这样，就需要更换律师。

第二，如果你不愿意与你的共同被告共用律师，认为你需要自己聘请律师：
- 请询问你的保险公司代理人。
- 如果保险公司代理人拒绝，就继续向他们的上级反应。
- 就说存在"利益冲突"。
- 如果你依旧没有更换成功，那么请你的律师回避。
- 告诉你的律师，你准备起诉他们的法律渎职行为。
- 以书面形式提交你的所有请求。

（4）你是否身心疲惫、气不打一处来、失意落寞、焦虑不安或情绪低落（或这些情绪兼而有之）？切记，一定要在这场较量中牢记以下几点，帮助自己成为最佳被告。
- 关注你的律师。
- 专注于你的案例。
- 客观。
- 学会玩这种游戏。
- 寻求帮助。

（石　欣）

第二十一章 书面证词相关事宜

> 宁可认错,不可说谎。
> 知己知彼,百战不殆。

此时,你已经经历了收到传票时最初的惊愕,找了一位律师。日程表上的第一个主题是答复投诉。答复投诉的时间是有限的,你需要在收到针对你的诉讼通知后的数日内与你的律师见面。

第一节 为书面证词做准备

1. **答复投诉** 毫无疑问,你的律师希望了解你对这桩投诉有何看法。在投诉的早期阶段,你可能还没有足够的时间去收集所有记录。如果病人前来你诊室就医,你或许能轻而易举地找到记录。但是,如果病人在医院里住了一段时间,如果没有你的律师提出的正式申请,你可能就无法获得病历记录的副本。因此,在尝试给出你对该投诉的意见时,你可能没有太多的文证可供参考。

如果你对该病人的记忆深刻,那么对该案例的评估就简单得多。很显然,如果你有完整的门诊病历、住院病历,那么你对案子的评估会比较容易。然而,由于医生看过的病人数量太多,你可能无法通过自己的回忆添加太多信息。如果医生对这个病人没有记忆,就需要尽可能多地获取病历副本,并根据病历中记载的内容给出意见。一旦你的律师掌握了你所能提供的尽可能多的信息,他们会把你对投诉的否认意见与这些信息组合在一起。

2. **交换证据阶段启动** 在你对投诉的答复函中,要附几份正式的法定文件,包括一封律师函,律师函表明这场官司的证据交换阶段开始了。在你与你的律师面谈后,律师对酝酿中的各种辩护策略会有足够深入的了解。不过,除了回应投诉这个迫在眉睫的问题之外,你的律师十有八九可能没有看到更远的问题。

有时,先前的治疗医生或后继的治疗医生不愿意提供他们的记录,原因是他们担心自己会被卷入该案。如果出现这种情况,就需要你的律师签发一份证人出庭通知,通知采集该医生的书面证词,以获取这些记录。从本质上讲,你的律师是被迫对一位医生采集书面证词,目的仅仅是获取对你的案件至关重要的信息。

3. 与你的律师会面　在书面证词环节的前几周,你需要与你的律师进行第一次面对面的会谈,开始为你案件最关键的部分之一做准备。在会谈中,你的律师可能会要求你为案件做一些相关调研。此时你所做的所有调研都受律师—当事人信息保密特权保护。这是你们开始讨论**辩护策略**的阶段。

第一次与律师会谈对当事医生的心理非常重要,因为这是第一次设法为辩护策略做准备。在你得知自己被起诉后的头几周可能是你人生中最糟糕的时刻,因为你感到无助和不确定。与律师会面为你提供了一个合作伙伴,指导你走完制订具体计划的全过程,这些计划可以大大减轻你的挫折感和焦虑感。

4. 为内部审查做准备　这种针对医生的内部审查是医院管理部门或保险公司指定另一(几)位同行专家审查该病人的病案。虽然这种审查会将与该案件相关的一些重要问题揭示出来,但是,这种审查对当事医生来讲价值可能有限,因为这种审查不是应律师要求进行的。由于审查人员受雇于医院或保险公司,结论可能会对他们有利。这类审查可以针对高风险案件进行,目的是判断是否应该考虑对该案件做调解处理,也可以作为医院或保险公司定期审查的一部分随机进行。这种审查通常在书面证词之前就结束了,并且可以在书面证词后做复审,目的是看该案是否采用调解方法抑或走庭审程序。

由于这种评估涉及辩护问题,对律师(或你)认为可以获胜的案子,审查人员可能会推荐通过调解解决。因此,内部审查可能会导致医生与保险公司之间的关系紧张。是否走调解之路取决于保单中是否有**有权拒绝调解**之条款,如果没有,保险公司完全有权采纳审查人员的推荐意见作为对你的案件采用调解处理的依据。

由于医院内部审查人员在对你的案件做评估时会采用事后诸葛亮的后见之明,有可能会遗漏或误解某些要点,导致他们建议你的案件做调解处理。如果你觉得他们的建议不对,无论在你的保单中是否有**有权拒绝调解**之条款,请向你的保险公司提供一份详细的书面反驳意见,要求复审。在你的反驳意见中请勿采用愤怒与仇恨字眼。只要紧扣事实,大多数保险公司都会考虑你的请求。

第二节　书面证词环节的注意事项

你的案件中最重要的部分取决于你自己——庭审前的书面证词。如果你在书面证词环节表现欠佳，那么这个案子就可能被搞砸，结果使一桩站得住脚的官司变得站不住脚。

1. 何谓书面证词？　书面证词又称"交换证据"，是在庭审前在法官不在场的情况下在法庭外采集证人的宣誓证词。证人依旧需要宣誓，速记员记录证词，必要时会有翻译人员出场。书面证词环节包括与患方律师面对面，同时患方律师会向你发问，目的是设法锁定你的证词并为他们的理由提供证据。然后，患方律师可以利用你所说的话酝酿庭审中的提问。或许，与你的看法相反，书面证词环节很少会对医方有利。书面证词环节的目标不是澄清事实，不会让患方律师意识到他们起诉你完全是荒诞之举。

医生们普遍存在一种误解，即如果他们把事情解释清楚，他们的高智商反应就会向患方律师证明，整件事完全是一场误会。医生们还可能认为他们需要向患方律师清晰、全面地解释他们的辩护理由。但是，通常的规则是：**在这一环节，医生说的话越少越好——"沉默是金"**。因此你的良好表现至关重要，否则，一桩本来能胜诉的案子可能会被迫调解。

书面证词环节的目的不是帮助你说服患方律师让他们放弃针对你提起的诉讼。书面证词环节的目的只是让患方律师锁定你的证词供庭审时利用。

2. 准备书面证词

（1）第一步是与你的律师见面解释事件的全过程：一些律师会聘请证词准备专家来帮你操作书面证词。律师往往会利用这些专家为他们自己的准备工作添砖加瓦，这些专家也能帮助你为书面证词环节和庭审环节做准备。如果有这种机会，请利用之。如果没有提供这种机会，请询问是否有可能提供。

几乎不会有律师花费所需的时间和精力来确保你的言辞"井井有条"。如果你的律师没有为你的书面证词做足准备，你的表现可能会不尽人意（尤其当这是你第一次出席这种场合时）。**证词准备专家可以填补这种缺陷，让你获得额外的信心**，这种信心是你在书面证词环节和庭审环节中出色完成工作不可或缺的。他们告诉你的注意事项中即使只有一两件事对你有帮助，就值了。

（2）**与你的共同被告形成统一战线，尽量不要指责他们的不是**：在书面证词环节，所有共同（同案）被告应相互合作，这是你与共同被告打交道的策略。即使你认为是你的共同被告之一存在医疗过错行为,书面证词环节也不是提及这一事实的时候。请把这些信息隐藏起来,直至你被逼无奈之时。为什么呢?因为你压根不想为患方提供帮助。

你可能会认为,把这些信息透露出来或许会让你从这桩案子中脱身,就留下"真正的罪人"。错了,攻击你的共同被告不会帮助你从这桩案子中摆脱出来。事实上,你可能会在案中被"套牢",因为你的共同被告会反过来指责你。结果,你就陷入患方律师设置的圈套——起诉遇到的每一个人,让他们"狗咬狗",目的是让你们几个共同被告至少一个人赔钱。与你的共同被告组成一个统一战线,尽量不要说任何有可能对其他共同被告造成伤害的话。不过,无论你说什么,都一定确保你**说的是诚实的证词**。

如果你的共同被告是一家医院实体,比如你老板开的医院,那么,按照律师的建议去做、去说对你会有好处,目的是帮助老板从你的案子中解脱出来。例如,如果你的身份是独立合同人,那么有一些法律策略可以表明你的老板与任何可能出现在你身上的医疗过错无关。虽然看起来好像你在为医院开脱,其实,把自己与医院分开对你有利。在你的案件中,把自己与医院分开很重要,因为,当医院卷入其中时,法庭倾向于判定向原告赔钱。你最不想看到的就是法官有赔钱的心理。

(3)**你一定要对这桩案子的基本医学知识了如指掌**:如果你在用药方面存在过错,那么无论你怎么辩解都无济于事。你可能会满盘皆输,甚至在开庭前就输了。此时,你已经与你的律师见过面(而不是从前见过面),继续做你的调研,确保你开具的药物准确无误。你的调研受律师—当事人信息保密特权保护,因此,患方律师不会知晓。

(4)**注意后续经治医生的证词、文件,但不要自己去阅读这些文件**:表面看来,我知道这没有多大意义。不过,请想想我刚才讲过的"沉默是金"。在书面证词环节前你读的东西越多,你会被问到的问题就会越多。

在许多情况下,了解后续经治医生的证词、文证信息可能对你会有帮助。例如,对于心脏杂音病人,你可能没有记录其心音。你可能也不记得是否听到过心脏杂音。但是,如果你被问到是否听到了心脏杂音,你可能会说"没有",因为病历中没有专门记录。如果你发现在你之后看该病人的心脏病科医生都听到了杂音,你可能会巧妙地回答这个问题,以免被人看上去不合格。在这种情况下,最好简单地说:"我可能听到了,不过没有明确记录。"当然,这表明你对体格检查的记录不全,但是,你不会说一些与后续经治医生显然矛盾的话。

那么,如何才能知晓从之前从未读过的文证中的内容呢?这是你的律师发挥作用的地方。你的律师会去读这些文证,他们会把他们认为重要的信息告诉你。因此,当你被问到是否对后继经治医生的证词或文证有所了解时,你可以说:"我只知道律师讲给我听的那些东西。"掷地有声!现在是律师—当事人保密特权"露马脚"的时候了。这种提问会遭受反对,因为患方律师不可以向你询问你的律师曾经与你谈过什么。

(5)选择一个合适的地点:你律师的办公室是确定书面证词的最佳场所。当然也可以在法院、在患方的律师办公室或任何一间会议室。**不要在你办公室或者在你们医院里确定书面证词**,因为那里的任何东西,如证书、书籍或期刊文章,都可能成为患方律师提问的素材。

(6)在书面证词环节,着装和举止得体很重要:你应该看起来干净、整洁、专业、不浮华。给人的"总体印象"应该像一位会给法庭留下好印象的人。令人惊讶的是,有很多医生无视这一基本规则。是的,穿着只是表面现象。你会因为在书面证词环节穿牛仔裤和T恤而输掉官司吗?不好说。

不过,之前被你放弃的案子最终有可能走入庭审环节。这是因为有些患方律师的策略是起诉能起诉的每一个人,把书面证词环节作为一种"撒网捕鱼"的手段。如果患方律师认为你在证人席上会有糟糕表现,那么他们可能会在案子中继续盯着你,希望你的糟糕表现能为他们挣钱。

因此,穿着得体的必要性不容小觑。在书面证词环节,患方律师会通过你的言语和你的外表对你进行评判。他们正在密切关注你,你应该表现得无懈可击。虽然你不必穿西装,但是,你应该看上去很干练。如果你认为需要为这个场合买一件新衣服,就不要犹豫。与医疗过错败诉的后果相比,这笔额外开销是小巫见大巫。

(7)以商务洽谈方式对待提问:要有礼有节。回答问题要尽可能简洁。绝对不要与患方律师争吵。这不会在纸面上留下满意的结果。直截了当、镇定、冷静、专业地回答问题就行。律师的性格特点各异,有些喜欢高谈阔论,有些善于演讲,有些是伪装高手,还有些长于对抗。你的律师往往能洞察到你应该会有哪种风格。无论患方律师的策略风格如何,你的任务始终如一:保持冷静,深思熟虑后回答问题。有关书面证词的其他技巧:

- **要有自信**:怕什么,来什么。你不应该对这个案例中任何问题有任何不清楚的地方。一定要与你的律师一起把这个案子审一遍,直到你打消对案子的所有疑虑。确保你能够对任何提问进行辩护,但是,除非被问到,否则什么都不要提供。你需要在自信与傲慢之间找一个恰如其分的平衡点。在书面证词采集阶段,你需要拿定主意是否将此案走至庭审阶段。如果你摆出一个坚固的前沿阵线,患方律师会意识到在证人席上你也会是一位强大的对手。

- **不要无意中说出急诊室很忙**：此类说辞使得人们得出结论，认为你对该病人给予的关注微乎其微。你希望他们想象的是一个只提供最佳医疗服务的清新场所。
- **了解那些实验室首字母缩略词**，包括平均红细胞体积（Mean Corpuscular Volume，MCV）、平均细胞血红蛋白浓度（Mean Cell Hemoglobin Concentration，MCHC）和红细胞分布宽度（Red Cell Distribution Width，RDW）。
- **不要打断提问人**：对方律师所说的每一个字都会影响到问题的意思。不要打断，因为打断别人说话是无礼之举，还可能会导致你的回答出错。希望对方律师看上去愚昧，希望自己给人一个睿智的印象，这是人的天性。但是，请不要这样做。不要目中无人地对患方律师说话。即使你可能感到精疲力竭、万念俱灰、气不打一处来，也要用直截了当的方式回答问题。
- **尽可能使用"医学术语"和行话**：这是迫使患方律师使用他们医学知识的绝佳策略。有些律师比其他律师更机敏，准备得更充分。如果患方律师无法完全理解你的回答，他们就更难提出反驳。因此，你应该迫使患方律师运用他们自己的知识和经验来提问。当然，患方律师可能会要求你对你刚才讲的话做一番解释。不过，大多数律师都有些自负，让你向他们对你的答案做解释会让他们看起来知识贫乏。你会惊讶地发现，有多少律师仅仅因为不想被人看起来很无知，从而放弃了一连串的提问。例如，你可以说："……在 MCPJ① 远侧，呈环周状……"不要说："……在掌指关节远侧，环绕手指一圈……"
- **请勿猜测**：如果你记不起来，没关系。就说："我不记得了。"即便听上去似乎有点单调乏味，但是，人们不会把你看成脑子不好使，即使你一次又一次地说这些话会让人觉得有点怪怪的。绝对不要把你"假想"的东西讲出来。
- **请勿回答假设性问题**：有时对方律师会问你一个关于遇见一位普通病人时的假设性问题。这一点非常重要，所以我把它拎出来单独叙述。在这种情况下，仅回答与该病人有关的问题。
- **说话越少越好**：不要向患方律师解释事件的原委。这是他们自己咨询专家证人的事。你应该这样思考问题：书面证词是一份会被用来对付你的文证。文证上的内容越少，它的危害性就越小。作为医生，我们学的一直都是"无害为先"。因此，在准备书面证词时，请把它当你的座右铭。
- **不要以为如果你说了什么，就会马上让对方结束提问**：正如我在本章前文所述，你向患方律师提供的信息越多，他们想到的问题就会越多。也不要认为预测出他们的下一个问题也会节省时间。你的预测只会导致他们向你提更多的问题。目标是迫使患方律师在质询过程中提供他们自己的知识。因为，就医学来讲，你走过的桥比他们走过的路

---

① MCPJ 是"Metacarpophalangeal joint"（掌指关节）的英文首字母的大写缩略词。

多。如果他们问你一个他们显然都不懂、不知道怎么表达的问题，那么你不要特意去教他们。

举例1

问：你给病人用了酮洛酸氨丁三醇（一种高强效止痛药），仅仅是掩盖其症状，实际上并没有为病人提供任何治疗？

答：这种说法不对［让他们自己去搞清楚其中哪些不准确。不要告诉他们酮洛酸氨丁三醇并不比布洛芬强（留着到法庭上说）。不要告诉他们酮洛酸氨丁三醇是一种抗炎药物，能控制炎症过程，也不要告诉他们止痛是病人医疗中的基本内容］。

- **不适用"越少讲话越好"之忠告的情况**：作为一般规则，你不应该为患方律师提供帮助。不过，对一两个核心问题的澄清或许有助于该案子的驳回。"举例2"更清楚地解释了前面的说法。

举例2

问：医生，你有没有给神经科医生打电话让他们来处理这个病人的动脉瘤？

这里有两种情况：简单回答和带有一定解释的回答。请看看下面的两种场景，为何（偶尔有限使用之）详细的解释可以为你的案子提供极大的帮助（甚至有助于该案件的驳回）。

（场景1）答：没有。

（场景2）答：没有，神经科医生不是外科医生，因此请神经科医生会诊是不合适的。在这种情况下，需要请神经外科医生会诊。

如果你只是按"场景1"做简单回答，那么你可能只是对原告起诉你的全部理由做了一次重申：你没有给神经科医生打电话。但是，如果你按"场景2"那样回答问题，你不但回答了他的问题，还解释了没有给神经科医生打电话并非疏忽。总之，只回答你被问到的问题，要尽可能简短。按照你律师的意思去做，目的是了解是否应该对有些问题做进一步解释。

- **适时提议"休息一下！"**如厕、茶息、打盹，这使你有机会与你的律师交谈，根据需要调整你的策略，还可以帮助你恢复元气，因为在一张坐满人的桌子上，有人问你一连串的问题可能会使你疲惫不堪。

- **假设一切都会被记录在案！**如果你是在休息时间与你的律师交谈，就必须把门关上。你肯定不希望患方律师找到针对你的额外弹药吧。这一忠告不仅限于你的对话。你还必须注意你带入证词室的所有物品。例如，如果你在写书面证词期间做了记录，患方律师完全有权询问你在面前的纸上写的内容。

- **书面证词一完成，请马上离开这幢建筑！**在书面做证结束后，不要四处闲逛或与你的律师交谈。如果患方律师想到另一个问题，他们可能会把你叫回书面做证室。如果你不在那里，他们就无法这样做。

第三节 本章小结

- 尽可能多地接受培训。找一位书面证词准备行家。准备书面证词是案件应诉中最重要的事宜之一。不要出尔反尔、前后不一、自相矛盾。
- 搞清楚你与共同被告打交道的策略。
- 一定要充分了解该案例的基本医疗构成。
- 穿着体面。
- 用谈生意的方式处理问题。
- 要有信心。
- 不要打断提问者。
- 尽量使用"医学术语"。
- 回答问题。当心圈套或陷阱：排除、双重否定、复合问题、真实问题之前的陈述和假设。
- 讲话越少越好。

（石　欣）

第二十二章
开庭倒计时

> 亡羊补牢，未为晚矣。
> 本本分分做人，踏踏实实做事。这是先人关于怎样做人最简单的道理。
> 两头尖的针不能缝衣，三心二意的人一事无成。

第一节 重温、修改你的书面证词

首先，再仔细看一遍书面证词笔录，对不准确的地方做修改。虽然这似乎没啥大不了，事实也确实如此。但是，可能存在笔录错误需要你修改。此外，还有另一个用途：对几个关键答案进行微调。虽然你无法对你的证词做全面改动，但是，如果你觉得书面证词中出现的并不是你想说的，那么你可以对这一点进行更正。由于你的书面证词是你案子中最重要的部分，因此你希望它尽可能准确。

但是，应该注意的是，如果患方律师认为有必要，那么就完全可以先向陪审团朗读你的初始解答，然后再朗读你的更正解答，驳斥你的前后不一致。如果你全面重写书面证词，这可能会令人尴尬。因此，**在更正时要慎之又慎**。

这就是为什么，当你的律师给你一份书面证词复印件时，你不应该把它放在一堆文件之下、忘得一干二净。你需要仔仔细细地阅读每一个字，在规定时间内做出更正。

在书面证词问题解决后，根据你那件案子的类型，可能会有一次独立医学检查（Independent Medical Exam，IME）。例如，在原告投诉的骨科或神经科永久性残疾案子中，你需要与独立检查医生共同核实残疾这一问题。此外，在这类案子中，你可能会希望聘请一位私人侦探，因为（我想这会使你震惊）原告有时会谎称其日常生活活动受影响的真实程度。

第二节 案件驳回动议

这里有一种方法或许能让法院把你的案件驳回,不过成功率很低。你的律师或许会因为我谈这个话题而记恨我。其做法如下:

1. 提出即决判决动议　这是一种无需庭审程序即可赢得案件的方法。在所有书面证词完成之前,不能提出即决判决(summary judgment)。你的律师会向法官(审判长)提出此动议,法官会判断该案件是否有庭审价值。如前文所述,动议是把有争议的问题提交给法院做决定的一种法律程序。在这种情况下,你所希望的判决是驳回患方的投诉。

2. 提出动议的理由
- 提出动议的主要原因当然是为了摆脱一个你永远不应该被拖入的案子。如果动议被获准,你们就可以从该案子中脱身了。
- 如果发起了即决判决动议,那么需要患方律师为该动议做辩护。这意味着患方律师必须透露他们对该案件的策略,包括他们可能会使用的专家证词。对于医方来说,了解这些信息有巨大好处。此外,针对医方的动议,患方律师还必须向他们的专家支付不菲的费用。因为,专家做这些事必须查阅全部文档。

那么,提出即决判决动议为什么不是每位辩护人的常规做法呢?因为,这对医方来说也是耗时费力的。如果你知道你提出的即决判决动议几乎没有获胜的机会,那么医院或保险公司会因为浪费金钱而感到不快。更重要的是,如果法院认为该动议很轻率,那么你的律师可能会被处罚。只有当成功的机会比较大时,你才可以提出动议。

3. 这种驳回动议会成功吗?　在哪些情况下可以提起动议?这是一个棘手的问题。从技术上讲,你的案件必须没有事实争议需要判定。这是法律用语,很难把握,因此,如果你有提出动议的理由,请咨询你的律师。

4. 你应该选择调解吗?　在这个节骨眼上,所有信息都已经摆在桌面上了。现在,你的律师对庭审的真正风险和获益已经心知肚明。此时是把调解问题上升到议事日程的时候了。

同样,根据你那份保单的具体条款,你可能有权也可能没有权对这一极为重要的决定有最终话语权。这就是为什么我会再次提到并重申这一点(你必须设法将"有权拒绝调解"之条款纳入你的医疗过错保单中)的道理。

我下面给出的关于调解的所有建议的前提都是你拥有最终话语权。如果这个话语权属于你的保险公司和/或你的雇主,你就只能任人摆布了。如果你处于后面这种情况,即使是一桩很容易获胜的案子,你最终只能接受调解,因为他们会强迫你这样做。

(1) **案件调解处理的好处:**

- 你的案子属于一桩不可辩护(indefensible)案子——一桩没有专家证人愿意代表你出庭做证的案子。
- 你的案子属于一桩可辩护(defensible)案子,但是,赔款额可能超出保单承保限额,可能使你的资产面临风险。
- 结案带来的心理层面的获益——不必为漫长的医疗过错诉讼程序烦心。

(2) **不调解的好处:**

- 患方律师起诉医生的目的往往都是希望调解,他们希望发横财、发快财。把一场官司一直打到庭审阶段,他们需要花很多金钱和精力。因此,如果愿意走调解程序的医生越少,患方律师在选择哪些病人作为他们的当事人方面就会更加挑剔。越挑剔总诉讼量就会越少。
- 如果你的案子调解金额过高,那么除了医院可能会对你做经济处罚外,医疗行政管理部门和医院会对你发起调查,这会影响你执业。你一定不希望看到这种情况发生。这是丧失行医权的最快途径。
- 太多的调解也会导致保险公司向你收取额外医疗过错保费,甚至无法为某些项目提供保险,如外科手术。不允许一位外科医生做手术,这位医生可能就无法维持他们以前的生活水平。
- 美国的数据表明,在法庭判决案件中,医生赢的概率接近80%。
- 在美国,保险公司为你支付的任何费用,哪怕是一分钱,都会使你的姓名被录入美国国家执业医生数据库(National Practitioner Data Bank,NPDB)。一旦你的名字被录入NPDB就永远不会出来了。因此,千万不要因看似微不足道的1美元进行调解。

(3) **到底该怎么办?**

- 如果你的案子是一桩可辩护案件,那么你赢得该案子的面子更大。
- 如果你的案子是一桩可辩护案件,宁愿在庭审阶段输掉官司,也不要让患方律师赚快钱。请让他们为这桩官司忙活(注意,你必须确保这桩官司不会超过你保单的限额)。
- 请永远保留调解这一选项,以便在你面临一桩不可辩护的案子时走调解之路。
- 审慎地使用你的调解选项。如果你有来自外部专家的合理意见,保险限额也足够,请把你的所有案件走至庭审环节。
- 然而,如果你的案件是一桩可辩护案子,但是,赔偿额很可能超出你那份保单的限额时,你该怎么办? 为了保护你的财产和房子,你可能需要走调解之路。这是一个只有你才能回答的个人决定。

5. 庭审倒计时 在你的案件距庭审日还有几个月时，你就应该考虑做庭审前准备。这是你认真对待该案件的时候了。

（1）当为庭审日做准备时，要找出你的弱点，设法把这些弱点转变为优点：阅读有关该专题的所有资料，对所有统计数据都了如指掌，对你病历记录中的各个部分倒背如流，全面研读你的书面证词。这就是为什么你的书面证词如此重要的原因所在。你需要逐字逐句地阅读你的证词，要找出对方律师可以用来对付你的任何东西，找出一些有助于你辩护的正面的东西，把它变成一种优势。你要设法预计你的最大致命伤，以及在交叉质询环节你可能会被问到的问题。你需要对书面证词了如指掌，使得患方律师无法通过从病历记录中断章取义地引用某些内容来给你"下套"（他们会这样做的）。

（2）尽可能多地向他人请教：你的律师会指导你做准备工作，此外，往往会有一位庭审准备专家来指导你。他们会评估你的优势和劣势。他们会向你提一些列举的问题，这样你就能比较从容地适应这个过程。他们会告诉你，期待你在法庭上的表现，甚至可能会对你做一个录像。这可能很宝贵，这样你就能看到自己的举止。你看上去紧张吗？傲慢吗？睿智吗？专业吗？你有令人讨厌的举止吗？此外，准备专家可以帮助你从不同角度观察你的解答。

（3）信心是关键：在上法庭之前，你必须把你医疗中或病历中存在的所有"短板"问题全部解决。庭审前准备阶段就是解决这些问题的时间。一切都取决于你的准备。你需要为战斗做准备。庭审就是战场。第二名就是输了。这关系到你的职业生涯。你不能做到最好，就是最差。

第三节 本章小结

（1）你的案件会被驳回吗？询问你的律师这个案件是否适合采用即决判决动议。

（2）等待：你的案件可能会在很长一段时间内没有任何消息。

（3）开庭之日将至：准备。
- 把你的书面证词搞得滚瓜烂熟。
- 按一位医学专家要求自己。熟知每个统计数据及其出处。了解所有当前的研究进展。
- 找出自己的弱点，并使其成为优势。
- 为交叉质询做好准备。设法找一位出庭准备行家来帮你。在摄像机前做一次试验性问答，看看你会如何面对陪审团。

（石 欣）

第二十三章

压轴大戏——庭审

> 业精于勤,荒于嬉;行成于思,毁于随。
> 宁可正而不足,不可邪而有余。

随着开庭日期的临近,你会精神紧张、诚惶诚恐、充满焦虑,这就是**泛焦虑症**,此乃正常现象。如果庭审时间就在下个月,那么你可能会夜不能寐、食纳不香。每个人在第一次上法庭前都会惶恐不安。成千上万幅场景会浮现在你脑海中,都是不良结果。我知道看到自己的执业之路在你眼前飘忽不定很是可怕。由同行组成的陪审团会很快决定你的命运。这种无法掌控自己生活的感觉,往好的方面说是忐忑不安,往坏的方面说是毛骨悚然。

第一节 几点注意事项

我能给出的最好建议是把注意力放在压轴大戏上。虽然你人生中过去几年被法律体系的纠缠对你来说或许并非像一场游戏,但是,把它看作一场游戏或许对你有帮助。我们都知道,**司法制度并非总是伸张正义**——律师的准备越充分,赢得官司的机会就越大。在庭审前和庭审期间,肯定会有一种博弈策略可以用来把玩。

1. 控制你的自负心理、倾听律师的意见、始终保持冷静和专业,设法成为明星被告 那么,你在这场游戏中扮演什么角色呢?你需要停用防御之策,开始进攻。平抑你的怒火,放下你的架子。按律师说的去做。如果经过你精心挑选的那位律师知识渊博、经验丰富,那么请勿无视他们的高见。出庭律师都希望赢得官司,因为他们的声誉与赢得尽可能多的案件息息相关。因此,请关注他们的言行。在你眼中微不足道的小细节,其重要性可能远远超出你的认知。

2. **着装得体** 专业、整洁，就像你准备参加你人生中最重要的一些面试一样。有些律师认为，在庭审期间要每天换一款新西服。另一些律师认为，每天换一款新西装毫无必要，尤其对女性。有些人认为不穿西装出庭就不够专业，而另一些人认为，穿西装可能会被认为是自命不凡、着装过分。因此，有关着装问题必须倾听律师的意见。

对为期数周的庭审，请准备1周的服装，每天换一套，下周调整搭配，表明你那天是穿着最得体的衣服出庭。

女性还需要注意自己所穿的鞋子。假设一桩案子因为穿错鞋子而败诉，岂不荒谬可笑？不合适的鞋子可能会让你在法官和陪审员的心中留下负面印象，并让他们对你产生微妙的不利偏见。

同样，请将花哨的珠宝首饰或名贵手表留在家里。对女性来说，一串漂亮的珍珠项链（假的也行）就很好。不要显得太珠光宝气，但也不应该看上去过于平常。

3. **何时出庭** 关于正式庭审期间的出庭安排，见仁见智。有些律师会让你每天来。另一些律师会让你只在庭审的某些日子出场。甚至可能有条款规定要求你在每个庭审日或特定日子出场。几乎普遍的做法是，你需要出庭的时间是案子开庭之日、法庭做证之日以及所有最后陈词和法庭给陪审团下达指示之日。因此，出庭安排最好听取律师的意见。

你在法庭上，犹如在显微镜下。你的一举一动都逃不过法官和陪审团的法眼。有些律师认为，医生出庭次数越多，出现负面面部表情的可能性就越大，给陪审团以不良印象。因此，这些律师希望他们的当事人尽可能少地出庭。其他律师则认为陪审团发现原告每天都出席，认为被告（你）也应该出席，见智见仁。最好按律师的感觉去做。

第二节　开庭陈述

这是医患双方陈述各自观点的环节。患方律师会对案件展开陈述、给出证据。然后，医方律师会否认你犯有任何医疗过错。就在此时，法官和陪审团往往会裁决哪方胜出。想到他们在这一环节如此早就做出裁决是十分恐怖的，然而，情况往往就是这样。

1. 庭审环节犹如过山车
- 原告立案对你提起诉讼。

- 如果案子在早期阶段的进展似乎不顺利,请勿担心,这是常态。
- 在原告陈述到达顶点后,就一定会走下坡路,随着你的律师给出你们的理由,然后对你有利的势头就会上升。

2. **原告开始陈述案件** 患方律师有很多选项把人带到证人席上。这些人包括他们的当事人、他们的专家证人、其他相关证人和你。

当然,你在他们的这桩案子中是一名主角。如果你能玩转这种游戏,就能降低你在他们案子中的分量(我会在下文中细述)。你往往(有人会认为不是"往往",应该是"永远")是被患方律师质询的第一位证人。

要客观地看待庭审环节,患方的理由一开始就会达到一个高潮。他们会谈你的种种不是。但是,渐渐地,你的律师会逐步驳回他们的理由。他们开始达到的顶点越高,对他们越有利。因此,他们通常会从你开始展开他们的案件陈述,对你最薄弱的点进行打击。他们希望你会紧张、抓狂,成为这些"老谋深算"的律师手中唾手可得的"猎物"。

患方的专家证人和证人会说许多东西来为他们的案件提供支持。请明白这一点:你不可能每分必得。事实上,你会有许多失分。然而,你可以把它看作一场足球比赛。在中场休息时谁领先并不重要。获胜者取决于谁在下半场有最佳发挥。如果你能在上半场设法赢得每一分,你就应该对事情的进展感觉良好。

第三节 交叉质询环节

如前文所述,最常见的情况是在患方的交叉质询环节由患方律师对你做交叉质询——你通常是最先出庭的证人。不过,你也可能会晚一些时间出庭,在你的律师对你做直接询问时才出庭。在交叉质询环节,是否传唤你出庭完全取决于患方律师。**你的交叉质询环节"会成就你,也会毁掉你"**,因此,你应该把功课做好,把它搞定。下面谈谈如何把交叉质询环节搞定:

搞定交叉质询环节有几种基本方法。你的回应方式也可以有多种。患方提出的所有问题都不可能用一个简单答案搞定,有些问题的设计目的可能是让你进入圈套,让你的答案不完全正确。

1. **回答要有礼有节** 有些法院坚持要求你的回答方式只能是以下三种之一:"是"、"否"以及"我不明白,无法用'是'或'否'来回答你的问题"。也就是说,他们不允许你细述。如果你试图说"是的,但那是因为……",对方律师会反对,要求书记员把"是"这个词之后的所有内容删除。

如果你无法给出解答,那么你或许会认为这是一个无聊的、不得要领的问题。但是,老谋深算的患方律师会提出一连串问题,出于特定目的让你同意或不同意他们的说辞。当你察觉出其目的时,很可能为时已晚。不要抱有太多的期望,否则你会想得太多,这样反而对你的案子不利。

除非你对事情的原委做了解释,即使你的陈述让自己看上去显得很糟糕,也不要对此担心。**照实回答就行**。你的律师(如果先传唤你的是你的律师)会来一个先发制人的攻击——对各种可能出现的问题向你仔细盘问,目的是让法庭对你为什么对案子中的问题回答或不回答的原因已经知情。另一种情况是,如果患方律师先传唤你(这种情况最常见),那么你的律师可以在他向你提问的环节之后,通过澄清每个问题的细节来修复所有"损害"。

无论是谁先把你传唤至证人席上,患方和医方都还有一次机会对你再次提问。此称**再次交叉质询和再次主质询**。再次对你提问是一种策略,目的是让你讲出之前你没有陈述过的观点,或者让你有机会对之前无意中给出的糟糕答案做"修复"。不过,这种策略即使要用,也应该少用。

法庭通常将再次交叉质询或再次主质询看作一种损害控制手段(的确是这样)。他们知道,此时提出的所有问题都必须很重要,因此,他们倍加关注。如果你对患方律师提出的要点辩解不够充分,那么就可能把陪审团的注意力引向案子中的一个主要薄弱点。

患方律师可能会对医生提出如下一连串问题,让医生在法官和陪审团面前丢人现眼。以胆囊炎漏诊为例:

"你考虑过把胆囊炎作为我当事人的备选诊断之一了吗?""是的。"

"你用超声波确认过这种可能性吗?""没有。"

"右侧腹部疼痛会成为胆囊炎的诊断证据吗?""是的。"

"该病人有右侧腹部疼痛吗?""是的。"

"胆囊炎会发热吗?""是的。"

"我的当事人有发热吗?""是的。"

"胆囊炎会有心率快吗?""是的。"

"该病人有心率快吗?""是的。"

"你请外科会诊了吗?""没有。"

"你让这个病人住院了吗?""没有。"

你能看到,如果你是医生,这一串提问会让你在被告席上很不自在。你意识到,如果允许你做更全面的解答,你就不会听上去那么尴尬。但在这种情况下,你没有该选项。

如果你的律师履职得当,那么在他对你的主质询环节这些问题都已经得到解决。你的律师会以某种方式应对患方律师提出的每个问题,并允许你给予解释。

2. 交叉质询环节要点提示

(1) **对患方律师讲的话,不要马上表示认同**:在可能的情况下,设法找一个理由对患方律师的话表示不认同,尤其是对患方律师希望你表示认同的事情。

例如,患方律师说:"吗啡其实是一种强效药物。"你可以说"我无法用'是'或'否'来回答这个问题,除非你允许我解释"。或者你可以简单地说"不,吗啡不是一种强效药物"。很可能的情况是,他们不允许你解释。不过,患方律师的假定是,你会对这个看似无恶意的问题说"是"。当你没有按照他们期望的方式回答时,这会破坏他们的游戏计划,让他们感到措手不及。

如果法庭允许你做出解释,那是天大的好事。依旧用上面的例子,患方律师说:"吗啡其实是一种强效药。"你说:"不,吗啡不是强效药。比吗啡强效的药还有地劳迪德(Dilaudid,盐酸氢吗啡酮)、酒石酸布托啡诺(Stadol)、纳布啡(Nubain)、芬太尼(Fentanyl)……"

医学上有很多东西都是主观的,如果你对"简单命题"为什么不合适能给出一个好的、合乎逻辑的解释,你就能打断患方律师的一连串机关枪式提问。下面的例子采用的是与前述场景相同的一连串问题,不同的是,现在允许我们给出解释:

"你考虑过把胆囊炎作为我当事人的备选诊断之一了吗?""是的,凡右侧腹部疼痛的病人,就有可能是胆囊炎"。

"你用超声波核实过这种可能性吗?""没有,该病人还有许多其他症状使得胆囊炎的诊断不太可能,包括实验室检测值正常,因此,不需要行右上腹超声检查。"

"右侧腹部疼痛会成为胆囊炎的诊断证据吗?""是的,如果这是右上腹疼痛,但是,我的病人是右下腹疼痛且有大量阴道分泌物,有盆腔检查为证。"

"该病人有右侧腹部疼痛吗?""这个问题已经无必要回答。"

"胆囊炎会发热吗?""是的,还有许多其他表现。"

"我的当事人有发热吗?""是的,但只是在抵达急诊室时有发热。从医院出院时,她的体温是正常的。"

"患胆囊炎会导致心率快吗?""是的,还有其他十多种临床表现。"

"该病人有心率快吗?""在刚来院时有心率快,但是,在我用两升生理盐水给她补足水分后,心率就正常了。"

"你请外科会诊了吗？""没有，这种盆腔炎病人，一般不请外科医生会诊。"

"你让这个病人住院了吗？""没有，该病人不符合入院标准。"

正如你所看到的，在一个允许你对答案给出解释的法院打官司太好了。你可以在回答问题时做损害控制，而不是预防损害，也不是像前述场景那样在事后做损害修复。

有些律师会在你解答完成之前打断你（这往往会让他们看起来很无礼）。其他律师会让你继续，只要你在说话。一定要确保你所讲的东西都有助于你赢得这场官司。切记，"无害为先"也适用于你的证词。

(2) **用提问方式回答问题**：提问人永远不想从证人那里听到的一件事，就是来自证人的提问。从他问你的问题中找出模糊不清或过于笼统的部分，然后向他提问。如果这位律师回避你的问题，他们就是在逃避。但是，这种方法不能过多使用，否则你就显得故意添堵。如果他提的问题没有恶意，也无关案子大局，那么就简单作答。

(3) **每当患方律师询问你是否同意某一观点时，一定要多一份戒心**：例如，"你是否同意这种说法？"有些问题的目的是给你"下套"。这种听上去无关大局的问题往往会涉及你案件中的关键事实。构建这种问题的目的是这样的，通常他们希望你会同意这个说法。一旦你同意了他们的说法，它就会被扭曲并使你处于非常糟糕的境地。

在这种情况下，你的目标是找到一种明智的方式来否定他们的说法。如果他们的说法是引用的某篇文章，问一下该文章发表于哪年哪月。这篇文章很有可能老掉牙了，以至于你完全可以不同意他们的说法，说"这过时了"。

至关重要的是，你要完全清楚你同意或不同意的是什么。因此，在给出任何意见之前，你必须问："你能告诉我你这句话的出处吗？"这是一种拖延战术，以便你有更多时间来酝酿一个好的应答。

(4) **始终保持冷静，不要与律师争吵**：不要控制不住自己。不要表现得暴跳如雷，也不要表现得垂头丧气。要尽可能表现平静、没有感情流露。他们可能会对你大喊大叫（是的，有些律师这样做的目的是让你紧张以获得奇效），即使对方律师打你，你也必须一如既往保持克制。如果他们打乱了你的举止，那么你的感情流露会对你的案子不利。

律师们吵架是为了养家糊口，而你会输掉这场战斗，其实，还可能在过程中给人留下不好的印象。

(5) **回答问题时要面朝法庭**：用眼神尝试与法官或一位陪审员联络大有裨益。

然而，如果直视陪审员会让你感到不自在，至少你应该朝他们的方向看。

你的语气至关重要。**绝对不要给人盛气凌人、不可一世的印象，即使对方律师刚才侮辱了你**。想象一下，"你当然可以"这句话听起来是何等的讽刺。它会对案子的输赢产生重要影响。如果陪审员认为你盛气凌人或讥讽人，他们就会找你的茬子。如果他们喜欢你，他们就会更倾向于信任你。

美国有一位律师经历过数十桩医生不存在医疗过错的案子，但是，仅仅因为医生的"态度"使得陪审员希望惩罚他们，结果他们被陪审团判定为存在某种程度的医疗过错——"祸从口出"。事实是，如果陪审员不喜欢你，他们就会伤害你，尤其当原告非常值得同情时。

(6) 回答问题时使用"三秒"规则：也就是说，一定要花一点时间仔细考虑如何答复。就这一点来讲，请记住书面证词中的一些建议，**谨防双重否定问题、不要回答你不理解的问题**。你无法100%确定所问的问题时，就不要回答。就说："我对所问的问题不明白。"不要中了患方律师想迷惑你为你设下的圈套。

当心患方律师在法庭上给你看的任何东西：假设患方律师在法庭上给你看的任何东西都会对你构成伤害。即使看似无害的一张图表，也有可能是一些断章取义的东西。在同意律师的看法之前，一定要花时间仔细审视那张纸上的每一个词、每一幅图表。不要匆忙。一位仔细、谨慎的医生会受到陪审团赏识的。

与书面证词环节不同，在法庭上，你的目标是尽可能地让你的语言对法官和陪审团来讲清晰和易懂，因此，**在回答问题时要始终使用通俗语词**。许多患方专家试图通过花哨的医学词汇来赚钱，使他们听起来不同凡响。这也会使他们在陪审团眼里显得莫名其妙。如果陪审员理解了你的意思，但不理解患方专家的意思，他们的判决更可能有利于医方。此外，如果你能在此过程中向陪审团传授医学知识，那么这会大大有利于你的辩护。

很可能的情况是，在患方律师对你进行质询的某一档口，他们会拿出你的书面证词，用你说过的话来反驳你。他们可能会设法驳斥你的书面证词。**一定要对书面证词滚瓜烂熟**，用前后文的内容来反驳他们。

经验告诉我们，对书面证词越熟悉，得分就越高。如果你不仔细，没有花时间阅读律师要求你背诵的该引文的上下文，你就会落入原告的圈套，给人的印象是你在篡改证词。相反，你对书面证词的熟悉会让原告看上去很蠢，在玩弄断章取义的把戏。他们最不想看到的就是你向他们展示的病历实际上是一份完整病历。

对自己证词的滚瓜烂熟可以保护你自己不会出现不知所措的局面。如果你对书面证词中的长处和不足之处了如指掌，就会知道患方律师可能会利用哪些东西来对付你,永远不会出现忘记证词的局面,从而能胸有成竹地予以反驳。

此外,还有一个好处,患方律师很可能只是从你的书面证词中挑出他们认为最适合用来对付你的部分证词。他们很可能对这份证词并非了然于胸。因此,对你的反击,他们可能根本无法招架。

(7) **别胡说!** 如果你的证词与书面证词有出入,那么一定会被对方律师用来对付你。但是,如果你对书面证词不满意,你想通过解答来澄清这个问题,那么请准备好以令人信服的方式做更好的解答。这种解答有一定难度,你需要以一种让你看起来自信但又不傲慢的方式为自己辩护。

(8) **勿坐立不安!** 做证时,请把双手放在膝盖上。如果你在做证时需要戴眼镜,请始终戴着眼镜。在每提一个问题后就戴一次眼镜,然后取下,是烦人之举,让人无法集中注意力。

即使你不在做证,但在法庭上,你也会受到陪审团的注视。你都不得以表情语言或肢体语言表示你对任何证人证词的认可或不认可。不要在陪审团面前写记录或给你的律师写字条。如果有必要,请等到中场休息时。原因是,如果你写记录,就会被陪审团看到,不知道所发生的事情是否会对你的案子造成不利影响(损害)。

3. 在患方律师讲完后 在患方律师讲完他们的理由后,他们就休息了。此时,是你,是医方叙述理由的时机了。

你的律师可以提出**一项驳回投诉之动议**(此口头动议是向法庭提出的一项请求)。其依据是患方没有提供证据。虽然这种情况不常见,但是法官可以在此时裁定驳回该案子。或者,在有多名被告的情况下,某些被告此时可能会被驳回。

4. 被告开始陈述理由 原告甚至会在你自己的律师提问之前向你"开第一枪",这似乎不公平。如果患方律师出于某种原因决定不传呼你,你的律师会首先对你提问,这是一个很大的优势。

你的律师对你进行主质询有什么好处呢?比较轻松,压力小。你可以说出原告律师遗漏的关于你案件的一切。你可以教授陪审团某些医学知识。如果你能成为一个令人信服的老师,那么你将成为审判中最好和最重要的证人、专家。向你学习的陪审员可能会相信你的观点。他们更可能支持辩方。

此外,你也有了一次展示你的个性、睿智的机会,最重要的是,你的诊疗符合公认医疗规范。这一阶段的消极方面是,对于陪审员来说,它非常无聊。他们知道你的律师只会问你一些让你听起来不错的问题。因此,这是一位熟练的律师,可以让陪审团保持清醒,并揭露原告案件中的所有缺陷。

第四节　在辩护完毕、判决之前

1. **即决判决动议**　这是可以让你的案件驳回的另一个机会。此时,你的律师可以提出口头**即决判决动议**。即决判决是指法官直接做出裁决宣判哪一方胜诉。

如果确实发生了即决判决,这是一种异乎寻常的情况。不过,有时案子非常偏向一方,支持医方。例如,医方律师让众人都知道患方专家在撒谎。

此时,不要求法官接受或驳回该项动议(尽管最常见的情况是驳回)。法官有第三种选择：暂时不表态,等待判决结果出台。

不过,如果法官暂时不表态,并且陪审团判决是患方胜出,此时,法官可以接受该动议直接判决医方获胜。这种情况极其罕见,几乎从未发生过。尽管如此,依旧存在可能性。

2. **最后陈词(总结)**　最后陈词(closing statement,summation)是对整个案件做综合陈述。庭审阶段一般还不做出胜败宣判,最后陈词是陪审团成员拿主意的阶段。然而,与其他律师相比,一位老到的律师会操纵事实,使陪审员审议时更多地关注某些事实。

至于最后陈词中可以包含哪些内容,规则通常没有严格规定。你不能引入在审判中未出现的新想法。不过,你唯一受限的是法官给你的时间。

第五节　法庭审议

当法官和陪审员离开法庭进入审议阶段时,即正式商量如何对案件达成一致判决意见时,对你来说,已经没有太多事要做了。在大多数情况下,你只需要等待他们的判决结果,这可能需要一小时、数小时,甚至可能是数日。但是,可能还会有最后一线调解希望,这完全取决于你的律师如何看待这次庭审结果。一般来讲,**陪审团的审议时间越长,其判决就越有利于患方**(因为损害赔偿的计算耗时漫长,而有利于医方的判决不需要花太长时间)。

1. **调解**　如果发生了这种事,尤其当你有一个高额损害赔偿案时,你的保险公司会对陪审团判给患方的数字后面有几个零而感到心神不宁,他们希望以较低的赔偿脱身。有时陪审团会给法官写一张纸条,要求提供更多的证据、解释,甚至一台计算器。因此,如果陪审团提了特殊问题并且在案件裁决方面花费了很长时间，你的保险公司可能会抓住最后一分钟的调解机会。如果你的保单中有**有权不同意调解之条款**，他们就不能强迫你调解，但他们可能会设法向你施压要求你同意。如果你的保单中没有该条款，那么你就别无选择了。

2. 重新开庭　在大多数民事案件中，为了做出判决，通常需要多数以上陪审员达成一致意见。一般来讲，只有刑事案件要求一致裁决。如果足够多的陪审员无法达成一致意见，陪审团就无法做出裁决，所造成的这种情况称为**僵局陪审团**（hung jury）。如果出现了这种情况，就需要重新遴选一个全新的陪审团做一次全新审判。

陪审员的举止也会导致审判无效——根本错误导致审判无效，需要完全重审。有时陪审员会违反陪审团的行为准则，例如：在审议之前相互讨论该案件，与原告或被告交谈，以及使用无关信息来帮助他们做出判断。虽然这种情况罕见，但是，有时陪审员可能会使用互联网或当地图书馆对案件做一些额外探究。然而，这是不允许的，因为法律要求陪审员只能采用庭审中讨论的事实。一旦发现陪审员存在此类行为，就可以宣布审判无效。

3. 损害赔偿（damages）　如果陪审团判定为原告获胜，接下来就是讨论损害赔偿的这一话题——为所遭受的伤害赋予货币价值。在讨论损害赔偿的过程中，陪审团需要分别解决两类不同的问题：经济损失和非经济损失。

经济损失是为可客观核实的金钱损失提供赔偿，例如过去和将来的医疗费用以及过去和将来的收入损失。

非经济损失是主观的，很难衡量，例如疼痛和磨难、不便、精神伤害、无法性交以及生活乐趣丧失。法律对这些不可量化的损害赔偿做了限制，目的是有助于控制过重的陪审团裁决。

还有第三类：**惩罚性赔偿**。这些裁决仅用于对陪审团认为鲁莽或恶意行事的被告施加经济处罚。这种判罚不是补偿性的，因此，人们认为这另属于一个单独类别。

4. 判决　但愿你能得到一份有利于医方的判决。如果你在法庭上等待判决结果，并且获胜了，请专业地、庄重地接受你的胜利。毕竟，从技术上讲，在患方律师耗尽所有上诉手段之前，案件并未终结。再上诉可能又是一个漫长的过程，如果患方律师穷追不舍，可能需要花费一年或更长的时间。

第六节 本章小结

- 倾听你的律师讲些什么。
- 表现得专业一些。
- 穿着得体。
- 切勿在法庭外的公共场合谈论该案件。
- 锻炼"无表情"的脸，无论庭审中发生什么事件都不要情绪化。
- 关于交叉质询中：不要太快对原告律师表达同意意见。用提问的方式回答问题。准备好用几个简短的句子总结你的整个案例。但凡被问到"你对某些事是否同意"的问题时，要警惕。始终保持冷酷。不要与对方律师争吵。回答问题时，要面对陪审团。绝对不要让人听起来觉得你很高傲。回答问题时请采用3秒规则。当原告律师在其席位上向你展示东西时，要多个心眼。在回答问题时，请始终使用通俗的语言。一定要对自己的书面证词倒背如流。
- 不要撒谎，不要信口开河。
- 请勿在法庭上坐立不安。
- 如果你赢了，请专业地、有尊严地接受胜利。
- 如果你输了，了解是否有上诉理由，以及你的保险公司是否同意上诉。

（汤文浩）

附　录

附录一　医疗品质与病人安全大事记

两千多年前,"医学之父"希波克拉底(Hippocratés,公元前 460—公元前 370 年)就认识到*治病者*的善举有可能给病人造成伤害。公元前 4 世纪,希腊的医生们起草了希波克拉底誓言(Hippocratic Oath),发誓"余愿尽余之能力与判断力之所及,遵守为病家谋福之信条,并检束一切堕落及害人之败行,余必不得将危害药品给予他人……"。自此,"**无害为先**"(Primum non nocere,First do no harm)之训诫变成当代医学的核心戒律。然而,人们开始真正重视病人安全是 1990 年代的事了,因为越来越多的研究发现,病人安全方面的不良事件给大众带来的伤害远远超过车祸等原因造成的伤害——**医院是一个不安全的地方!**

1910 年,Codman(参见附录二)提出了"医院标准化最终医疗结果追踪制度"(End-result System of Hospital Standardization)。该制度要求医院对其医治过的每个病人进行足够长时间的追踪,目的是判断其治疗是否有效。如果治疗无效,该医院应该有胜任力分析判断治疗无效的原因,以便将来对类似病人的治疗获得成功。他还认为这些医疗结果应该向大众公开,为大众选择医生和医院提供信息。

1912 年,Codman 被任命为"医院标准化委员会"主席。"医院标准化委员会"就是如今联合委员会(Joint Commission,JC)的前身。

1913 年,美国外科医师学会(American College of Surgeons,ACS)正式成立,"最终医疗结果追踪制度"成了 ACS 的一项既定目标。

1914 年,Codman 宣布从麻省总医院辞职,抗议麻省总医院"依据年资的晋升制度"。他当时写了一封信给医院董事会,建议董事会聘任他为"外科主任",原因是他的医疗品质比其他医生好。董事会认为此行为"不可理喻",认为他"不可信任",对他的"最终医疗结果追踪制度"不屑一顾。

1917年，ACS制定了医院最低标准(Minimal Standard for Hospitals)，供医院品质评审参考，其要求占了一整页。

1918年，ACS开始对医院实施现场评审(On-site Inspections)。692家医院中只有89家符合医院最低标准之要求，通过评审。

1940年，Codman在波士顿无声无息地去世，命如蝼蚁，连一块墓碑都没有。在之后半个多世纪，美国医疗保健领域的医疗过错数量和影响几乎无人问津，无人提及Codman。直至1991年，Leape[①]在《新英格兰医学杂志》上发表了他的标志性大作《住院病人的不良事件特征——哈佛医学实践研究结果》(*The Nature of Adverse Events in Hospitalized Patients — Results of the Harvard Medical Practice Study*)。至此，Codman对医疗品质孜孜追求的理念终于有了"接棒"之人，得到了后人认可。联合委员会为此设立了"Codman奖"，用于表彰那些采用"最终医疗结果追踪制度"提高医疗品质和病人安全的个人和医院。在Codman去世74年后，2014年，他那句当时被世人耻笑的话"我的想法被人们接受可能需要100年"(It may take a hundred years for my ideas to be accepted)才被后世刻在了他的墓碑之上，或许这是对Codman最大的褒奖。

1951年，美国内科医师学会、美国医院学会、美国医学会和加拿大医学会与ACS组成联合体，创建了一家独立的非营利性组织——医院认证联合委员会(Joint Commission on Accreditation of Hospitals，JCAHO)，其主要目的是提供自愿认证(voluntary accreditation)。

1965年，健康保险计划(医疗保险和医疗补助)实施。

1966年，经过一段时间的规则制定后，1 000名政府雇员开始对医院进行检查，以确保他们遵守新约定的参与条件和法规，以及他们获得联邦政府认证的资格。这种管理监督的目的是为新投保的老年人群和联邦医疗保健投资提供保护。检查结果是每7家医院中就有2家存在严重缺陷。毋庸置疑，恪守病人安全文化是一件举足轻重的事项，例如对30天内再入院率高于规定目标的医院，其医疗保险付款可能会打折扣。同时会对那些通力协作的、为医疗保险受益人提供无缝、高品质医疗的医疗保健提供者给予奖励。

1970年，ACS重新制定了医院品质评审标准，代表了可实现的<u>最佳</u>医疗品质水平，而不是<u>最低标准</u>的品质水平。

1991年，美国医疗卫生促进组织(Institute for Healthcare Improvement，

---

① Lucian L. Leape是美国哈佛大学公共卫生学院教授，人们称其为"病人安全之父"。

IHI)成立。

1992年，ACS花了几年时间向标准化过渡，强调表现力提升理念。

1994年，Leape在《美国医学会杂志》(The Journal of the American Medical Association，JAMA)上发表了《医疗过错》(Error in Medicine)。人们期望医生在工作中不出错，医生们则以为这种期望就是要医生确保所有工作万无一失。就像飞行员一样，这只会导致一种结果，医生也认为犯错是人品缺陷——归根结底是你不够小心，不够努力。

医疗行业还未将行医的重点放在对过程的预防工作上。**如果医院要在减少医疗过错方面取得突破性进展，最根本的改变在于文化上的转变……我们必须承认，出现医疗过错是因为制度缺陷，而非人品缺陷。**除非这样，也只有这样，我们在减少医疗过错方面才可能取得实质性进展。

1996—1998年，为了对"先兆"事件(sentinel event)进行评估，JCAHO制定了"先兆"事件对策，还对该对策做了修订，目的是鼓励医生自行上报差错。

1997年，美国国家病人安全基金会(National Patient Safety Foundation，NPSF)成立，Leape任主席。

1999年，美国医学研究所(Institute of Medicine，IOM)发布了一份报告，题为《人非圣贤，孰能无过——构建更安全的医疗保健体系》(To Err is Human: Building a Safer Health System)。这是医疗保健体系的分水岭。IOM呼吁广泛开展一项全国性的工作，从而包括建立一个病人安全中心(Center for Patient Safety)，扩大对于不良事件的报告，在医疗保健组织内建立安全计划，以及获得管理者、医疗保健服务购买方和专业协会的关注。然而，大多数媒体把注意力放在那些惊人的统计数字：每年因医疗过错所造成的预防性死亡人数为44 000～98 000，仅仅与用药过错有关的可预防性死亡就达7 000例。在该报告发布后的两个星期，美国国会召开了若干场听证会，美国总统克林顿还下令对实施该报告建议的可行性进行一次政府层面的研究。IOM的这些估计数位当中所采用的方法学的最初批评意见侧重于那些把试点研究工作之中所得到的较小的事故数量扩大到整个人群的统计方法。不过，后续的报告则强调了医疗过错所带来的惊人的发生率和后果。

2000年，随机突击检查。

2001年，IOM又发布了一份报告，题为《跨越品质鸿沟——二十一世纪的新型医疗保健体系》(Crossing the Quality Chasm: A New Health System for the 21st Century)。报告中提出的医疗保健品质的六个方面(安全性、有效性、以病人为中心、及时性、高效性和公平性）仍然与当前的全球环境密切相关。

2002年，JCAHO制定了第一部美国国家病人安全目标，目的是提升医疗机构的病人医疗安全。

2003年，JCAHO颁布了一项通用预案，将其用于防止手术部位错误、手术术式错误、手术病人错误，这项通用预案自2014年7月1日起生效。

2003年，题为《医疗保健人员教育——通往高品质之桥》（Health Professions Education：A Bridge to Quality）的文章发表。

2003年，IOM提出的卫生保健人员核心胜任力包括：①提供以病人为中心医疗的能力——尊重病人的个体性、价值观、爱好及个人需求；②团队合作协调与沟通能力，以及运用多学科知识体系为病人服务的能力——作为多学科团队的一员做工作；③从事讲证据的临床工作；④提升医疗品质和病人安全的能力；⑤在医疗保健中重视并运用信息、减少差错、知识信息管理能力及决策能力。

2004年7月，一家主要的医疗保健服务等级评定组织Health Grades公布了一项题为"美国医院病人安全"（Patient Safety in American Hospitals）的研究。该研究发现，2000—2002年期间，与医疗保障（Medicare）住院相关的不良事件超过100万起，每年意外死亡数多达195 000例。

追踪方法学（Tracer Methodology，TM）是2004年JCAHO设计的全新现场调查方法之一。从2006年开始，该方法被广泛应用于美国国际联合委员会（Joint Commission International，JCI）医院评审过程中。2011年9月我国卫生部发布了《医院评审暂行办法》，之后出台了《等级医院评审标准》，并在评审工作中尝试引入追踪方法学作为评价方法之一。

2005年，美国国会出台了《病人安全与医疗品质改进法案（2005年版）》（The Patient Safety and Quality Improvement Act of 2005），美国国家执业医生数据库（National Practitioner Data Bank，NPDB）建立，旨在为每位临床医生建立一个可追踪的医疗过错档案；病人安全组织（Patient Safety Organization，PSO）成立，致力于医疗风险的管理，保护和促进病人安全信息的报告、收集、分析与共享。

2007年，JCAHO更名为"联合委员会"（Joint Commission，JC）。

2008年11月21日，美国卫生部出台了《病人安全法规（2009年版）》（Patient Safety Regulations of 2009），旨在建立医院、医生与其他卫生机构向PSO的自愿报告制度。美国医疗保健研究与医疗品质署（Agency for Healthcare Research and Quality，AHRQ）开始纳入PSO，颁布《病人安全与医疗品质改进最终条例》（Patient Safety and Quality Improvement Final Rule）、《病人安全条例》（Patient Safety Rule),于 2009 年 1 月 19 日生效。

2017 年,IHI 和 NPSF 合并后的新机构为 IHI/NPSF。

病人安全不能只是一场运动,病人安全要成为根植于医院文化精髓的内核,要成为医院品质安全的驱动。只有病人安全了,才有品质,高品质的医疗服务才是病人期盼的。

当然病人安全在逐渐地深入人心,也逐渐地被重视,尤其是最近些年,病人安全更是被提上了重要的议事日程,被高度重视。但离形成文化内核,成为人们自觉主动的行为,还有很大差距。这也正是病人安全未来的发展。

2023 年,IOM 对卫生保健人员的核心胜任力做了更新:①团队合作。形成和促进单位内部和单位之间的有效协作,以实现共同目标并优化结果。②交付成果。以服务为导向及时地生成并交付高品质结果。以行动为导向,为实现商定的结果而努力。③管理和共享知识:不断学习、分享知识和创新。④问责。负责实现本团队的优先事项,并对自己的行动和分配给自己的工作负责。⑤沟通。鼓励并促进清晰开放的沟通。以信息丰富、鼓舞人心和激励的方式解释复杂问题。

附录一部分内容引自:https://www.cn-healthcare.com/articlewm/20200704/content-1127317.html

附录二　Codman 医生生平简介

Ernest Amory Codman(1869 年 12 月 30 日—1940 年 11 月 23 日,附图 1)是美国外科医师。Codman 的成长绝对是一条有教养的精英之路——婆罗门式成长经历。1887 年,Codman 进入哈佛大学,1891 年以优异的成绩毕业。随后进入哈佛医学院。在医学院的第三年他前往欧洲和埃及,访问了伦敦、巴黎、柏林和开罗等地的医学中心,并与维也纳 Eduard Albert 教授一起学习。1894 年是他在麻省总医院(Massachusetts General Hospital,MGH)实习的最后一年。1895 年他从医学院毕业。随后,他获得了 MGH 解剖学助理的职位,并成为外科主任 Francis Harrington 的学徒(当时不存在正式的住院医师)。他最早的兴趣之一是伦琴(Röntgen)于 1895 年

附图 1　Ernest Amory Codman
（1869—1940 年）

发现的 X 射线。他发表了许多关于 X 射线主题的文章，其中一篇是关于 X 射线烧伤。他于 1899 年被任命为波士顿儿童医院的第一位放射科医生。他早年是一位多产作家，不仅在放射学方面发表文章，而且在普通外科的许多方面也发表过文章。1900 年，他被任命为临床外科助理。

　　Codman 在麻醉、放射、十二指肠溃疡外科、骨肿瘤、肩关节外科方面都有贡献，一生发表过的论文和写过书籍数量逾百。除了骨肿瘤外，他在外科领域贡献最大的是肩关节。用他名字命名的术语耳熟能详，诸如 Codman 肿瘤、Codman 三角、Codman 运动、Codman 征、Codman 矛盾现象、Codman 囊。他与著名脑外科奠基人 Harvey Cushing 是挚友。Codman 早年一直在麻省总医院行医。1902 年，33 岁时他在麻省总医院担任助理教授。1903 年他成为美国临床外科协会（American Society of Clinical Surgery）的创始成员之一。美国临床外科协会是美国外科医师学会（American College of Surgeons，ACS）的前身。在麻省总医院外科工作期间，Codman 还组织了并发症与死亡讨论会（MMM），他被认为是全球第一位倡导 MMM 的人。早在 1920 年，Codman 就开始尝试在美国全国实行骨肉瘤登记制度，尽管不太成功。除了登记的主要目的（回答有关处理的关键问题）外，他还注意到一些"副产品"，其中之一是"或多或少可接受的标准分类"。Codman 本人随后提出了 25 项临床、放射学和组织学诊断标准。坦率地说，Codman 远远领先于他的时代。他的思想的重要性怎么强调都不为过。作为医生，他在很年轻时候就已经成名。

　　他非常重视医疗品质，被誉为"最终医疗结果追踪评估法的创始人"。他跟踪自己治疗过的每位病人，记录病人的人口统计数据、诊断、治疗方法以及最终结果，持续追踪随访至少一年，以确定他的诊疗结果。与同龄人不同，他毕生致力于建立一个"最终医疗结果追踪制度"来跟踪病人的疗效，目的是发现临床上的"不良事件"、提出改进意见、提升今后病人的医疗品质。对 Codman 来说，这还不够。他认为，这项工作产生的所有信息都应该公布于众，以便为病人选择医生和医院做出明智的决定。要知道，这可是一个多世纪之前！

　　为了能够坚持医疗品质，以及利用最终医疗结果追踪手段提高医疗品质的理想，1911 年 Codman 辞去了 MGH 的全职工作（依旧兼职至 1914 年），自己创办了一家只有 12 张病床的 Codman 医院。在自己的医院里，他坚持使用自己的"最终医疗结果追踪"理念提高医疗品质。Codman 认为应该将"最终医疗结果"作为外科医生晋升的依据，而不是资历。1914 年，Codman 辞去 MGH 的外科医生职务。同时他申请了外科主任职位，理由是他过去 10 年的"最终医疗结果"比其他外科医生都好。他用书面证据为他的主张提供支撑。但是，MGH 对 Codman 的提议不以为然。Codman 并没有气馁，1911 年至 1916 年间，Codman 医院共治疗了 337 名病人，他累计发现并公布了 123 例医疗过错。他把过错分为知识不足、外科判断缺陷和条件与设备问题。不得不说，一家如此重视医疗品质和病人安全的医院还有如此多的医疗过错，更何况其他医院?! Codman 将他的年度医院报告副本发送给美国几所大医院，要求他们也追踪自己的"最终医疗结果"。但这些医院将其置若罔闻。Codman 没有灰心，他把他的报告公布于众，让病人在选择医院时能够充分了解情况。然而，在当时世人的眼里，Codman 的行为近乎"荒诞""违反医生职业道德"，是"对医疗同行的大不敬"，他被视为"异类"。

Codman 正式成为 MGH 和哈佛医学院，乃至当时整个美国医疗界"敌人"的导火索是他在 1915 年的一次演讲。1915 年 1 月 6 日，作为当时"Suffolk 医学会"主席的 Codman 召开了一次学术会议，会议的主题是"如何评估医疗品质，确保病人为医疗服务支付的金钱'物有所值'"。会上，Codman 发表了题为"后湾①金鹅鸵鸟"(The Back Bay Golden Goose Ostrich)的演讲，在演讲中，他展示了由一位朋友创作的一幅漫画(附图 2)。在画上，Lowell 院长站在剑桥桥上，想知道如果哈佛医学院的教授们如果没有机会在后湾的富人区执业，他们是否能够靠薪水养活自己。鸵鸟代表后湾，鸵鸟的头埋在一堆沙土里，一边尽情享受着美味的"humbugs"②，一边漫无目的地把产下的金蛋踢给教授们，教授们对金蛋的兴趣远超对医学的兴趣。画的右边是 MGH 以及正在开会的董事会，如果他们真的采用"最终医疗结果"评估手段，如果后湾的 70 名大富豪知道这家医院有如此多的医疗过错，这些鸵鸟是否依旧愿意把金蛋捐给医院？在河对岸山头上是成群结队的医学生正在前往哈佛医学院的路上，听说"最终医疗结果追踪"制度即将在他们的附属医院实施。他解释道，外科医生和医院管理者感兴趣的只是鸵鸟下的"金蛋"，不是医疗品质提升。这幅漫画以及 Codman 的言论引起了轩然大波。《波士顿邮报》和《波士顿环球日报》的标题是:《漫画点燃了外科医生的怒火——Codman 医生给医学会惹事》。哈佛医学院和 MGH 的"大佬"们对 Codman 的严厉指责和批评之声像潮水一样涌来。Suffolk 医学会要求他辞职，于是，他退出了该学会外科分会。他被勒令退出 ACS，他的观念被同行嗤之以鼻，没有人愿意把病人介绍给他。

---

① 后湾(Back Bay)是波士顿传统意义上最好的区，离波士顿公园很近，这个区是最早的富人区，有非常多具有历史意义的景点。

② "humbugs"在这里是一个双关语，兼有双色条纹薄荷糖和双色条纹昆虫的含义——富豪吃糖，鸵鸟吃虫。

在去世后，Codman 的"最终医疗结果追踪"理念对医学界产生了截然不同的影响。2014 年，在 Codman 努力改革医学界一个多世纪后，一群医生筹集资金在 Codman 的墓地建了一座花岗岩和青铜纪念碑。

做正确的事为公众造福需要难以置信的勇气。逆潮流而动给人的印象是大逆不道——尤其对你的同行来说。最终，这些大逆不道可能会成为一种新思想、新研究和独创性的领域。毫无疑问，Codman 医生通过一生的奋斗表明他是一位真正的医学先驱。

当我读到 Codman 的生平时，我被他聪慧的大脑、锲而不舍的精神、敏锐独创的洞察力、正直勇敢和谦逊的人品所震撼和鼓舞。每个医学学生都应该读一读他的故事。

附图 2　Codman 展示的"后湾金鹅鸵鸟"漫画

附录三　医疗过错法律诉讼的基本程序

尽管每一起医疗过错诉讼都有其独特性，但是，大多数案件所经过的基本审理步骤都相仿。在中国大陆，走完完整的法律程序大约需要 2～3 年。此外，大多数案件可能会在开庭前被撤销或调解。

（一）医疗过错法律诉讼的基本程序

如果诉讼未被撤销或调解，被告医生就需要参与以下步骤：

1. **传票送达**　原告提起上诉，原告就是提起诉讼之人。法院受理后，医生会收到一封起诉书副本或其他形式的法院传票。此通知表明有人正在对你提出索赔诉讼。

依据《中华人民共和国民事诉讼法》第一百六十七条,原审人民法院收到上诉状,应当在五日内将上诉状副本送达对方当事人,对方当事人在收到之日起十五日内提出答辩状。对方当事人不提出答辩状的,不影响人民法院审理。

2. **确定辩护律师**　你需要立即通知你的医院和医疗过错保险公司。他们会为你聘请一名辩护律师。这位律师会与你取得联系,与你共同讨论这个案子。然后,他会针对那份诉状做出回应。他们还可能聘请专业医生顾问来审核你这个案例,告知医院和保险公司诉讼的优势和劣势。

3. **被告在十五日内提交答辩状**　你会被要求完成一组有关你的教育、培训和医疗经历的书面询问(书面问题)。你还会被要求回答在本案中你对该病人实施医疗服务的相关事实。你的律师会协助你做书面答辩,是在宣誓后做这些答辩。

4. **决定开庭审理的案件**,法院在三日前通知当事人并公告。

5. **法庭调查阶段**　又称交换证据阶段。交换证据的目的是预防在法庭上出现意外的证词和证据。举证责任由原告方承担。原告方律师会请一位专家证人就你给病人提供的医疗品质做证。你的律师也可以这样做。在此阶段,各方律师通常会交换相关信息,如门诊医疗记录、住院病历、实验室检查结果、X线检查结果以及证人证言。在此阶段,原告方的律师会对你提问,你的律师也会在原告庭外采证期间对原告提问。其他证人可以出席,也可以不出席。法庭调查阶段极其重要。你的律师会提前为你做好准备。

6. **医疗过错专家鉴定**　法院委托一家医疗过错专家鉴定机构(可以是医学会下属的鉴定办公室,也可以是一家民营机构)组织专家就**经法院质证过的证据材料**召开一次听证会,对案子形成书面鉴定意见。

7. **尝试和解**　交换证据后,你、你的律师、原告、原告方律师和保险公司可以坐下来协商是否可以和解。对医生来说,和解可能被视为失败或承认过失,或者被视为风险最低、最具成本-效益的解决方案。

8. **法庭辩论阶段**　包括原告及其诉讼代理人发言,被告及其诉讼代理人答辩,第三人及其诉讼代理人发言或者答辩,交叉质询、互相辩论。法庭辩论终结,由审判长按照原告、被告、第三人的先后顺序征询各方最后意见。

9. **法庭辩论终结**　应当依法做出判决。判决前能够调解的,还可以进行调解;调解不成的,应当及时判决。

10. **判决宣告**　判定原告是否履行了他的举证责任并且有证据证明你存在过失。如果你存在过错,你的过错是否导致了病人损害或死亡。如果情况确实如此,法院判决向原告赔偿多少钱。

11. 不服判决 任何一方均可对不利判决提出上诉,但上诉必须基于法律问题,而非事实。上诉由一个法官小组审理,不需要任何新证据。

(二)你的辩护律师与你

虽然你有权自费聘请私人律师,但是你的医疗过错保险承保人会为你选择辩护律师并支付费用。保险公司对医疗过错辩护方面的成功律师了如指掌,你应该相信你的保险公司的判断力,选择一个有能力的辩护人来为你的案件辩护。

与律师建立密切的专业关系至关重要。正如病人必须信任他们不太熟悉的医生一样,你必须默默信任你的律师。你与律师的关系,就像你希望病人与你的关系一样:消息灵通、为人诚实、乐观开朗、善于接受专业建议。一定要与你的律师谈论关于该案例的既往法庭经历。让律师走向你的敌对面只会增加你的辩护难度。你应该把精力放在向律师宣教和提供帮助方面。

一旦你的律师已经确定,就让他负责所有联络,把你收到的法律文件或其他通信资料都交给他。不要与原告或者与原告方有关的任何人做私下接触。**一旦你确定了代理律师,原告律师与你联系是不符合伦理的**。如果出现这种情况,应立即通知你的律师。将原告方律师的所有请求直接告诉你的律师。如果在你成为被告之前,原告方律师与你接触(因为那时你还没有法律顾问),请立即通知你的保险公司。

(三)医学专家的地位

在医疗过错诉讼中,医学专家对案件是否能继续下去、能否取得成功至关重要。

原告必须聘请愿意出庭做证的专家,证明你的医疗行为低于标准注意或在当时情况下是不合理的,并证明你的行为是否偏离了这些标准,以及你的偏离是否导致了病人伤害。医疗专家证人一般会复习医疗记录和其他材料,做出自己的判断。他们偶尔会亲自检查原告病人。患方专家的工作主要是说服法庭:无论你的能力水平如何,就本案例来讲,你的行为存在过错,你的过错是病人受伤害的直接原因。

医方律师也可能会确定专家证人,表明他的观点支持你给予的医疗服务。医方专家的工作是对患方专家的医学证据提出异议,对你的所作所为给予支持,认为你的处置符合标准注意。有经验的医疗过错辩护律师会随身带一本信誉可靠的专家证人花名册,请他们出庭做证。在选择专家证人时,请相信你的律师会权衡诸多因素(专业知识、声望、能否安排时间出庭、在陪审团眼中的权威性)。不过,你的建议很可能会被采纳。

你对患方医学专家报告的反应在预料之中。你和你的律师会拒绝、反驳他们的结论,质疑专家的资格。如果有声望的专家不同意你的医疗举措,你可能会有挫折感。这些都是对批评意见的常见正常反应。你和你的律师会就你对病人的医疗提出辩解意见。

有些医疗过错案例并不需要医学专家的证词来确认过错。例如:把纱布留在病人体内或把手术做在健侧膝关节上,这些都是不言自明的医疗过错案例。在这些案例中,你的辩护团队可能会承认责任并同意支付合理的损害赔偿金,但是,即使在这种案例中,情况也并非总是如此。

(四)美国医学会专家证人确认声明

美国医学会(American Medical Association,AMA)已经实施了一项带有指导方针的具体政策,这项政策可用于判断医学专家在医疗过错案件中的可信度。2004年,AMA通过了一份确认声明,要求所有医学专家在接手一个病例前签字确认(附表1)。

附表1 AMA要求所有医学专家在作为一名专家证人前做的声明

我申明,我将恪守下列指导专家证人出庭做证的原则:
1. 医生有道德义务协助司法管理。
2. 医生在法律上和道德上有义务说出真相。
3. 根据法庭规程,在医疗过错指控案件中,医生作为专家证人做证时应该:
- 审核本案的医学资料,并公正地为其内容做证;
- 审核事件发生当时现行的标准注意;
- 当他们认为医方的医疗行为与事发当时现行的标准注意存在差异时,或者当他们认为医方的医疗行为与业界普遍接受的医学理论存在差异时,要明示;
- 公正、客观地做证,不站在辩护立场上,除非是代表该专业知识领域的发言人;
- 只在具备相关临床经验或学术知识的问题方面做证;
- 准备区分真实过错与不幸医疗结果;
- 准备陈述意见的根据。
4. 医生专家证人的出庭费应当合情合理,与他们花费的时间和精力呈正比。依据诉讼结果支付医生的出庭费不符合伦理。
5. 作为医学专家出庭做证的医生应该是从事临床医疗工作的医生。
6. 医生应接受同行审议医学专家的证词,并为同行审议提供方便。

日期:_____

姓名:_____

大多数医学专家都是诚实的医生,他们对自己审核的病例给出的意见是诚实客观的。然而,也有一些人滥用职权,给法律程序和被告方医生造成了不必要的损害。AMA 已经通过了医学专家伦理指南以及在违反该指南时采用的纪律处罚程序。如果专家有意掩饰他的意见、为付钱给他的那位律师说话,正义就未得到伸张。AMA 在推进侵权改革方面迈出了如此重要一步,应该得到点赞。

附录四 医疗过错诉讼应诉实用指南

如果你对在诉讼过程中的所有详细步骤都不熟悉,我这里有一份指南可以为你提供帮助。Angela Dodge 是一位专门从事为医疗过错辩护的心理学家,2001年,她为医生写了一本《当良医被起诉时——一本为医生撰写的医疗过错诉讼应诉实用指南》(When Good Doctors Get Sued: A Practical Guide for Physicians Involved in Malpractice Lawsuits)。她说,这份指南的作用,有点像一些大学生当没有时间或没有兴趣全面阅读复习教科书内容时,会利用"复习要览"应付考试一样。这份袖珍指南对医疗过错诉讼法庭应诉的要点、注意事项以及可避免的圈套做了有条不紊的罗列,便于医生快速查阅参考。

(一)有关过错诉讼法庭辩论,应该铭记的几件事

任何过错诉讼的关键问题是你实施的医疗是否低于你那个专业的标准注意。

(1) 原告必须提供大量证据,并且必须让医疗专家来证明医方在这个案例的医疗中存在过错。

(2) 医疗过错案例属于民事诉讼案,目的是确定责任和损害赔偿,而非定罪、判刑。

(3) 即使最好的医生也可能被起诉,与医生的履历没有多大关系。

(4) 大多数过错诉讼在庭审前会被撤销或调解,许多过错诉讼会通过庭审获胜。

(5) 赢得诉讼仰仗团队在辩护方面的付出,你是该团队里的重要一员,你的积极参与对赢得诉讼至关重要。

(二)关于情绪反应,应该铭记的几件事

(1) 常见情绪反应包括讨厌、信心不足、自责、过度分析解读、反感、愤怒、畏惧、焦虑以及担心失控、怀疑和否认。

(2) 准备经历一次某种程度的"情感过山车"。

(3) 积极主动,与辩护律师精诚合作,这有助于你重新获得一些必胜的信念。

(4) 获取家人和朋友的情感支持,这是智慧,而非懦弱。

(5) 积极的自我暗示和自我定位会有助于你减轻焦虑,有平静心情之效。

(三) 关于证据交换,应该铭记的几件事

(1) 庭外采证是用来帮助对方,对你没有任何好处。庭外采证不是你讲故事的场所。不要试图说服对方律师"你们上诉的案例证据不充分"。

(2) 庭外证词会被录入电脑,供对方律师全面审核。对方律师会想方设法从中发现伤害性招供、前后矛盾(不能自圆其说)、谎话或其他之前不知晓的事实。

(3) 庭外采证不是交谈,不适合套用礼貌性的社交谈话原则。恰恰相反,问答交换遵循截然不同的规则。

(4) 对方律师的目标是广泛收集信息,评估你作为一名证人的优势,寻找该案例的主线。

(5) 与你的律师一起准备庭外采证,这对你的临场表现至关重要,你应该坚持与你的律师一起准备。

(四) 关于证据交换的目的,你应该铭记的几件事

(1) 讲述真相,不要猜测。

(2) 主动仔细倾听每个问题的每一个字。

(3) 回答问题要简洁、正确、精确。

(4) 别着急,慢慢说,不要太着急。

(5) 保持冷静,无论火气有多大。

(五) 关于倾听,应该铭记的几件事

(1) 庭外或法庭做证时所需的那种主动倾听不同于日常听东西。

(2) 主动倾听的障碍包括"不听"(倾听的时间刚够臆测那个人在说什么)、"选择性倾听"(只听得进你想听到的话)和"挑战性倾听"(专注于你预期会听到的话,而非正在说的话)。在交叉询问过程中,这些障碍可能会妨碍你听清问题和回答问题。

(3) 主动倾听是你与对方律师较量的最有力武器,保护你免受恐吓或落入圈套。

(4) 仔细倾听有助于你避免犯一些常见错误,例如回答离题、答题太快、在枝

节问题上小题大做、不得要领。

（5）使用你的诊断技能判断你被问到的是什么类型的问题，在回答之前要搞清楚是否存在误解。对于导向性提问、有歧义的提问、假设性提问或蓄意挑衅性提问，要请对方把问题讲清楚。

（6）注意倾听是否有"心灵警示"，例如煽动性词语、曲解或误报、嵌入式假设、否定词语、绝对词、双重否定词或有歧义的用语。

（7）练习主动倾听的方法是观看演讲、转述和纠错性社交演讲。

（六）关于回答问题，应该铭记的几件事

（1）最常见的错误是主动提供信息（节外生枝）、不仔细倾听和情绪失控。大多数错误是对庭外证词的目的和目标缺乏了解所致。

（2）最常见的担心是，证人的证词会被利用，或者对方的律师会纠缠证人导致证人说出一些无意的信息。

（3）许多医生害怕忘词，不过，没有必要对这一点过分担心。除了没有人能帮你自我回忆外，你还可以利用记忆提醒物、记录、实验室结果，以及你的专业常规。

（4）可以预料，有些讯问问题的答案你可以在庭前证词中给出。就像"交换证据"阶段采取的方式那样，你可以预期到对方律师会广泛提问，其中一些问题可能看上去与你根本不相干。

（5）在庭外取证时，你应该遵守一定的规则。最重要的是时刻讲真话。仔细听每个问题中的每一个字，确保你的回答简短。在回答问题之前，确保你已经完全理解了这个问题，永远在你的专业领域里回答问题，使用正面的行为语言去谈你的所作所为，保持一种专业风范。

（6）律师是专业提问人，他们善于把你引导至某种响应模式。如果你能识别这些诡计和圈套，就能规避之。一些常见的圈套是让你的嘴里说出他们想说的话、让你主动提供信息、将你的答案断章取义、从一个话题跳到另一个话题、指出不能自圆其说之处、用不同的方式问同一个问题、找你的薄弱点穷追猛打并让你愧疚不已、夸大无关紧要事实的重要性，以及投下"炸弹"来让你措手不及。

（7）在法庭做证时，避免使用负面词语、医学术语、迟疑词语，以及诸如"先生"和"女士"之类的恭敬称呼。

（七）关于出庭，应该铭记的几件事

（1）虽然你的案子不太可能上法庭，但你应该时刻准备上法庭。

（2）你在法庭上的证词不同于庭前证词，因为法庭做证是讲述你故事的时候。

（3）在法庭上，要把你自己当作教师，而非被告。

（4）你会经受你方律师的主询问和对方律师的交叉询问。无论谁在问问题，你都应该专心倾听，听清所问的问题，理清答题思路，仔细回答问题。

（5）陪审员不仅会评估你的说词，而且会评估你说话的方式。你在证人席上的举止应该用三个C来概括：胜任力（competence）、自信心（confidence）和怜悯心（compassion）。如果你希望你的证词能说服陪审员，那么就必须赢得陪审员的尊重。

（6）陪审员会不时对你进行评估，因此，你必须注意那些紧张的抽搐和令人讨厌的习惯。在法庭上必须非常专业。

（7）庭审前有焦虑情绪是预料之中的事，这种情绪可以通过在开庭前熟悉法庭来减轻，例如采用意象、正面肯定以及放松的方法。在出庭结束后可能需要一段时间进行"减压"。

索引

（按汉字拼音首字母排序，页码后的"n"表明是脚注，"t"表明是表格，"f"表明是图，黑体加重的页码数字是全章）

1 型决策过程　35，37
2 型决策过程　36，38
AIDET　143t
Clavien-Dindo 外科并发症分类　12t
Codman 医生生平简介　**237**
CUSS 首字母记忆法　78t
Gagne 九大教学事项　153t
Heinrich 事故金字塔模型　28f
Hudson 河奇迹　36
I'm Safe 首字母记忆法　71t
Kübler-Ross 悲伤五阶段模型　194
Maslow 需求五层次模型　197
MMM　**178**
MMM 的 ABC 目标　179
MMM 的复杂性　182
MMM 理想形式　180t
NOTSS 分类法　70t
Patterson 的 7 个概念框架　150
PDCA　15n
SBAR　78t
SIGNOUT　154

A

安全任务布置　参见　任务布置
安全文化的属性　127
案件驳回动议　219
案例分析　7，29，41，56，60，67，88，99，116，174，181

B

薄片撷取思维　37
标准化交接　153，155
标准医疗　参见　标准注意
标准注意　4，6，83，181，182，242
冰山错觉　75f
并发症　13
　　风险评估　14
　　外科医疗品质评估　15
　　医生的义务　13
病人安全查房　128
病人安全可靠性阶梯　124f
病人对第二意见的看法　参见　第二意见 d1 病人的看法
补赔金　208
不良药物事件　参见　药物不良事件
不同形式的行为过错及其所占百分比　66t

索引

不允许事件　**19**，19t，22t
　　杜绝方法　25
　　两种定义　23
不作为　65，180

C

常规事件　32
常见认知偏倚举例　39t
惩罚性赔偿　7，231
出庭做证　85，86，87，204，220，
　　242，243
初级卫生保健　**95**
　　安全步骤　101
　　不良事件的流行病学　97
　　常见错误类型　98
　　特点　96
创造性决策模式　75，76
错误报告文化　125

D

第二意见
　　病人的看法　168
　　病人增长见识　167
　　第三方付款人的推动　167
　　何时听取　172
　　外科医生的看法　170
　　在外科中的地位　**166**

E

俄罗斯轮盘赌　115n
二十一世纪的"线上咨询意见"　169

F

法律对知情同意的要求　158
法庭审议　230

泛焦虑症　222
防御式医学　196n，198，199
非技术外科技能　参见　行为过错
非经济损害　7
分析性决策模式　75

G

高可靠性概念　124
公正文化　125，132
功能兴趣　118，119f
共同决策　32，43，142，145，147，166，
　　167，172
沟通　129，**141**
　　过度　78
　　屏蔽　78
过程改进活动　128
过错　参见　医疗过错
过度治疗　86，180

H

何时需要获取第二意见　参见　第二意
　　见何时听取
后遗症　参见　外科后遗症

J

基于规则的决策模式　75
基于证据的决策　131
即决判决　219，230
技术性过错　**58**
假设演绎　38
监管与认证在美国　122
僵局陪审团　231
交叉质询环节　224
交换证据　参见　书面证词
交接(病人安全的"潜在隐患")　**149**

内容　150
　　培训的三大支柱　151t
　　研究现状　150
结构化沟通　参见　结构化语言
结构化语言　70t，71t，78t，130，142，143t，154
金字塔模型　参见　Heinrich事故金字塔模型
经济损害　7
精神失明　71

K

开庭陈述　223
开庭倒计时　**218**
可接受的最低限度　95
可预防性死亡　26t

L

利益冲突　85，202，207
临床日常工作中的认知错误　39
领导力　70t，76，127
"猎食"现象　121

M

民事行为能力　160
模式识别　38

N

怒火管理　195
判决之前　230
批判性思维　37

Q

潜在可预防性事件　97
情感超脱　200n

请勿信口雌黄　161

R

人类思考问题的方式　35
认领一个单位　128
认知
　　错误　**33**
　　　　决策困难时的招数　43
　　　　在临床日常工作　39
　　偏倚　39t
　　强迫　46，54
　　双过程模型　35n
任务布置　69n，130，148n
任务复盘　69n，148n
韧性文化　125
如何选择律师　205
瑞士奶酪模型　29f

S

"三秒"规则　228
社区医疗　参见　初级卫生保健
生命伦理四原则　157
识别性决策模式　75
收到法庭传票后　**201**
手术部位标记
　　误区　187
　　正确做法　188
书面证词　**210**
　　注意事项　212
　　准备　210
术后任务复盘　参见　任务复盘
术前核对验证的正确做法　188
术前任务布置　参见　任务布置
思维捷径　参见　1型决策过程
肃静驾驶舱　73，81，82

损害 6，84，231
损害控制 225，227

T

态势感知 72t，74t
替代解决方法 9
替代解决方法调解 9
替代解决方法协商 9
庭审 **222**
庭审注意事项 222
通用预案:盲点与要点 185
通用预案的内涵 **185**
团队协作 79，96，98，128
团队协作与沟通能力 70t，77

W

外科并发症 **11**
 外科手术风险评估 14
 外科医疗品质评估 15
  医生在并发症方面的义务 13
  与死亡讨论会 参见 MMM
外科后遗症 11
外科技术错误及其危害 59
外科统计报表和并发症与死亡讨论会
 178
外科医生对第二意见的看法 参见 第
 二意见外科医生的看法
完形 46n，175n
玩忽职守 180
为书面证词做准备 210
未治愈 11
文档贵在详细、真实 135
无过失错误 51
无害为先 123，157，215，227，233

X

"先兆"事件 22t
相对价值单位 121n
信息传递方式 152
行为 65n
 规范 69
 过错 **65**，66t，180
袖珍指南 **244**
学习文化 125，131

Y

压轴大戏——庭审 **222**
严重应报告事件 19，186
药品不良事件 25
医保基金不予支付的严重的医院内获得性
 疾病 23
医疗过错 3，4，**83**，184，186
 法律诉讼的基本程序 **240**
 衡量标准 参见 标准注意
 鉴定
  秉持的原则 84
  常识 83
  基本程序 **240**
  目标 83
 诉讼
  索赔需要满足的标准 4，83
  替代解决方法 9
  心理应对 **193**
  应诉实用指南 **244**
  责任险相关条款 201
医疗交接 16n，59n，**149**
医疗品质与病人安全大事记 **233**
医疗事故鉴定 8
医疗责任诉讼背后存在三种可预防性驱动

力　　167
医疗转手　　参见　医疗交接
医生被上诉的原因与对策　　**107**
医生计算机医嘱输入系统　　25
医生思考问题的方式　　37
医生自主　　131，133，134
医学"艺术"　　参见　医生自主
医学专家的地位　　242
医院是个充满风险的地方　　114
以病人和病人家属为中心的医疗　　132
因果关系　　6，84
营造病人安全文化　　**114**
优质文档是医生手中的矛与盾　　**135**
有效沟通的要诀与技巧　　**141**
元认知　　33n，46

Z

暂停确认　　185，189
责任　　4，83
诊断错误　　**49**
正确的手术　　170
正确的外科医生　　170
知情同意文档　　137
知情文化　　125
直观判断　　参见　1型决策过程
制度（体系）相关错误　　50
重视知情同意的"过程"　　**157**
追根溯源、亡羊补牢　　51
自我概念　　64n
自主权　　参见　医生自主

参考文献

1. Stahel P F, Mauffrey C. Patient safety in surgery[M]. London: Springer-Verlag, 2014.
2. Brenner I R. How to survive a medical malpractice lawsuit: The physician's road map for success[M]. Chichster: Wiley-Blackwell, 2010.
3. Stahel P F. Blood, sweat & tears becoming a better surgeon [M]. Shrewsbury: tfm publishing, 2016.
4. Rosin D, Rogers P J, Cheetham M J, et al. Schein's common sense emergency abdominal surgery [M]. 5th ed. Shrewsbury: tfm publishing, 2021.
5. Choctaw W T. Avoiding medical malpractice: A physician's guide to the law[M]. New York: Springer, 2008.
6. 汤文浩,石欣. 普外科入门[M]. 2版. 南京:东南大学出版社,2024.